KB234889

'포함'이라는 행동단위로 보다

한국여성의

한국여성의 심리구조: '포함'이라는 행동단위로 보다

초판인쇄 2011년 9월 7일
초판발행 2011년 9월 8일
글 쓴 이 문은희
펴 낸 이 박수산나
펴 낸 곳 도서출판 니
　　　　　 전화 02-762-3977/8 팩스 02-762-3979
출판등록　 2009년 10월 26일 제300-2009-136호
홈페이지　 http://altrusa.or.kr
이 메 일　 hgbj77@hanmail.net
편　　집　 한문순 유선희 이인미
디 자 인　 조은영
박 은 곳　 여백
값　　　　 20,000원

* 잘못된 책은 바꾸어드립니다.

* 글쓴이와의 협의에 의해 인지를 생략합니다.

ISBN　　　978-89-963421-2-0

'포함'이라는 행동단위로 보다

한국여성의 심리구조

문은희 지음

도서출판 니

목 차

한국여성의 심리구조:
'포함'이라는 행동단위로 보다

나의 심리학하기 여정: '포함'에 이르기까지

나는 어려서부터 아주 평안한 아이였다. 우리 집을 찾는 어른들은 "은희 얼굴을 보면 늘 마음이 좋다"고 하셨다. 아무도 나더러 더 잘하라 재촉하지 않았다. 아주 느렸지만 아무도 느린 게 나쁘다고 말하지 않았다. "빨리 해라" 서두르는 이도 없었다. 몹시 추운 간도에서 태어나 유치원에 들어갔다. 첫날은 어머니 망토 속에 업혀가면서 좀 창피했던 기억이 난다. 유치원에 이르기 전에 내려달라고 부탁했던 것이 기억난다. 그러나 정말 어머니가 그리 해주셨는지는 기억에 없다. 그 뒤로는 혼자 다녀야 했기에 한겨울에 중무장하고 나갔어야 했다. 모자, 외투, 겉옷, 속옷, 겹겹이 나중 입을 것부터 차곡차곡 잘 접어 쌓아두고는 안에서부터 바깥으로 순서대로 느릿느릿 입었다. 어머니는 늘 곁에서 전혀 재촉하지 않고 지켜보셨다. 우리 집에서는 '느림보'가 흉이 아니었다.

해방을 맞아 서울로 왔으나 이곳저곳으로 이사를 다녀야 했다. 한국전쟁 와중에 거제도 장승포 초등학교를 마지막으로 다섯 군데 학교를 다녔다. 내가 공부하고 동무들과 지내는 것에 대해 한 번도 어머니가 걱정을 표시하신 적이 없었다. 마음속으로는 걱정하셨는지 몰라도 내게 걱정스럽다는 말을 하신 적이 없다. 야단맞은 적 없이 자랐다. 이렇게 편하게 산 아이가 있었을까 싶다. 내가 엄마가 되고 보니 내 어머니가 특별하셨다는 것이 새삼스레 느껴진다. 어쨌든 이렇게 평안하게 자랐어도 별다른 문제없이, 아주 몹쓸 사람이 안 되고 이 정도 사람이 되었으니 나에게는 사람으로 산다는 것이 순조로울 수 있다는 믿음이 있다.

중고등학교 여섯 해는 한 학교를 다닐 수 있어서 좋았다. 부산 피난 시절 국가시험을 치르고 영도에 있는 천막교실에서 중학교생활을 시작해서는 이듬해 1953년 서울 본교로 왔다. 중고등학교에서도 나는 공부를 잘해야 한다는 의식이 별로 없었다. 평준화 이전이라 이른바 수재라 불리는 아이들이 모인 학교였는데 어려서부터 늘 잘하며 자라온 친구들이 많아, 여러 학교를 전전해온 나는 그런 틈에 낄 엄두도 내지 못했다. 워낙 느긋하고 느린 평안한 아이로 자랐으니 경쟁이라는 말도 모르고 있었다. 그렇게 슬슬 하며 지냈는데 마지막쯤 되어서는 성적이 꽤 잘 나오게 되었다.

모의시험이라는 것을 본다기에 "평소 실력으로!"라는 신념으로 준비 없이 처음 봤는데 전 학년에서 90등이었다. 그 다음에 좀 준비했더니 10등 반열에 들고, 다음에는 5등도 해봤다. 성적이 되니 마음대로 대학을 선택할 수 있게 되었다. 약대에 가려는 친구를 설득해서 함께 의

대에 진학했다. 슈바이처가 훌륭해 보여 나도 그런 의사가 되어 아픈 사람을 돕고 싶었다. 어느 주일예배시간에 떠오른 생각이었다. 그때만 해도 의사 없는 마을, 무의촌이 있었다. 그곳에서 일하는 의사가 되겠다는 포부는 아마도 우리 집 가훈인 "너희는 먼저 그의 나라와 그의 의를 구하라"의 뜻이 모르는 사이 마음 깊이 자리하고 있었기 때문이었으리라.

순조롭게 의예과를 지내고 본과에 올라갔는데, 문제가 생겼다. 성적은 그런 대로 좋았지만 생리학, 생화학 수업시간마다 주삿바늘 찔러 피를 뽑아 실험을 해야 하는데 1년을 지내는 동안 내내 나는 그것을 할 수 없었다. 친구들에게는 내 팔을 내밀 수 있었으나 나는 다른 친구들의 팔에 주삿바늘을 찌를 수가 없었다. 단 한 번도! 그렇게 본과 2학년이 되었다. 이제 기초의학뿐 아니라 임상이 시작되었다. 무의촌 의사로 내가 적합한 것인지 마음속으로 심각하게 묻게 되었다. 나 때문에 의대에 같이 간 친구부터 시작해 모두들 해낼 수 있다고 나를 격려했고, 이미 4년이나 공부했는데 아깝다 하는 사람들도 있었다. 우선 휴학부터 덜컥 했다. 이때도 내 부모님은 나를 억지로 학교에 보내려 하지 않으셨다. 그때쯤 루소의 『에밀』을 읽었다. 1960년대쯤 우리나라의 교육은 지금만큼 아이들을 들볶지 않았음에도 불구하고 『에밀』은 내게 신선한 자극이었다. "심리학을 공부해 아이를 잘 기르는 어른이 되자"는 마음을 먹었다. 의대 친구들에게는 "엄마가 될 거야"라고 말했다. 그들은 아직도 그 말이

어이없었다고들 입을 모은다.

　이제 '몸의 건강'에서 '마음의 건강'으로 나의 관심이 바뀌게 된다. 주삿바늘과 『에밀』의 공로다. 내가 다니던 학교에서 본과 2학년까지 하다가 문과대학으로 전과한 사례가 그때까지는 없어서 교무회의까지 올라간 유명한 경우가 되었다. 당시 이병희 학장님이 거제도 피난시절부터 고등학교까지 같이 다닌 친구의 아버지여서 이 문제를 관심 두고 풀어주셨다. 내가 다니던 학교에 심리학과가 없었기 때문에 교육학과에 3학년으로 들어갔고, 대학원에서 남편을 만나게 되었다. 그래서 당시 교육학과 학과장이었던 강길수 교수님은 생전에 늘 "두 제군이 만난 건 내 덕인 줄 알라"며 웃곤 하셨다.

　의예과에서 심리학개론을 배웠지만 여러 과목을 택하고 도서관에서 다양한 책을 빌려보기도 하며 때로는 새로운 책을 주문할 수도 있는 경험을 처음 해봤다. 의대에서 영어책을 읽어 버릇했기에 다른 학생들이 읽을 엄두도 내지 못하는 영어책을 주문해놓았다가 새 책이 들어왔다고 도서관에서 연락받았을 때의 뿌듯함을 잊지 못한다. 요즘이야, 인터넷으로 어떤 책이나 쉽게 구하지만 60년대는 그런 시절이 아니었다. 과밀학급에서 개별지도가 어려웠던 처지라 프로그램학습에 관심이 있었다. 그리고 미국유학 중에 다양한 심리학이론을 접했다.

　귀국해서, 우리나라 여성계에 들어가 일하며 서양심리학의 이론으로 설명되지 않는 것이 눈에 들어오기 시작했다. 독자성과 창의성을 길러야 한다고 공부하고 가르치며 동의하던 사람들이 정작 그것을 실행하지 못하는 까닭이 궁금했다. 미국에서 상담학으로 석사과정을 할 때도 우리의 습속 탓에 남에게 속사정을 드러내지 않아 깊은 상담이 어렵다는 답안을 써서 우수Honor학점을 받은 바 있지만 그때만 해도 그냥 막연한 이야기를 했을 뿐이었는데 그에 대해 좀 더 학문의 근거를 밝히고 싶은 마음이 커졌다. 그리하여, 국내에서 박사과정을 다 마친 상태였음에도, 영국 글래스고Glasgow대학 심리학교수와 연락해 심리학 박사과정에 들어가 제대로 뿌리를 찾아 나서기로 했다.

우울증에 관심을 둔 지도교수를 만나 우리나라 어머니들과 그곳 어머니들의 우울증을 비교하는 연구를 하기로 했다. 연구과정에서 알아낸 것이 서구인들과 우리나라 사람의 행동단위가 다르다는 것이었다. 서구인들의 경우 '더는 나눌 수 없는 개인'이라는 것이 행동의 단위라는 것에는 의심의 여지가 없다. 그런데 우리의 경우 겉보기에는 개인으로 행동하는 것 같아도 생각하고 느끼는 행동에 이르면 개인이 단위가 아님을 알 수 있다. "자기에게 중요한 사람들을 포함한 행동단위"라는 것이다. 이는, 논문이 통과된 뒤에도 독일계 지도교수가 그 개념을 이해하기 힘들어했을 정도로 독특한 행동방식이다. 그만큼 한국인의 행동단위는 서구인의 머리구조로는 이해하기 쉽지 않다. 그러니 우리가 익혀온 서구심리학이론으로 우리 행동을 설명하기가 그간 그렇게 어려웠던 것이다.

학위를 마치고 귀국해서 포함단위로 우리의 행동을 풀이한 논문을 국내외 학회에서 발표하면서, 또 상담현장에서 여성들을 만나면서, 포함단위이론이 우리나라 여성들의 문제를 이해하는 데 적합한 이론임을 실감한다. 지도교수는 이해하기 힘들어했던 것을 우리네 여인들은 금방 알아듣는다. 포함단위이론이 속시원하게 자신을 이해하는 데 명확한 풀이도구가 된다는 것을 충분히 인정하는 니[1]들을 만난다.

개인단위 아닌 '포함단위'

모든 연구는 관찰에서 비롯된다. 관찰한 것을 예사롭게 여겨 지나쳐버리면 연구과제가 되지 못한다. 살아가면서 경험에서 눈여겨 본 것의 인과관계를 추론해낸 것이 가설이 되고, 근거가 될 증거를 찾아 연결하면 이론이 된다.

서양의 어머니들을 겪으며 관찰해보니 우리와 뚜렷하게 다른 특성이

---

1) 어머니, 언니, 아주머니, 할머니, 비구니 등 우리는 여성들을 부를 때 대체로 '-니'라는 접미사를 붙인다. 이에 착안하여 여성정신건강 사회운동단체 <(사)한국알트루사>에서 발행하는 정신건강 계간지의 제목 역시 「니」로 정했다. '니'에는 우리 주변 각양각색의 여성들이 다 속한다.

있었다. 우리가 자녀의 문제에 빠져 헤어나지 못하고 자신의 문제와 자녀의 문제를 구별하지 못하고 있을 때, 그들은 자녀의 문제를 냉철하게 파악하려 하고 거리를 둘 줄 안다는 것이었다. 우리보다 자녀의 말을 자기의 의사와 구분해서 듣고 존중하는 자세를 바탕에 깔고 대화하며, 도움이 필요하다고 할 때 적합하게 도움을 주려 한다는 것을 볼 수 있었다. 어머니가 원하는 대로 자녀에게 요구하지도 않고, 다그치지 않으며, 자녀를 잘 파악해서 원하는 길을 선택하고 해낼 수 있도록 돕는 일을 부모로서 하려는 것으로 보였다. 결국 그들의 경우, 부모와 자녀가 서로를 서로 다른 독립된 개인으로 보고 있다는 것이다. 우리가 자녀를 자기 마음속에 '포함inclusion'하고 있는 데 비해 서구인들은 자녀와 자신을 별개의 '개인'으로 구분해두고서 살아간다는 것이 나의 연구가설이었다. 이제까지 사람의 행동을 연구하는 심리학이 개인단위의 서양인을 대상으로 연구해왔기 때문에 포함단위라는 것 자체를 증명해 이해시키는 일을 해야 했다. 우리가 자녀를 사랑하는 방식과 그들이 사랑하는 방식이 다르고, 자녀의 문제를 보는 관점도 다르고, 따라서 문제해결방식도 다르고, 자녀의 문제로 해서 어머니가 받는 영향도 다를 것이라고 나는 생각했다. 자녀 때문에 어머니가 받는 스트레스로 해서 나타나는 영향을 비교하고, 그렇게 되기까지의 과정에 개입되어 있는 요인들을 비교하면서 증명하고자 했다. 흥미롭게도 몇 차례 국제학술대회에 가서 발표해본 경

험으로 미루어보건대, 비서구인들이 서구인들보다 포함단위이론에 귀를

기울일 뿐 아니라 더 빨리 이해했다.

파리에서 열렸던 스트레스학회("A Cross-cultural comparison of attributional style to stress," I.S.M.A. (International Stress Management Association) Conference, Paris, France, 1992.) 에서 서양 여성과 다른 한국여성의 '포함'의 행동단위를 설명하기 위해 아들 한터에게 부탁해서 그린 그림 이다. 그림을 보면 아이가 울 때 어머니가 각각 다르게 반응한다. '개인' 행동단위로 살아가는 서 양 여성들은 아이가 울 때 아이를 살핀다. (그림 왼쪽) 아이가 무엇 때문에 우는지 알아보기 위해 자신과 다른 아이의 표정을 살피고 직접 아이와 대화한다. 그러나 '포함'의 행동단위로 살아가 는 한국여성들은 아이와 같은 것을 바라본다. 아이를 살피고 대화할 필요를 느끼지 않는다. 아 이를 '포함'하고 있기 때문이다. 아이가 자신과 같은 것을 느끼고 생각한다고 여기기 때문이다.

나는 우선, 대학입시 준비를 하는 자녀를 둔 우리네 어머니들의 속

앓이에서부터 연구를 시작했다. 고3 어머니들의 우울증 정도를 같은 시

기의 영국 어머니와 비교했다. 그런데 영국 어머니들은 자녀의 진학보다

산후우울증이라는 현상에 관심이 커서 그 시기의 젊은 어머니들도 비교해보기로 했다. 우울증연구에 대한 문헌연구를 통해서는 행동의 원인을 찾는 데 있어서의 귀인유형attributional style, 그리고 사회지원체제social support system와 우울증과의 관계에 관심을 갖고 연구했다.

귀인유형 歸因類型, Attributional style

많은 우울증연구들에 의하면, 우울증의 발생은 자기 자신에게 문제의 원인을 모두 돌리는 유형internal attributional style과 관련이 높다는 데 동의한다. 그런데 이제까지 모든 연구들은 그런 특성을 재는 척도를 본인에게 일어난 일에 한정하고 있었다. 서구사회의 연구들이 우울증 걸린 사람도 개인단위로만 보았으니 당연한 일이었다. 나는 그 척도를 "아이들에게 일어난 일의 원인을 어머니가 어디에서 찾는가?"하는 것으로 바꾸어 만들었다. 보기를 들어 다음 문항에 대한 반응들을 본 것이다.

· 아이가 사고로 다치면 어머니는 자기 때문이라고 자책하게 되는가?

· 아이에게 정서적인 문제가 나타나면 어머니는 책임을 느끼는가?

· 아이의 건강문제는 어머니의 노력 여하에 좌우되는가?

· 아이가 원만한 성격을 지니게 된 것은 어머니가 잘 기른 탓인가?

· 아이가 학업에 뒤진 경우에 어머니가 죄책감을 느끼는가?

우리나라 어머니들이 위의 항목들에서 '자기 탓'으로 돌리는 유형[internal attributional style]을 많이 보인 반면, 영국 어머니들은 "말도 되지 않는다"는 반응을 보였다. 자녀의 문제는 어머니인 자기 탓이 아니라 다른 사람 즉 자녀의 문제이므로 그의 탓으로 돌리는 유형[external attributional style]임을 보여주었다. 문제가 생겼을 때 자기 탓으로 돌리는 사람은 우울해진다. 남의 탓을 하는 사람은 마음 편히 발 뻗고 자는 것이니 우울증으로 괴롭지 않다. 이것은 우리나라 어머니들이 아이들을 '포함'하고 있어서, 아이들의 문제를 분리해서 생각할 수 없고, 아이들의 문제에 지는 책임감이 크다는 것을 보여준다. 그곳 어머니들은 "아이가 공부할 능력을 갖고 있지 않아서 그렇다, 아이가 건강한 체질이 아니어서 그렇다" 혹은 "사회문제나 학교교육에 문제가 있다"라고 대답하면서 그런 문제들은 어머니가 책임질 일이 아니라고 반응한다. 물론 그곳 어머니들도 자녀를 돌보아야 할 책임을 느끼고, 자녀를 최대한으로 도울 방법을 실제로 찾으려 한다. 그러나 어머니가 다 책임져야 할 일이라고 하는 것은 아주 비합리적이라고 생각한다. 그러기에 쓸데없는 걱정에 빠지지 않고 현명하게 도움을 주려 한다. 그러니 그곳 어머니들보다 우리나라 어머니, 특히 고3 아이를 둔 어머니의 우울증 정도가 높게 나온 것은 당연한 귀결이다.

사회지원체제 Social support system

다른 사람의 지원을 받는 문제에서 특히 산후조리하는 풍습이 다른 것과 그것에 대한 만족의 정도 또한 눈여겨 볼 일이다. 요즘은 우리나라에서도 산후우울증을 거론하지만 내가 학위논문을 위해 연구했던 1980년대 말에는 우리에게 낯선 이야기였다. 출산 후 거의 혼자 아이를 돌봐야 하는 영국 젊은 어머니들에 비해, 도움을 줄 가족에 둘러싸여 외로움을 모르고 지내는 것이 우리의 사정이었다. 우리는 많은 사람의 지원을 받으면서도 그곳 어머니들보다 민감하게 느끼지 못하고 있다는 것을 볼 수 있다. 그곳 어머니들은 자기들이 받은 지원의 질과 양에 만족하는 경우 우울증 정도가 낮게 나타나는데, 이는 '개인단위'의 사람들의 특성으로 해석해볼 수 있다. 홀로 자기 스스로 문제를 풀어가야 한다는 행동이념으로 사는 사람이 다른 사람에게 받은 지원의 가치는 당연한 것이 아니기에 더욱 고맙게 여길 것이니 말이다.

'포함단위'의 우리는 포함된 사람의 도움을 당연하게 받아 감사하는데 무감각하고, 오히려 많은 사람의 관여를 긍정의 도움보다 스트레스로 받아들일 수 있으며, 관계의 기술이 덜 발달해서 지원의 효율성이 떨어질 수도 있다. 우리나라 어머니들은 주어진 관계의 가치를 충분히 알아주지 못해 그 지원의 질을 고맙게 여기지 못할 가능성이 있다. 그곳 어머니들보다 도와주는 사람의 수가 훨씬 많은데도 지원받은 것에 대해 제대로 인식하지 못하고 있기도 하다. 결국 그곳 젊은 산모들이 아주 몇 사람 안 되는 작은 지원체제로도 만족하고, 우울증 정도 또한 우리 어머니들보다 낮게 나왔다는 것이 이 차이를 잘 보여준다.

쉰이 넘어 이렇게 연구를 마쳤다. 귀국해서 가르치는 일도 하고 학회활동하면서 관련된 논문 몇 편 쓴 것을 묶어서 이제야 책을 낸다. '포함단위'라는 심리이론으로 풀이할 수 있는 것이 어머니들의 우울증에만 해당되는 것이 아니라 여러 가지 사회현상을 해석하는 데에도 적절하다는 것을 말하고 싶었다.

'포함단위'는 우리 행동을 해석하는 극히 작은 한 안경(이론)일 뿐이다. 이것으로 우리 행동을 모두 다 일률로 해석할 수 있다고는 생각하지 않는다. 중산층, 남성, 서양인의 안경만으로 우리를 제대로 볼 수 없어서 찾아낸, 우리를 보는 안경일 뿐이다. 앞으로 더 정확한 안경들이 많이 나오기를 기대한다. 나의 심리학하기 여정은 태어나서부터 무덤에 이르기까지 느림보 걸음으로 앞으로도 계속 진행될 것이다. 내 어머니부터 이웃한 니들과 아우님들과 함께.

포함이론 이후 나는…

언젠가부터 우리나라에서 학문 하기에 회의를 느껴 논문쓰기를 접었다. 읽어주는 사람이 거의 없다는 생각에, 나누어 함께 전개해가려 하지 않았다. 그래서 교단을 떠나 직접 여성의 삶에 개입하기로 했다. 여성정신건강 사회운동에 집중해서 살기로 했다. 여성들의 마음이 건강해지면 가족과 이웃에게 번져나갈 것을 믿고 소망한 것이다. 상담실에서 '포함단위'로 여성의 문제를 만나고, 풀고 함께 건강을 찾아가기 시작하니 조금씩 그리고 천천히 번지고 있다. 이렇게 건강을 찾은 니들이 함께 아이들을 기르고 〈재미있는학교〉를 열어 살아 움직인다. 이렇게 마음이 건강해진 니들이 글을 모아 계간지 「니」를 스스로 만들어온 것이 벌써 24호째다. 매호마다 마음의 문제를 다루는 특집을 내어 필자들은 생생한 삶을 쓰고 독자들은 그 생생한 삶을 감격하며 읽는다. 집단상담과 심리학 교실에서, '포함단위'로 살면서 잃었던 자신의 느낌을 찾고 감격한다. 그리고 각자의 삶에서 남편, 아이들, 이웃들의 느낌을 새삼스레 알아보고 또다시 감격한다. 서로 부추기고, 위로하고 자극을 주며 함께 건강을 회복하며 사랑을 나눈다. 아옹다옹하지 않아도 되고, 평안을 누리면서 재미있게 살 수 있다는 것을 알아가면서 늘 감사하고 있다.

이 책을 내기까지 한문순이 앞장섰지만 컴퓨터에 한 글자씩 일일이

입력하고, 글에 나오는 오래전 사건을 조사하거나 함께 읽어가며 토론에 참여한 김양미, 김예일, 김윤정, 김정주, 김지은, 류자영, 유선희, 윤들, 이주영, 이혜형, 최인영, 한인숙, 한지연에게 감사한다. 오래전부터 책으로 묶어내기를 채근해오다가 뒤늦게라도 〈도서출판 니〉에서 책이 나오게 됨을 기뻐하는 남편 박영신, 〈도서출판 니〉 박수산나 대표, 그리고 출판부 담당 이인미 이사에게도 고마움을 전한다.

01

우리판 '여자의 일생'

가족관계에 얽힌 여자들 이야기

첫 숨을 들이마시며 태어난 순간부터 마지막 숨을 몰아쉬게 되는 날까지 우리 모두는 자라남과 바뀜의 과정을 거치게 된다. 각기 가진 특성에 따라 서로 다른 역사를 이룩하기도 하지만, 놀랍게도 서구여성과 다른 우리나라 여성만이 가진 공통적인 삶의 특징을 발견하게 된다. 세인을 놀라게 하는 일들―이른바 자녀들의 대학입시부정에 개입된 어머니들, 재산공개에서 나타난 부인들의 놀라운 재산규모들은 우리나라 여성들이 만들어내는 많은 이야깃거리들 가운데 얼마일 뿐이다. 그녀는 자살하면서도 집안에 누를 끼치지 않으려고 자살이 아닌 것처럼 만들기를 남편에게 부탁하는 글을 남겼다. 그렇게 심하게 일처리한 경우가 일부 극소수 여성들이라고 할지 모르나 대부분 여성들은 그들같이 실행할 기회나 용기가 없었을 뿐 그들의 의도는 잘 이해하고 있지 않나 생각한다. 재산이 자기 명의로 되어 있어도 가족의 것이고, 그러기에 가족을 위해 재산을 늘리는 것은 너무나 당연한 것이라고 누구나 믿으며, 자녀의 대학입학은 어떻든지 성공시켜야 한다는 것은 우리네 어머니들의 공통목표가 되어 있다. 대학입시부정에 걸려서 피신해 있던 사람들이 자녀들에게 더 심한 해를 초래할지도 모른다는 이유에서 숨어 있던 곳으로부터 나오게 되었다는 것을 동정 어린 투로 보도한 것도, 수사를 담당한 사람들뿐 아니라 시민들의 정서도 나타내고 있는 것으로 보인다.

서구여성들에게서 보기 힘든 아니 그들과 다른 우리의 이런 행동유형을 제대로 해석해볼 필요가 있다. 보기를 들어, 행동의 근본원인 가운데 하나를 제공하는 '자기개념'을 서구인과 우리가 전혀 달리 갖추고 있을지도 모른다는 것이다. 그런데 서구인들이 그들의 개념에 따라 만들어놓은 이론으로 우리를 들여다보고 해석한다면 우리를 바로 볼 수 없는 것은 너무나 분명하다. 우리 여성의 삶을 바르게 파악하지 못하고서는 우리가 지닌 문제를 옳게 진단하고 또 제대로 해결해낼 수 없는 것은 물론이다. 그렇게 잘못된 진단과 처방이 오히려 더 심한 또 다른 문제를 만들어내고 있다. 그런데 불행히도 우리나라 여성들을 이해하는 데 도움이 될 안경이자 틀이 될 심리학의 이론이 아직까지 갖추어지지 않은 형편이다. 이 글은 우리나라 여성의 심리구조를 풀어보려는 부분적인 시도로서 가족관계에서 우리의 행위를 조명해보려 한다. 우리나라 여성의 심리구조를 서구인과 비교해보고 그 차이가 가족관계에서 어떻게 나타나는지 관찰하고자 한다.

우리나라 여성의 심리구조를 알아야 하는 이유

비교학자들이 서구인과 비서구인 사이의 다른 점을 여러 가지로 논의하고 연구해서 발표된 것이 상당히 많다. 그러나 대부분은 서구인의 안목으로 관찰한 결과를 현상적인 차이만으로 지적하고 서술했을 뿐이다. 그들의 색안경을 통해서 비서구인을 보았을 때 자신들의 기준에 따라서 '우리'를 불공평하게 혹은 잘못 평가하게 될 수 있다. 서구인은 환경으로부터 독자적$^{field-independent}$인 데 비해서 비서구인은 환경의존적$^{field-dependent}$이라고 한 것은[1] 그런 잘못된 평가들 가운데 한 보기일 뿐이다. 이 경우에도 환경과의 조화로 설명할 수도 있는 현상을 '환경의존적'이라는 부정적인 뜻을 내포한 표현을 써서 다분히 '서구인보다 못하다'는 냄새를 풍기고 있음을 볼 수 있다. 그들이 독자성을 지향하고 그 특성을 높이 평가하고 있음을 감안할 때 비서구인들이 서구인의 정의에 따라 서술한 것을 그대로 동의하고 받아들인다면 우리 스스로를 비하하는 결과를 초래할 수밖에 없다.

그러기에 이제라도 비서구인인 우리가 해야 할 급선무는 우리와 그들

---

1) H. A. Witkin, "Stability of cognitive style from childhood to young adulthood," *Journal of Personality and Social Psychology*, 7권 (1967) J. W. Berry, P. R. Dasen / H. A. Witkin , "Developmental Theories in Cross—cultural Perspective," L. L. Adler(엮음), *Cross—cultural Research at Issue* (New York: Academic Press. 1982).

이 다름을 공평하게 해석할 근본적인 개념의 틀을 찾는 것이다. 그렇게 해서 우리의 다름을 공통의 '말'로 풀고, 또 그들의 행동도 공통의 '눈'으로 보는 대로 공평하게 서술할 수 있게 될 것이다. 이것은 여성들의 삶을 남성들의 개념과 '말'로 풀었을 때 여성들이 당황하고 어울리지 않아 생소하게 느끼며 살아온 것과도 통하는 것이다. 그리하여 여성들이 여성의 경험을 정확하게 표현할 수 있는 '남성과 여성'의 개념과 '말'의 필요를 절감하게 되는[2] 것과 같은 맥락에서 보게 되면, 서구인에 대한 비서구인의 입지가 심각하게 다가올 것이다. 이제까지 서구에서 연구되어 나온 여러 분야의 여성학이론을 참고할 가치가 없다는 것은 아니다. 그들이 문제 삼고 있는 것이 우리에게는 문제가 되지 않을 수 있고, 그들의 해결방식과 목표가 우리 것이 아닐 수 있다는 자리매김이 요청된다. 잠시 멈추어 우리의 자리와 방향을 바르게 점검할 필요가 있다는 말이지, 이제까지 우리나라 여성계의 공헌과 발전을 무시하자는 것이 아니다. 아무리 먼 길을 달려왔을지라도, 우리의 좌표가 아무리 멀리 궤도를 벗어나 동떨어졌을지라도 피하지 말고 직면할수록 제 길로 빨리 돌아올 수 있기 때문이다.

그러기 위해서는 모든 기초학문 분야에서 각기 제 나름으로 노력할

---

2) D. Spender, *Man Made Language* (London: Pandora, 1980).

뿐 아니라 학문 간의 협조와 대화가 있어야 한다. 우리나라 여성학연구에서는 심리학적인 접근이 거의 없었다 해도 지나치지 않을 만큼 사회학과 정치학에서 거의 독점하다시피 해왔다. 거시적이고 사회구조적인 이해의 근본적인 가치를 인정하지만 인간이 사회의 주인공이라는 점을 생각한다면 인간의 행동을 연구하는 심리학의 이해가 그에 못지않게 기초적으로 갖추어져야 한다. 우리나라 여성의 복지를 향한 공동목표의 성취를 위해서는 우리의 심리특성을 바르게 알아야만 한다. 서구인이나 남성의 안목과 기준에 따라 우리의 삶을 몰아갈 수는 없기 때문이다.

우리나라 여성의 행동특성의 기초

우리나라 여성들은 자신을 독립되고 분리된 한 개인으로 보지 않는다. 이제까지 심리학에서 인간의 행동단위는 의심 없이 '개인'이라고 보아왔다. 관찰가능한 행동이나 은밀히 진행되는 느낌과 생각이 모두 개체화된 개인에 의해서 이루어진다고 믿어온 것이다. 그러므로 여성은 남성과 마주한 개인으로 대립하여 경쟁하거나, 아니면 협력하고 사랑하는 관계를 맺는다고 생각해왔던 것이다. 개인 여성과 개인 남성의 관계가 사랑의 관계인가 혐오의 관계인가에 따라서 남녀 각기 달리 서로를 특징

짓게 된다. 보기를 들면 개인 여성은 남성에 비해 약자이고(남성은 강자), 억눌림을 받은 자이고(남성은 힘 가진 자), 피해자이고(남성은 가해자), 비정상적이라고(남성의 정상성에 견주어봤을 때) 남성보다 못한 존재라고 보는 태도가 생길 수 있다. 반면에 여성은 타락하지 않은 천사이고(남성은 타락을 도맡은 존재), 성모상을 여성에게서 찾는 태도도 여성과 남성이 개인으로 사랑의 관계에 있다는 이해 아래에서 생기는 태도이다.

이제까지 문명사회가 대체로 남성중심으로 되어 있었기 때문에 남성을 기준으로 여성을 이렇게 마음대로 주름잡아온 것이다. 남성에게 피해받고 억눌림 당하는 데에서 오는 특유한 여성심리를 여성학자들이 지적하고 있는 것도 개인 여성이 개인 남성과 대립하는 데서 사회적으로나 신체적으로 힘이 약했기 때문이라고 여기고 있다.[3] 따라서 여성들의 정신건강조차도 여성에 대한 남성들의 혐오감에 의해서 진단 내려지고 병자로 치료받아왔다는 것이다.[4] 그런데 비해서 우리나라 여성의 행동단위 즉 삶의 단위가 개인이 아니라는 것 때문에 우리네 여성들은 남성에 비해 약자이거나 피해자나 비정상인이 아닐 뿐 아니라 타락 이전의 천사도 아닌 나름대로의 인간으로, 사람으로 존재할 수 있는 가능

---

3) J. B. Miller, *Toward a New psychology of Women* (Middlesex: Penguin, 1976), J. M. Ussher, *The Psychology of the Female Body* (London: Routledge, 1989).

4) J. M. Ussher, *Women's Madness: Misogyny or Mental Illness?* (New York: Harvester, 1991).

성을 갖고 있다.[5]

　우리의 행동단위가 개인이 아니라면 무엇일까? 우리는 느끼고 생각하는 것부터 모든 삶의 공간$^{life-space\ 6)}$이 자신에게 중요한 사람들을 '포함'하고 있다. 그 범위는 사람에 따라 다를 수 있으나 서구인들에 비해 독특한 '포함'의 단위를 가지고 있다. 보기를 들어, 서구 어머니와 우리나라 어머니에게 자녀에 관계되는 '문제' 원인이 어머니에게 있다고 생각해서 책임을 느끼고 있는지 아닌지를 물었다. 서구인들은 그것이 왜 어머니의 책임이냐 되묻거나, 이상한 질문이라고 반응하는 사람이 우리보다 뚜렷하게 더 많다.[7] 학업성적이 나쁜 것이 어머니의 책임이라고 느끼느냐를 묻는 질문이 그들에게는 너무나 어색한 것으로 느껴진다고 하는데, 우리 어머니들에게는 그 질문의 뜻이 한결같이 잘 이해될 뿐 아니라 그 원인을 자신의 책임으로 돌리는 것이 어색하지 않다. 한국여성들이 자기소개를 할 때 남편을 소개하고는 아이들에 대한 사항도 빼놓지 않는 것을 자주 볼 수 있다. 어떤 어머니는 대학 4학년 된 딸이 있는데 중신 들어달라고 하면서 "나는 못생겼지만 우리 애는 잘생겼다"고까지

---

5) 문 은희, "우리나라 여성심리: 서구심리학을 벗어나려는 한 시도." 「여성연구」 10권 2호 (1992년) 135-168쪽. Eun-He Moon Park, *A Comparative Study of Depression Between Korean and Scottish Mothers at Their Two Important Life Stages* (University of Glasgow, Ph.D. Dissertation, 1990).

6) K. Lewin, *A Dynamic Theory of Personality* (New York: McGraw Hill, 1935).

7) Eun-He Moon Park, 윗글.

했다. 그런 태도는 옆에서 듣고 있던 다른 여성들에게 아무 문제없이 잘 받아들여지고 오히려 호감을 불러일으키고 있었다.

우리의 경우, '안'에 다른 사람을 '포함'하여 살고 있을 뿐 아니라 다른 사람 '안'에 '포함'되어 있기도 하다. 어렸을 때는 '포함'의 단위가 좁은 것이 보통이나 삶의 영역이 분화됨에 따라서 '포함'할 사람이 늘어나게 된다. 어려서는 부모에게 '포함'되어 살다가 자신이 어머니가 되고 나서는 자녀를 자신 안에 '포함'한다. 남편도 가까운 친구도 '포함'할 수 있고, 또 우리 사회의 뿌리 깊은 특징으로 나타나는 학연, 지연 같은 것도 '포함' 구조 속에 각인해 넣을 수 있다. 오늘의 학교교육이나 사회교육이 독자성을 길러야 한다고 내세우지만 실제로는 독자성을 기를 생각이 없는 것으로 보인다. 오히려 끝까지 자녀를 따라다니며 독자성이 자라지 못하도록 한다. 자녀들도 부모나 선배에게 '포함'되어 있는 상태로부터 벗어나려 하기보다는 부모의 사랑에 대한 효도로 선배의 돌봄에 대한 의리로 서로 '포함'의 관계가 유지되기를 위해 노력하는 것이 바람직하다고 느낀다. 개인의 존엄성이 공평하게 주어져야 하고 또 그런 정의로움에 따라 행동해야 한다고 하면서도 혈연, 학연, 지연 같은 것을 해결하지 못하는 까닭은 행동의 단위가 '개인'이 아닌 것에 그 원인이 있다고 볼 수 있다.

'포함'의 행동단위로 인한
우리나라 여성의 심리적 특성

'포함'하는 행동단위 때문에 우리나라 여성들이 일생을 통해 여러 가지 심리적인 특성을 갖추게 된다. 첫째로 우리나라 여성은 포함된 사람의 숫자가 많은 만큼 책임져야 할 심리적인 부담이 무거울 수밖에 없다. '가지 많은 나무에 바람 잘 날 없다'는 속담이 자식 많은 어머니의 걱정 많은 마음을 나타내기 위한 표현으로 쓰이는 것을 보아도 스트레스가 현대인만의 특징인 양 생각하는 것이 잘못된 것임을 알 수 있다. 어머니가 불면증으로 고생해도 다섯 남매를 두고 계시다고 하면 모두가 '그러실 만하다'고 오히려 이해한다. '자식은 애물단지'라 하고 '자식 잘못 둔 죄'라고 한결같이 모두 부모가 책임을 짊어지려 하는 것을 당연하게 여긴다. 이렇게 마음에서 한 치도 떼어놓지 못하고 싸고도는 우리네와는 대조적인 태도를 서구 어머니들에게서 찾아볼 수 있다.

스트레스를 받는 일들에 대해 묻는 질문에 우리나라 어머니들은 자녀들에 관한 일이 제일 많고, 다음에 다른 가족구성원과의 사이에서의 인간관계를 들고 있다. 그런데 서구의 어머니들은 자신의 문제가 제일 크다고 한다.[8]

---

8) 윗글.

집을 나가 길에서 자고 떠도는 젊은이를 집에 데려와서 자기 부모에게 인계해도 어머니와 아들이 서로 하루도 못 견디고, 다시 나가게 내버려 둘 수밖에 없다고 하는 서구의 어머니의 얼굴은 차라리 담담했다. 아이와 성격이 맞지 않아서 자기 집에 같이 지낼 수 없다는 뜻을 당연하다는 듯이 아무렇지도 않게 이야기하는 것이었다. 경제사정이 나쁜 때라서 안정되기까지 어머니 집에 머물기를 원하는 대학 갓 졸업한 아들에게 어머니 자신의 자유롭고 독립된 생활에 방해가 된다며 싫다고 거절하는 말을 텔레비전에서 공개적으로 표현하는 서구의 어머니는 우리들이 가진 '포함'하는 마음으로는 놀랍게만 보인다. 듣고 있는 서구인들도 대체로 그 어머니의 의견에 동의하는 것을 볼 수 있었다. 우리나라 어머니들은 환갑이 된 아들의 앉을 자리와 설 자리까지 보살피고 있다. 자녀의 능력에 따라서 혼자 성취하도록 내보내는 것이 아니라 끝까지 책임져주려는 태도를 버릴 수 없는 것이 우리의 심리구조이다. 그것은 이 '포함'에 근원이 있다. 서구인들이 책임감이 강하다고 하나 이는 혼자만의 일에 해당되는 것일 뿐이다. 우리나라 여성의 책임감은 자신에게만 한정된 것이 아니다. 사업하는 남편의 자금조달의 책임자이고 진급을 해야 할 때 필요한 사교의 책임을 지고 있다.

둘째로 '포함'의 자아로 살아가면서 책임이 무거워 힘겨운 어려움도 겪겠지만 다른 한편으로는 우리나라 여성의 능력이 커지고 또 용감하리만큼 대담하고 규모가 확대된 삶의 폭도 보여주게 된다. 조그마한 부엌도구나 그릇을 사들이려 할 때에도 남편 허락을 받고 하는 서구 주부들에 비해 우리나라 어머니들은 자기 안에 ‘포함’된 사람들을 위해서는 의논하지 않고도 웬만한 일은 혼자 처리한다. 혼자 해야 하는 책임의 무게만큼이나 혼자 이루어내는 일의 규모가 클 수 있다는 것이다. 아이들의 교육에 관한 일이나 집을 사고파는 일도 모두 혼자 처리할 수 있다는 것은 서구여성들에게는 입을 다물 수 없을 만큼 엄청난 놀라움을 자아내게 하는 일이다. 어머니가 자녀들의 부정입학에 관여한 것을 아버지가 정말로 모르고 있었을까 그 진위는 가려내지 못한다 하더라도 그럴 수도 있다는 것은 담이 큰 여성의 ‘포함’적 자아의 결과로 나타난 현상으로 볼 수 있다. 부정적으로 저지르는 일거리만이 아니라 가정과 사회에서 눈에 띄게 또는 보이지 않게 큰일들이 여성들의 손으로 이루어지고 있는 것이다.

우리나라 여성들이 ‘개인’이라는 행동단위로 일을 하고 있다면 그들은 성취의 명분을 찾으려 큰소리를 내며 생색을 내고 남성들에게 인정받아내려고 의식적인 노력을 했을 것이다. 그렇게 했다면 남성들이 여성들의 일을 왜소하게 축소시키고 우격다짐으로라도 무시하려 하는 증오의 대상으로 삼았거나, 여성의 희생과 봉사를 미화하는 천사 같은 모성상으로 서구의 여성들을 인식하는 것과 같이 되었을 수도 있다. 그러나 우리의 전통과 가정의 복지를 거스르지 않는 범위 안에서 우리나라 여성들은 기량이 크게 살아왔다. 여성 스스로 다 알아서 하는 독립적인 활동이 '통 크게' 수행되어온 것이다.

그런데 현대교육을 받은 여성들은 개인으로 성취하는 것을 인정받으려 하면서 오히려 여성의 역량이 축소되고 있다고 보인다. 남성과 같이 바깥사회에서 일하는 것만이 그 가치를 더 높이 인정받게 되고, 그것이 심해져서 집 바깥의 '돈벌이' 자리가 없는 전업주부는 스스로 '놀고 있다'고 자신을 무가치하다는 듯이 비하하게 만들고 있다. 아프리카에서도 전통적으로는 부족적인 단위로 여성들이 커다란 역할을 해왔었는데 서구문명의 도입 이후에 여성들이 바깥사회에 참여하면서 오히려 그 역할이 줄어들게 되었다는 것이다. 바깥에서의 여성역할이 사회적으로 부수적이고 가장 밑바닥에 있는 일을 하게 되었기 때문이다. 결정적인 윗자리는 남성들이 차지하고 그 아래에서 남성의 지시를 받아서 움직이는 비서직이라든가 고작해서 하위사무직이 여성의 몫으로 주어졌다는 것이다. 우리의 경우나 마찬가지로 전통적인 역할을 수행할 때에는 오히려 서로의 역할을 존중하고 간섭받지 않고 남성들로부터 경외의 대상이 되기도 했었는데, 동일선상에서 비교되는 입장에서는 남성보다 낮아진 위상을 피할 수 없게 되었다는 말이다.

이러한 변화와 관련해서 셋째 특성이 나타난다. 우리나라 여성들이 오늘날 받고 있는 현대교육은 남성과 동등하게 경쟁하고 성취하는 '개인'의 행동단위로 살 것을 요구하고 있다. 우리의 전통적인 가족구조와 사회통념과 풍습이 바뀌기 어렵고 바뀌더라도 더딘 속도로 바뀌고 있는 것이 사실이라면 우리나라의 현대여성들이 경험하는 갈등은 피치 못할 일이다. 여성들 대부분이 결혼하여 가정을 이루고 살면서 한편으로 '포함'의 심리구조와 다른 한편으로 '개인'으로 성취할 것을 부추김 받은 교육배경 사이에 내적인 충돌을 경험하고 있다. 집 바깥에서 보수를 받는 여성들이나 그렇지 않은 전업주부 어느 편도 이 갈등에서 자유롭지 못하다. '포함'의 행동단위로 해결하려 하면서 '자신'이 손해보고 있다는 생각에 사로잡혀 살거나, 주변 일들이나 '포함'된 이들의 문제들에는 눈도 돌리지 않고 '개인'의 성취에만 매진하는 극소수의 여류 인사들(?)도 '포함'된 사람들에 대해 소홀한 것이 아닌가 하는 죄책감에 시달려야 한다는 것이다. 우리나라 여성으로는 제일 높은 자리에 오른 한 사람이라 할 수 있는 어떤 이가 우리 특유의 '포함'의 특성 때문에 갈등이 생긴다는 해석을 듣고서야 자신이 늘 겪어온 내적 갈등을 이해할 수 있다고 말해온 경우가 있었다. 남편만큼, 어쩌면 남편보다 더 높은 지위에서 더 바쁜 일정으로 더 많은 과업을 성취해야 하는데도 집에 가서는 전혀 다른 자세를 가져야 하고 언제나 죄책감을 느껴야 하는 그 내밀한 괴로움을 이유도 모르는 채 남몰래 겪어야 했다는 것이다. 서구에서도 바깥

에서 일하는 여성들의 이중부담이 문제가 되어 그 실상을 조사한 연구
를 보면[9] 위의 경우와 비슷한 현상을 지적하고 있다. 그러나 그것은 남
성과 여성이 각기 개인으로 협력하는 과정에서의 불균형과 이에 따르는
'인간관계의 갈등'을 다루고 있다. 우리나라의 여성들은 자기 '내적 갈등'
을 경험한다는 점에서 그들과 다르다. 서구의 경우 인간관계의 갈등은
외적인 것이라서 제도적으로든 사회지원체제로든 여러 가지로 해결하기
가 비교적 용이하다. 그런데 이에 비해서 우리나라 여성이 겪는 내적인
갈등은 바깥에서 도와주기도 어려울 뿐 아니라 문제파악도 간단치 않
고 도움의 효과도 극히 낮다.

먼저 확립된 행동 및 반응이 다른 원칙이나 가치체계에 의해 붕괴될
때 사람들은 심한 내적 동요를 경험한다고 하는데 이렇게 해서 신경증
도 유발될 수 있다고 한다.[10] 현대교육이 강조한 '개인' 성취의 가치와
행동이 뚜렷하게 먼저 자리 잡은 사람은 '포함'의 요구가 다가설 때 심
한 격동을 겪게 되고, 또 '포함'의 행동이 먼저 갖추어진 사람은 '개인'이
기를 요구받을 때 그 갈등이 심각해진다. 그래서 우리나라 여성들은 이
런 갈등으로 '분열적'인 삶을 살고 있다고 할 수 있다. 여성도 남성과 다

---

9) A. Hochschild, *The Second Shift: Working Parents and the Revolution at Home* (London: Piatkus, 1989).

10) M. J. Allen, "Experimental Neurosis," R. J. Corsini(엮음), *Encyclopedia of Psychology*, 1권 (New York: John Wiley & Sons, 1984).

름없이 '독자적'이기를 기대하는 것과 '포함'하는 상호의존의 기대가 정반대로 팽팽하게 맞서는 자신을 가누며 살기란 쉬운 일이 아니다. 그러다 보니 일관성 있는 판단을 하지 못할 수 있어서 '똑똑하지 못하다'든가 '변덕스럽다'든가 '여자란 믿을 수 없다'든가 하며 깎아내려지는 평을 감수해야 된다.

넷째로 '포함'의 행동단위 때문에 판단의 주체가 '복수적'이라는 특성을 갖게 된다. '포함'된 인물 가운데 주인공이 누가 되는가에 따라 그 인물 중심으로 판단하고 여성 자신의 판단을 보류하게 된다. 자기의 성취목표가 부모나 남편일 수도 있으며 자녀나 남동생이 되기도 한다. 자기 아이를 무명인사의 아이로 만들지 않기 위해서 유명인사가 되려고 노력하는 사람들이 있고 근로여성 가운데는 남동생을 공부시키기 위해 일하는 경우가 많다는 사실을 보아도 알 수 있다. 요즘 가정 안의 폭력, 특히 남편이 아내에게 아버지가 자녀들에게 휘두르는 말이나 신체적인 폭력이 사회적인 문제로 거론되고 있다. 그런데 피해자인 여성이나 아이들이 스스로 '맞을 짓을 했기 때문에 맞았다'고 생각하는 경우를 볼 수 있다. 가해자의 판단을 자신의 판단으로 받아들여 그렇게 생각하는 경우이다. 아버지의 잘못을 어머니가 대신 변명해주는 것도 남편을 '포함'하고 있기 때문이다. 아이들이 아버지에게 꾸중을 들어도 어머니 자신이 꾸중을 듣는 듯이 받아들이고, 때로는 아이들을 대신해서 변호하려 들거나 문제될 만한 일을 미리 막으려 하거나 아버지에게 알리지 않고 비밀로 하려 드는 것은 모두 아이들을 '포함'하는 자세 탓이다.

이 글의 머리에서 이야기한 우리나라 여성 특유의 행동으로 빚어진 바 사회적으로 물의를 일으킨 문제들―자녀의 입시부정, 여성들의 축재 같은 문제들의 풀이도 '포함'에 따라 '대신해주는' 삶에 의한 것이라 볼 수 있다. 최근 일어난 비리와 부정에 빗대어 '부정과 비리는 여자의 몫인가?'라고 한 텔레비전 토론제목이 여성들을 정죄하려는 목적을 풍기고 있기는 하나 사실은 부정과 비리만이 아니라 모든 삶의 영역이 다 여성의 몫이기도 하고 그런 여성에게 감사를 느끼지 않고 또 잊은 것뿐이다. 여권론자로 알려진 한 교수가 윤리적으로 여성을 무시해온 것으로 널리 알려진 후보를 대통령으로 지지하고 나선 것에 놀라움을 금하지 못했던 기억이 있다. 그의 가족이 그 후보와 관련된 기업에 종사하고 있음에 생각이 이르러, 그 교수가 아무리 독자적인 여성을 표방하는 서구형 여성학을 가르친다 해도 자신은 가족을 '포함'하는 행동단위를 가지고 살고 있었던 것을 알 수 있었다. 폭력을 휘두르는 남편의 판단을 그대로 채택하는 여성이나, 경제적 재원을 벌어들이는 가족의 판단을 그대로 받아들이는 여성은 다를 바 없다. 아무리 뒤의 사람이 앞의 사람을 불쌍히 여겨 돌봐준다고 할지라도 심리구조상으로는 차이가 없는 것이다. 마지막으로 우리나라 여성은 '포함'하고 '포함'되는 삶 안에서 홀로 서는 경험을 해보지 않고 언제나 누구인가와 가까운 심리적인 접촉에서 살아왔기 때문에 오히려 다른 사람의 도움이나 배려에 무감각하게 되고 마치 당연하다는 듯이 쉽게 받아들이게 된다. 서구인들은 가족관계에서도 '개인'으로 서로 사랑을 표시하고, 고마워하는 것도 나타내고, 다른 사람에게 미안하게 느낄 일을 하지 않으려 노력하고 피치 못해 저지른 잘못은 곧 사과하는 사회적 예의를 어려서부터 익히도록 훈련받는 것이 사회생활을 위해서 필수적이라 여긴다. 그런데 우리는 가까운 이들을 자신 안에 '포함'하고 있으므로 사랑과 고마움, 잘못과 사과를 표시할 필요를 느끼지도 않을 뿐 아니라 표시하면 오히려 어색하게 느끼고 거리감까지 느낀다고 생각하게 되었다.

서구에서는 여성이 남성보다 더 인간관계에 예민하고 사회성이 더 발달했다고 하며[11] 가족이나 친지 사이의 인사와 정서적인 표시는 주로 주부의 몫으로 되어 있다고 한다. 그런데 우리의 경우에는 남성들보다 오히려 여성들의 사회성이 덜 발달된 것이 아닌가 생각된다. 왜냐하면 남성들이 가정 밖에서 사회생활에 필요한 기본적인 예의는 어느 정도 갖추고 있어야만 사회에서 살아남을 수 있기 때문이다. 그런 데 비해 여성

---

11) I. G. Sarason, "Interrelationships of Social Support Measures: Theoretical and Practical Implications," *Journal of Personality and Social Psychology* 52권(1987년), 813–832쪽.

들은 집안에서, 말 없어도 서로 알아서 해주는 분위기 속에서 다른 사람의 마음을 상하지 않게 하면서도 자기표현을 적극적으로 하는 지혜와 방법을 익힐 필요와 기회가 없었다. 결혼 후에 제일 어렵다는 시댁과의 관계에서도 서로 해야 할 임무와 역할을 묵묵히 수행할 뿐 정서적인 표현은 최소한으로 하고 어려운 일은 참아야 한다고 한다. 오직 이러한 '참음'을 해결방도로 삼는 것이다.

부부 사이에도 사랑을 늘 표시하고 확인해야 하는 서구인의 남편과 아내는 각자 '개인'이므로 서로 별개의 존재인 상대방에게 그렇게 해야만 서로 알고 또 알려서 그 관계를 잘 유지할 수 있게 된다. 부모와 자녀 사이에도 서로 존중하고 예의를 갖추어 대하고 사랑을 표시해야만 서로의 사랑을 인식하게 된다는 것이다. 그러나 정서적인 표현이 언제나 순조로울 수 없는 것이다. 가족상담심리에서 논하는 대부분이 가족관계에 문제가 있는 경우를 다루고 있고 그만큼 심각하다는 것을 잘 볼 수 있다. "내게 있어서 내 딸은 외계인 같은 존재이다. 나는 그 애와 동일시할 방도가 전혀 없다"[12]라고 55세 된 어떤 어머니가 말하는 것이 서구에서는 유별난 경우가 아닐 정도이다. 어머니와 딸이 '자연스러운 동지'가 될 수도 있는가 하면 또 '자연스러운 적'이 될 경우도 있다. 그렇게 중요한

---

12) V. Secunda, *When You and Your Mother Can't Be Friends* (London: CEDAR, 1990).

사랑을 모녀 사이에서 찾으려 하는 서구인들의 경우 또 그만큼 더 깊은 상처를 남기기도 한다. 심리분석가 프로이드의 손녀가 평생 아낀 자신의 세 어머니에 대한 사랑을―자신을 낳아준 어머니에 대한 진한 마음, 참으로 동일시할 수 있었던 작은 고모 안나와의 특별한 관계, 그리고 전문가로서 이끌어준 스승에 대한 존경―그의 책에서 보여주고 있는데 그것은 서구 모녀의 한 보기이다.[13]

그런데 우리나라 여성들이 가족 사이에서 이루는 인간관계는 그렇게 뜨거운 것이기보다는 아주 현실적이고 실제적이다. 우리나라 사람 가운데도 간혹 격정적인 표현을 하는 사람이 있으나 예술가 같은 사람들이거나 극히 이국적이라는 말을 듣는 특성을 가진 이들이다. '보통' 어머니는 어머니 역할을 잘 수행해내는 것이 중요하고 아내는 남편이 필요로 하는 것을 요구하기도 전에 '미리 알아서 잘 해드리는 것'이 이상적이고 또 그렇게 하는 것으로 충분하다. 자신이 한 일에 대해 스스로 칭찬하거나 고맙다고 하지 않듯이 우리는 자신 안에 '포함'된 다른 사람과의 사이에 그런 의사소통이 필요하다고 느끼지도 않는다. 실습을 하자면서 옆에 앉은 사람이 남편이나 사랑하는 사람이라고 생각하고 사랑을 표시해보라고 했을 때 모두가 한결같이 어색해하면서 "남편에게도 실제

---

13) Sophie Freud, *My Three Mothers and Other Passions* (New York: New York University Press, 1991).

로 해보지 못한 말을 어떻게 하고 또 듣는가" 하고 무척 난감해했었다. '인간관계의 정서적인 표현은 자연스러운 것인데 왜 나는 못할까?' 하고 스스로를 비정상적이라는 듯이 자기에게 물어야 하는 이중의 어려움을 겪어야 했던 것이다. 서구에서 만들어진 치료연극방식을 그대로 우리에게 해보라고 했을 때 그대로 하기 어려운 것이 오히려 자연스러운 것이다. 치료가 되려면 그런 방식으로 표현을 통해 자기 발견을 할 수 있어야 하는데, 우리로서는 경험하지 않은 내용을 경험하지 않은 방식으로 표현할 수는 없는 것이다.

오늘과 내일을 사는 여성의 삶

우리나라 여성이 위에 지적한 바대로 자신의 특징을 가지고 어떻게 오늘을 살고 내일을 설계해야 할 것인가를 묻게 된다. 우리의 특징을 말끔히 지워버리고 서구인의 모습으로 성형수술하듯 표피적으로만 탈바꿈할 수 없다는 것은 심각하게 삶을 생각하려는 사람이면 누구나 동의할 것이다. 그렇다고 복고적으로 옛것으로 되돌아가서 우리네 전통만을 되살리자고 할 수도 없다. 앞으로 나가야 한다는 명제는 분명한데 이는 우리의 특징을 바탕으로 해서 현명한 방법을 찾아야 한다는 것을 뜻한다.

삶의 현명한 지혜는 우리의 특징을 잘 분석하여 약점이 될 수 있는 것을 고치고 우리의 강점을 격려하는 것에서 비롯된다고 볼 수 있다.

넓은 '포함'의 범위 때문에 생기는 스트레스는 건강을 해칠 만큼 심한 경우가 아니며 어느 정도 있는 것이 오히려 우리에게 활력을 주고 발전과 성장을 촉진하는 요소가 된다. 바로 그 '포함' 때문에 우리나라 여성의 대담한 역량은 기대해볼 만한 큰 장점이 될 수도 있다. 다만 우리가 자기 가족이나 가까운 사람들만을 '포함'의 범주에 넣고 있었다는 점만은 깊이 반성해야 할 것이다. '포함'의 범위를 넓히는 것은 결코 여성에게 손해되고 노예적으로 짐만 지게 되는 것이 아니다. 이기적으로 자기 통제만 하고 개인으로 관심을 축소하는 것이 발전적인 방향이 아니라는 것을 상기할 필요가 있다. 도덕성의 발달은 높은 수준의 보람을 느낄 수 있게 하는 데 있는 것인데, 그 발달 방향은 자기중심성에서부터 출발해서 사회의 통념적인 실상을 거쳐 궁극적으로는 보편적인 윤리의 가치로 향하게 하는 데 있다.[14]

'포함'의 단위를 행동의 단위로 갖고 있을 경우 다른 사람을 '포함'하는 것에 익숙하기 때문에 그 범위를 넓히는 것이 오히려 손쉬울지 모른다. 그러나 '포함'의 범위를 넓히는 것과 함께 여성 자신의 독자적인 판

---

14) L. Kohlberg, *The Philosophy of Moral Development* (Cambridge: Harper & Row, 1981).

단의 훈련이 절실하게 요구된다. 그렇게 하여 '포함'된 이들을 더욱 뚜렷하게 이해할 수 있고, 또 의사소통이나 적극적으로 표현하는 '사회적'인 기술을 높일 수 있는 계기로 삼을 수 있게 될 것이다. 다른 말로, 강한 여성이면서도 대립적이기만 하지 않고, 주관이 있으면서 이해와 협력을 실천하는 여성이 될 수 있을 것이다. 남편과는 다른 정당에 속한 여자 수상, 남편과 다른 교파에 속한 여자 대통령, 그리고 국교가 정상화되지 않은 나라에 인도주의적인 일로 방문할 수 있는 대통령의 부인, 이들이야말로 '넓은 포함'과 뚜렷한 '주관적 판단'으로 사는 오늘의 역사적 인물들이다. 그러기에 우리나라 여성의 절대다수를 점유하고 있는 주부들이 그들의 '포함'의 범위를 넓히기만 한다면 자기 성취만을 위주로 살면서 남성과 동일시하는 일부의 소수여성보다는 차라리 이들 다수에게 희망을 걸 수 있다. '좋은 사회'는 다른 사람에게 관심을 주고 그것을 표시하는 민주사회라고 한다면[15] 성취하는 '머리'만의 특성보다는 '머리'와 '가슴'과 '손'을 함께 가진 여성들의 공동체적 협력이 그 같은 사회를 이루어낼 수 있다. 여성들이 성취위주로 생각하고 살아가는 사람들에게 위협당하지 않고 스스로 자신감을 가질 수 있게 서로를 격려하고 부추기며 이웃

---

15) R. N. Bellah / R. Madsen / W. M. Sullivan / A. Swindler / S. M. Tipton, *The Good Society* (New York: Random House, 1991).

과 공동체를 이루어 평화를 키우는 일을 할 수 있다면 우리 사회는 살 만한 곳이 될 것이다. 이기적이거나 사사로운 개인의 동기가 아닌 공공 정신을 키워서 '내 것이니까 내 마음대로 쓴다'든가 '내 집안일은 나 혼자만의 소관'이라는 생각을 벗어나야 한다.[16] 나와 다른 사람을 통틀어서 우리 모두가 사는 사회를 책임지는 노력이, 봉사에 몸이 젖은 여성들로 이끌어져 나갈 때 따뜻한 세상이 되리라고 믿는다.

– 「경제와 사회」 (19호, 1993)

---

16) 문 은희, "우리나라 여성의 행동 유형과 여성운동," 「현상과인식」16권 3/4호(1992년), 109–125쪽.

02

우리나라 여성들이
정신 차리고 산다는 것

1. 연구과제

어떤 사람이고 살아가면서 결단을 내려야 하는 크고 작은 일을 늘 만나게 된다. 무엇을 하며 평생을 살 것인가 하며 장래계획을 하는 중대한 일부터 한가한 방학날 아침 오늘은 누구와 무엇을 하며 놀까 생각하는 어린이의 자그마한 일까지, 우리는 모두 매순간 결단을 하며 살고 있다. 그런데 그렇게 내리는 결단의 밑바탕에는 분명 그럼직한 이유가 있는 것을 볼 수 있다. 살 것인가 말 것인가를 결단해야 하는 고민은 햄릿만 하는 것이 아니라 누구나 하고 있는데, 그렇게 하는 이유가 엄연히 모두에게 있다는 말이다.

그런데 이것이 개인의 행동동기만으로 그치는 것이 아니라 자신이 속한 문화권 안에서 공통으로 지닌 것이 있을 수 있다. 벨라와 그의 연구팀이 미국의 습속을 연구했듯이, 우리는 우리나라 사람들이 가진 보이지 않는 동기를 찾으려 하는 것이다. 우리나라 사람이 공통으로 다른 나라 사람들과 다른 생각과 이유를 가지고 있는 것이 아닐까 알려 하고, 그 가운데 여성들이 남성과 달리 가지고 있는 기본 되는 생각과 이유가 있는지 또한 궁금하다.

사회형식제도로는 남녀가 같은 교육의 기회를 가지게 되고 사회활동도 동등하게 할 수 있게 되었다고 하지만 집 안팎에서 여성에게 기대하는 자질은 남성과 다르기 때문에 여성이 경험하는 삶은 남성과 다를 수밖에 없다. 그리하여 여성이 남성과 다른 삶의 이유를 가지게 되는 것이라 생각한다.[1] 오늘을 살고 있는 우리나라 여성들은 남녀평등의 이념과 차이 때문에 오는 분열증환자 같은 기대를 한 몸에 받으며 한평생을 살면서 필연으로 남성과 다른 자기 이해와 개념을 가질 수밖에 없다고 생각한다. 이러한 자기개념이 판단의 바탕과 동기를 좌우하고 있고 그것이 어떻게 표현되는가를 이 연구에서 보려 한다.

현대교육을 받은 우리나라 여성들에게 거는 기대의 혼란은 여성이 자신을 파악하고 정의 내리는 데 심각한 갈등을 자아낸다. 교육이 강조해온 학업성취, 독자성, 판단력, 지도력, 창의성, 감수성, 지구력 같은 기대 내용은 학교 바깥세계에서 기대하는 전통가정 중심의 역할수행, 순종과 양보, 희생들과 전혀 다른 신호를 여성에게 보내고 있기 때문이다.[2] 전통교육만을 받아온 앞 세대 여인들은 비교적 일관성 있게 자신의 역할을 수행하고 자기다움을 비교적 혼란 없이 지킬 수 있었을 것이다. 그러나 오늘을 사는 여성들의 상황은 다르다. 표면으로는 여성도 능력껏 차별 없이 활동해야 한다는 것이지만, 가슴으로 기대하고 바라는 내용은

---

1) 문 은희, "집안과 일터에서 기대되는 여성의 자질," 「연세여성연구」 1권 (1995년).

2) 문 은희, "오늘을 사는 여성의 갈등,"한국사회이론학회 엮음, 「갈등과 우리 사회」 (서울: 현상과인식, 1995).

50

전통의 여성역할을 현대식으로 수행하는 일이기 때문이다.

한 보기로 박사학위를 받고 돌아온 남자 제자에게는 학문하는 사람으로 대해서 학문의 길을 갈 수 있도록 도와준 교수가 더 '좋은' 학교에서 연구해 학위 받고 돌아온 여자 제자(그 남자 제자의 아내)에게는 전혀 학문과 관련 없는 사람인 양 대하는 것을 경험하고 그 여자 제자는 무척 놀랐다고 한다. 이제까지 교육에서 기대하고 평가해온 성취와 경쟁이라는 방식과는 전혀 다른 대처방안을 마련하지 않으면 안 되는 혼동을 경험하게 되었다고 하는 것이 비단 그 한 보기에만 해당되는 말이 아니다. 이는 우리나라 여성들이 함께 공통으로 경험하고 엮어가는 삶의 특성으로서, 여성들이 이러한 경험을 공통으로 갖도록 우리 사회문화의 영향력이 작동하고 있기 때문이다.

서구민주주의 사회제도에서 교육받고서도 한국 전통의 인간관과 여성관을 내면에 지니고 있는 여성이라면, 그는 하루하루 겪어가는 모든 삶의 영역에서 일관될 수가 없다. 제도권 학교교육 안에서 지내는 것이 여성의 삶 전체가 아니다. 그 제도교육을 벗어나 가정과 사회에서 살아가는 사사로운 영역이 더 많고 길며 또한 바꾸기 힘든 것이다. 누구나 혼자 처음으로 해내야 하는 사랑, 결혼, 자녀출산과 교육, 이 모두를 일관되게 자신이 결단하고, 진행하고, 또 다음 세대에게 가르칠 수 있는가 하는 문제 사태에 여성들의 삶이 속수무책으로 던져져 있는 셈이다.

옛 여성들에게는 "벙어리 삼 년, 귀머거리 삼 년, 소경 삼 년"을 살라고 하는 전통으로 내려온 가르침이 있었다. 그리고 삼종지도(三從之道)라는 규범을 믿고 따르기만 하면 되었다. 그러나 평등의 이념으로 제도교육을 받은 여성들이 혼자 해내야 하는 사사로운 영역의 삶을 어떻게 판단하며 살아야 할 것인가, 그 근거가 따로 똑똑히 마련되어 있지 않다. 함께 구성하고 있는 가정과 사회구성원(남성)들도 제대로 새롭게 준비하고 있지 않다. 이렇게 갖춤이 없이 혼돈된 사사로운 영역에서 오늘의 여성들이 어떻게 판단하면서 살고 있는지 살펴보려 한다.

2. 연구방법

자신의 내면을 들여다보는 데 훈련된 여성들, 자신의 정신건강에 관심을 두고 함께 이야기를 나누는 모임인 '정신건강 상담공부방'에 참여한 사람들(26명)에게 이 연구의 뜻을 설명하고 동의를 얻어 함께 이야기 나누는 방식으로 심층면담을 하였다. 여기 참여한 여성들은 이른바 중산층의 보통사람들로 기혼(19명), 미혼(6명), 이혼(1명)으로 구성되었으며, 고졸 3명 외에는 모두 대졸 또는 그 이상의 학력을 갖고 있었다. 그리고 기혼자의 경우 1명만 제외하고는 모두 자녀가 있는 사람들이다. 이들은, 자신들의 이야기뿐 아니라 부모님과 자기주변에서 볼 수 있었던 이야기를 나눌 수 있는 사람들로서, 우리나라의 교육받은 중산층 여성들의 '습속'을 보여주는 데 치우침이 없었다고 생각한다. 면접은 2003년 10월부터 2004년 2월 사이에 진행되었다.

면접 내용은 우리나라 사람들의 눈에 보이는 행동 이면에 자리잡은 보이지 않는 행동동기를 알아내려는 것이다. 자기 내면의 움직임을 예리하게 알고 표현할 수 있는 사람들이기에 그들에게 물어 알아낼 수 있었다. 우리나라 여성들이 어떻게 판단하며 살고 있는가를 묻는 것으로 질문을 시작하였다.

자신의 문제를 풀어가는 동기, 선택하고 결단하는 데 바탕인 이유, 그들을 길러낸 앞 세대 부모님의 판단의 바탕을 알기 위해 그들의 결혼사연, 그리고 임신과 출산, 자녀교육에 대한 생각을 묻고 형식을 갖추지 않고 자유롭게 서로 이야기를 나누었다.

면담에서 연구자가 느낀 것뿐 아니라 녹취록을 만들어 내용을 놓치지 않고 분석하였다. 너무나 많은 이야기를 나누었기 때문에 모든 내용을 다 분석해서 이 글에 실을 수는 없었다. 그러나 공통의 동기기제로 찾은 것을 다음 몇 가지로 정리할 수 있었다.

3. 면접결과 및 분석

면접결과 및 분석으로 다음 몇 가지 공통된 점을 찾아내게 되었다. 가장 뚜렷하고 바탕이 되는 것은 여성 자신의 삶과 또 관련된 중대한 일을 결정하는 데 여성 스스로 하지 않는다는 것이다. 자신의 소망과 기대를 구별되게 따로 가지기보다는 가족과 다른 사람들이 하는 것에 따라 하는 것이 '자연스럽다'고 여긴다는 것이다. 자연스럽다는 기준이 각자에게 따로 있는 것이 아니라 대세에 따라 같이하는 것에 있다. 자기의 입맛이 따로 있듯이 자기에게 자연스러운 것은 남다를 수 있다고 여기고 존중받으려 하지 않는다는 것이다. 그러므로 자신의 미래에 대한 예측도 마음껏 펼칠 생각을 하지 않고 가족과 바깥요인, 특히 경제요인에 좌우된다고 생각한다. 이런 특성은 거의 예외가 없는 것으로서, 신앙을 갖고 있는지의 여부 또한 어떤 종교를 갖고 있는가에 따른 동기의 차이는 없다는 것도 확인할 수 있었다.

1) 여성들 스스로 결정하지 않는다

대부분의 여성들이 자신만의 방식으로 역할갈등을 이겨내서 자기의 독자성을 살리려 하지 못하고 현대판 삼종지도의 규범을 따르고 있다고 할 수 있다. 자신을 제약하는 환경을 향해서 투쟁하여 원하는 것을 스스로 얻어내려 하지 않는다. 자신의 권리와 책임을 다하는 방식을 택하지 않고 할 수 있다. 벨라와 그의 동료들이 미국인의 독자성$^{self-reliance}$을 이야기하는 것을 읽으면서[3] 우리에게도 그 같은 개념이 있는 것일까 생각하게 된다. 자신이 홀로 서기 위한 자기 발견은 혼자 개인으로 할 수밖에 없는 것이라고 하는데, 그들같이 우리도 분명하게 그렇다고 말할 수 있을까 묻게 된다. 그 물음에 대해 이 연구과정에서 내가 만난 여성들에게 얻은 대답은 "아니다"였다. 우리 여성들은 어떤 결단도 혼자 한 일이 없다는 것이다.

이는 우리 연구팀에서 가설로 제시했던 가족주의나 경제주의의 큰 물결과 연관되어 있다 할 수 있다.[4] 여성들이 판단하는 데 수동성과 가족주의/경제주의 사이에서 인과관계의 화살표가 어느 쪽일지는 더 세밀한 연구가 필요하다 하겠지만 서로 영향을 주고받음은 확실하다 하겠다. 여성들이 느끼고 생각하고 판단하여 행동하는 데 자신이 혼자 하는 것이 전혀 아니라는 것, 중요한 사람들(특히 가족)이 같이하고 있다는 것을 분

---

3) Robert Bellah / Richard Madsen / William M. Sullivan / Ann Swidler / Steven M. Tipton, *Habits of the Heart*(New York: Harper & Row, 1985), 3장.

4) 경제주의에 대해서는 박 영신의 여러 글 가운데, 「우리 사회의 성찰적 인식—전통, 구조, 과정」(서울: 현상과인식, 1995), 4장. 그리고 가족주의에 대해서는 박 영신, 「역사와 사회변동」(서울: 대영사, 1987), 8장.

명하게 볼 수 있다. 가족의 입김에 좌우되고 다른 사람들의 판단과 처한 현실상황에 휩쓸려가는 것을 볼 수 있다. 단체와 무리로 함께 어울려서 행동하는 것이 오히려 자연스러운 셈이다.

개인 스스로의 성취를 부추기는 교육을 받았음에도 불구하고 남다른 자기의 개념을 따로 가지지 않는 것이 우리네 여성들에게는 오히려 자연스럽다.[5] 이 세상 사람들이 모두 각자 다르므로 각기 다르게 느끼고 생각하고 판단하고 행동하는 것을 우리 사회의 여성들은 자연스럽다고 생각하지 않는다. 삼종지도 전통의 여성관을 벗어던졌을 것으로 기대되는, 현대교육을 받은 오늘의 여성들에게도 자연스럽다는 것은 독자성을 가진 개인 여성으로 자기답게 느끼고 생각하고 판단하는 것이 아닌 셈이다. 아버지, 남편, 그리고 아들에게 순종해온 옛 여인들과 다를지는 몰라도, 바깥의 권위에 순종하고, 스스로의 느낌과 생각을 존중하지 않는다는 점에서는 다를 바 없다는 것을 볼 수 있다.

그들 나름으로 당연하게 자연스럽게 느끼고 생각하고 판단하고 행동하며 살고 있다고 말은 하는데, 사실은 아주 자기답게 자연스러운 것이 아니라 바깥에서 유행하거나 규격으로 만들어진 것에 따라 하는 것을

---

5) 우리나라 여성들이 '포함'의 단위로 살아 독자성 없음을 논한 글은 다음을 볼 것 : 문 은희, "우리판 '여자의 일생' – 가족 관계에 얽힌 여자들 이야기," 「경제와사회」 19호 (1993년 가을).

자연스럽다고 한 것임을 알게 된다. 보기를 들어서 인륜지대사(人倫之大事)라며 전 생애를 통해 가장 큰 결정이라 생각하는 결혼,[6] 그리고 다른 생명을 험한 이 세상에 내보내는 책임이 막중한 출산을 어떻게 결단했는가를 물으면 처음에는 "자연스럽게 했다"고 한다. 자연스러운 것이 정말 자연스러운 것인가 생각해보자고 제안했다. 진정으로 자기답게 자연스러운 것인가 아니면 다른 사람의 요구나 기대의 눈길을 받아서 한 것인가 생각을 더듬도록 물으면, 깊이 생각하지 않고 다른 사람들이 하는 대로 따라서 한 일이라는 것을 확인할 수 있게 된다. 흐르는 물결(대세)에 따라갈 뿐 자기 머리를 쓰지 않고, 자기의 생각 없이 살아온 것을 자연이라고 생각했던 것일 뿐이다. 결혼뿐 아니라 귀한 생명을 태어나게 하고 길러야 하는 어마어마한 부모의 책임을 요구하는 자녀를 낳는 문제도 마찬가지이다.

[여성16] "아기요? 그냥 자연스럽게 낳았어요. 결혼도 또 자연스러운 인생의 과정이었겠지요? 어쨌든 그때는 자연스럽게 결혼해야겠다고 마음먹을 때 아빠(남편)를 만났고요. (…) 지금 아이를 키우고 나니까, 생각을 하고 아이를 낳아

---

6) 우리나라 여성들의 결혼 동기에 대해 쓴 다음의 글을 볼 것 : 문 은희, "우리나라 가정주부의 윤리," 「사회이론」16권 (1998년 봄).

야지, 생각을 안 하고 아이를 낳아서는 안 되겠다. 이런 것(생각)을 아이가 크면서 지금 (와서) 느껴요. (…) 결혼도, 상대방에 대해서 생각하고 그 사람의 나쁜 점까지도 다 포용할 수 있나 한 번쯤 생각해보고 어떤 가치관에 의해서 결혼도 해야 한다고 생각하는데요. 저 같은 경우는 그게 아니라 그냥 흘러가는 대로 그냥 받아들였어요. 결혼할 때가 되었다, 결혼할 나이가 됐잖아요? 집에서 시집가라고 그런 건 아니었는데요. 스물여섯쯤 되니까 누가 막 소개시켜 준다고 하니까요. 직장도 막 다니기 싫어지더라고요. 직장도 다니기 싫다, 결혼하면 집에 있어야. 결혼하고 집에 있었거든요."

자연스럽게 결혼했다고 하던 사람들도 바깥의 기준으로, 다른 사람들이 결혼하는 나이라고 하는 나이를 결혼할 나이라고 한 것을 볼 수 있다. 이른바 통상의 '결혼적령기'를 따르는 것이다. 통계치로 결혼 나이의 평균치를 낼 수는 있겠지만 각기 자기의 준비(심리, 육체, 사회, 경제의 준비)정도가 독특하게 다를 수밖에 없기에 일정한 적령기가 있을 리 없으련만 우리 사회는 그것이 실제로 있다고 여긴다. 그리고 여성들은 그때를 넘겨 노처녀라는 소리를 듣게 되는 것에 과민한 반응을 보인다(여성23). 결혼하면 다니기 싫은 직장생활도 그만둘 수 있고 집에 있을 수 있다는 것, 모두 바깥에서 주어진 조건이지 본인의 선택이 아니며 이를 따른 것임을 볼 수 있다.

"그냥 아이도 낳았다고" 말한 사람(여성16)이 둘째아이는 "제가 계획했고, 애 아빠랑 같이 계획해 가지고 낳아서"라고 말한다. 좀 달랐나 싶어서 더 파고 물으니까 "둘째가 필요하다는 생각도 전혀 못했는데요. 사람들이 주위에서 얘기하는 거죠. 우리 시부모님도 그렇고 아들 하나 있어야 되지 않냐? 지금도 그러시는데요. 또 주위에서 한 명은 외롭다고 막 자꾸 얘기를 들을 때 있잖아요? 그렇게 해서 결정하게 된 것 같아요." 그러니까 계획했다는 것도 실제로는 자기가 결정한 것이 아니라 다른 사람들의 의견을 따라서 한 것이라는 이야기다.

자기 삶에 관한 일에 자기 스스로 책임지고 주도하지 않는 것을 아쉬워한다거나 의문도 가지지 않고 사는 경우들을 볼 수 있다. 자녀교육의 문제를 두고도 (보기를 들어 사교육의 경우) 잘못된 것이라며 그렇게 하지 말아야 한다고 하면서도 다른 사람들이 하는 대로 따라하는 여성들의 문제를 지적하고 있듯이[7] 자신의 판단기능을 제대로 쓰려 하지 않고 있을 뿐 아니라 그런 자신을 스스로 이상하게 여기지도 않는다. 단지 결과가 잘못될까 걱정하면서 다른 사람들이 하는 대로 따라할 도리밖에 없다고 여기는 것 같다. 그러기에 일단 따라하고 나서 결과만 무난하면 그렇게 결정한 것을 문제 삼지 않는다.

선을 보고 결혼한 경우(여성27), "선을 보고 나서 자기가 결정한 것도

---

7) 정 재영, "한국가족의 자녀교육: 문화습속의 관점에서," 「현상과인식」 28권 4호 (2004년).

아닌데 30여 년을 지금까지 잘 살고 있다"고 한다. 자기는 별 생각이 없었는데 부모와 다른 가족들이 '신랑감이 착실하다'며 좋다고 하는 판단에 따라 결혼했다는 것이다. 자기가 결혼해서 살아야 하는 사람을 어떻게 다른 사람이 정하는 대로 따를 수 있었는가를 물으니 문제가 없이 받아들인 것에 대해 별다른 의심도 해보지 않았다는 대답을 한다. 아주 당연한 것인데 왜 묻는지 오히려 생소하다는 듯 느끼는 것 같았다. 그래도 재차 물으니까 부모님도 그렇게 결혼하셨고, 언니들이 모두 그렇게 자신들이 스스로 선택하지 않은 사람들과 결혼해서 살았고 별 문제가 없었다고 여겼기 때문인지도 모르겠다고 답한다.

자기와 가까운 사람들, 특히 가족들이 모두 하는 대로 똑같이 하는 것을 당연하게 여긴 것이다. 그렇게 사는 것이 당연한 것 아닌가 여기는 것 같았다. 주변에서 연애결혼하는 친구들을 보면서도 자기는 자기결정을 할 수 있다거나 하고 싶다는 생각을 하지 않았다고 한다(여성27). 가족과 가족 아닌 사람을 구분하고 자기가족의 행동강령을 따른 것이다. 자신의 주관을 거치지 않고 하니까 다른 사람들이 성공하는 '듯한' 방식을 따를 뿐이다. 다른 사람들이 하는 것을 안 할 이유가 없다고 생각한다. 일률의 문화가 존재할 바탕을 이루고 있다. 그리고 다음 세대도 그렇게 살아갈 것을 기대한다.

아이를 낳아 기르는 문제를 두고도 "생각해보지는 않았던 것 같다"고 한다. "낳고 싶은가 낳고 싶지 않은가를 생각해보지도 않았고요. 그냥 낳아야 되는 것 같고 안 낳을 만큼 특별한 이유가 없고, 당연히 낳아야 되는 거라서 낳았죠. (…) 좀 의무적으로 남들 다 낳으니까."(여성4)

그렇게 시작한 경험(이 경우에는 아기 낳는 것)이 자신의 것으로 내면화되고 나면 다음번에는 그제야 선택할 여유가 생긴다. 그리고 또 일률에 맞추는 '의무'의 태세도 생겨난다. "그 결정이, 처음에는 저 혼자만의 결정이 아니었던 것 같고요. 사람을 우선 낳아보면 약간의 의무감에서, 그 다음부터는 낳아도 되고 안 낳아도 되고 선택이 따르니까. 그 다음부터는 저 혼자, 내가 과연 낳아서 잘 할(수 있나) 책임감이나 이런 것도 많이 생각해보는 여유가 생긴 거죠. 그리고 둘째 이상, 셋째부터는 경제적인 것도 많이 생각해보는, 그게 현실인 것 같아요. (…) 첫째는 좀 의무적으로, 남들 다 낳으니까, 그런 생각을 했던 것 같아요."(여성4)

의무감을 가지는 것은 스스로 원해서 자연스럽게 하지 않는다는 것의 표시이다. 누구나 하는 것, 그래서 누구나 해야 하는 것이라는 의무감으로 하게 된다는 것은 거의 모든 경우에서 볼 수 있다. 아이를 좋아해서 낳았다는 경우에도 "지금 생각해보면 신랑이 그렇게 나이 많은 사람도 아니었는데, 시댁(시부모님의 생각)에서는 나이가 많으니까 빨리 애를 낳았으면 하는 바람이 있었다고 저는 생각했어요. 그러니까 (시집)가서 그냥 별로 안 낳겠다는 생각 안 하고 자연스럽게 가져 아이를 낳은

것이거든요."(여성13)

　그러니까 바깥의 기대를 따르는 것, 그것이 시부모든지 다른 사람이든지 "자연스럽게"라고 여기면서 받아들였다는 것이 거의 모든 경우에 공통이라는 것을 볼 수 있다. 자신이 원하는 것, 자신이 힘들어하는 것, 당면한 상태에 대한 해석, 이런 것이 모두 자신에게서 우러나온 것이 아니라, 그럴 것이라고 하는 바깥의 암시와 제안에 따른 생각이었다는 것을 볼 수 있다. 결혼과 출산, 그리고 자녀양육에 대해 공포심을 가지고 거부하는 (미혼)여성들의 경우에도 자기들의 어머니를 보면서 판단한다. "엄마들에 대한, (…) 딱 판을 보니까 여자가 불리해. 결혼은 왜 꼭 해야 되고, 아기는 왜 꼭 낳아야 돼?"(여성3)하는 것이 자기의 자기다운 소망과 필요에 따라 결정한 것이 아니다. "엄마가 되게 불쌍하게 사니까 결혼은 아니야"(여성6)라고 하는 것도 같은 경우이다. 자기가 속한 특정가족 안에서 겪은 특정경험만으로 자신의 세계를 좁히고, 자신은 마음껏 독특하게 발달할 수 있다는 생각과 삶을 제한하고 있는 것을 볼 수 있다. 자신이 예외의 존재가 될 수 있다는 생각을 하지 못한다.

2) 결정의 결과를 향유하거나 문제해결도 남 따라

　자신의 일인 결혼과 출산을 자신이 결정해서 어려움을 극복하고 기뺨과 보람을 느껴야 하는데, 우리 사회의 여성들은 그렇지 않다. 자신의 결단에 따라 한 일이면 자신이 해결하고 적극으로 즐길 수 있을 터인데 다른 사람들, 시부모나 남편의 말을 듣고 보고 하니까 그들이 이해하고 배려할 것을 기대했다가 실망하고 원망하기도 한다. 보기로, 임신기간 동안, 아니면 아이를 기르면서 어떤 상태가 되는지 어떻게 해야 하는지 모두 바깥에서 답을 얻으려 한다. 자신만의 남다른 느낌을 가지고 남다른 경험을 가질 수 있다고 생각하지 못하고 자신의 상태조차 바깥에서 얻는 정보에 따라 해석하고 그대로 받아들이는 것을 볼 수 있다.

[여성12] "그때는 시댁 어른들하고 같이 살았었는데, 아기를 되게 원하셨어요. 저희가 굉장히 어릴 때, 스물셋 때 결혼했는데 빨리빨리 낳으라고, 원하셨어요. 그래서 첫아이를 가졌는데, 신랑도 아기를 갖자는 말을 되게 좋아했던 것 같아요. 그런데 막상 임신을 하고 나니까 되게 힘들었어요. 신랑이 별로 저를 배려를 안 했어요. (…) 저는 저한테 되게 못해준 게 한 맺혔거든요. (…) 임신했으면 심리적으로 불안한 게 좀 있잖아요. (…) 좀 우울해지는 것도 있고 그런 게 좀 있었거든요. 책 같은 것을 봐도."

임신하고 나서 본인은 힘들게 생활해야 하는데 남편은 단순한 이유, '목욕탕에 같이 갈 아들 낳아주는 것'을 원했고 그래서 임신했는데 정작 남편은 아무런 변화 없이 자기 마음대로 사는 것 같아 보이는 것을 받아들이기 어렵다고 생각하며 원망한다. 자신의 뜻에 따라 아이를 가지지 않은 것이 문제라고 생각하지 않고 다른 사람(남편과 시부모)을 위해 낳았는데 낳고 보니 크게 보상(도움)을 받지도 못하고 자기만 책임지고 아주 바뀐 생활을 해야 하는 것을 받아들이기 어렵다고 한다. 자신의 뜻에 따라 한 행동이면 자기가 문제를 풀고 해결하려 할 텐데 남편을 위해서 낳았다고 여기니까 원망스럽게 여긴다. "임신한 동안 되게 힘들었어요. 신랑도 거의 만날 혼자 (마음대로) 사는 생활이었어요. 혼자 거의. 신랑은 늦게 들어오고…. (아이 낳기 전에도 늦게 들어왔는데) 나 혼자 있고. 애 낳고 나서도 거의 같았어요."(여성12)

남편이 원인제공자인데 아이의 양육에 관여하지 않고 그렇게 해서 자기 혼자 문제를 풀어가야 한다고 생각하니 억울하다고 여긴다. 그러니까 스스로 결정하지 않은 일, 결혼이고 출산이고, 그로 인해서 생긴 문제를 푸는 것도 스스로 할 생각이 없다. 그러니 아이를 낳아서 억울하게 혼자 길렀다고 생각하며, 또 자신의 생각으로 자발성을 가지고 아이를 사랑하며 키운 것이 아니라 다른 사람들이 하라는 대로 "좋다니까" 따라 했다고 이야기한다. 역시 수동의 자세에서 벗어나지 않고 피해자로 손해 보며 살아간다는 생각에 멈춰 있다.

"저는 애를 혼자 길렀다는 생각을 지금도 하거든요. (…) 그때는 인터넷도 많이 보고 책도 많이 보고 그러면서 이렇게 기르면 좋은 아이가 될 수 있다, 마음으로 우러나서 얘기를 존중해줘서 (아이한테) 하나하나 (알아듣지도 못하는 아이에게) 물어보는 게 아니라, 그렇게 하면 좋다더라 해서."(여성12) 많은 사람들이 책과 인터넷으로 얻을 수 있는 정보들에 휘둘리고 있다. 너무도 많은 정보를 가름하려면 자기 나름대로 판단력이 있어야 한다. 그렇지 않으니 자기생각을 말하는 것이 아니라 어디서 본 책, 누구에게 들은 이야기를 진리인 양 믿고 그대로 이야기하는 것을 볼 수 있다. 서구에서 산후우울증에 대한 연구가 많아 우리나라에도 수입해서 산후우울증이 보편화되어 책에서 임산부가 우울해진다니까 당연히 자기도 우울할 것이라 믿는 태세를 아예 갖추고 있다고도 할 수 있다. 우리나라의 경우에는 통계상 의미가 없을 정도로 무시해도 될 것인데 말이다.[8]

이렇게 가족을 포함한 환경에 따라서 결정하다 보니 어린 시절 어른들이 자기나 형제들에 대해 어떤 태도를 지녔었는가 하는 것, 자라온 과정이 자신의 삶의 결단의 순간에 영향을 크게 미치는 것을 알게 된다. 어머니가 아이들을 소중하게 여기고 정성을 쏟은 경우에는 자신도 아이

---

8) 서구여성과 우리나라 여성들의 우울증 비교 연구인 다음을 볼 것 : Eun–He Moon Park, *A Comparative Study of Depression Between Korean and Scottish Mothers at Their Two Important Life Stages* (University of Glasgow, Ph.D. Dissertation, 1990).

를 좋아해서 낳았다고 하는데(여성13), 어머니가 사는 것을 힘들어하는 경우에는 결혼에 대해 거부감이 있고 임신을 두려워한다(여성3). "엄마가 우리 때문에 고생한다는 생각을 많이 했거든요. 그래서 내가 애를 낳으면 내가 엄마처럼 저렇게 또 힘들어질 거다, 그렇게 생각한 것 같아요. 그러니까 낳기 싫고, 임신은 공포야, 임신하면 밖으로 나다니지도 못해, 얘기하다 보니까 애를 안 낳아도 비슷한 부분이 있는…."

3) 위축된 '올제'

이렇게 해서 생긴 믿음의 한계 안에서 우리 사회의 여성들은 현실보다도 더욱 스스로를 제한하고 살게 된다. 다른 사람들이 사는 것과 자신은 다르게 살 수 있다는 자유로운 생각의 세계를 만드는 것은 자기 자신의 마음먹기에 달려 있다는 것을 모르는 것이다. 각자의 생각, 느낌이 자유롭게 크도록 놔둔 처지에 있어본 적이 없기 때문이다. 자유롭게 상상해본 적이 없기에 자유로운 상상이 제한된 지식(정보)보다 훨씬 힘있고 귀하다는 생각을 하지 못한다.

결혼, 임신, 출산이 자연이 아니라 사람이 이유를 가지고 택해서 행하는 것이라는 생각, 곧 그런 것들은 인위의 것, 사회이고 문화라는 것인데, 이런 습속의 틀에 순응하는 것이 자연이라 믿고 행동하고 있다는 것을 볼 수 있다. 그래서 인터넷이고 책자를 통해서 얻는 정보가 이런 습속의 틀을 더욱 조장하고 강화하는 것이다. 그러기에 자신의 행동의 동기와 뿌리를 자신에게서 보려 하지 않고 자기 삶뿐 아니라 아이들도 그 속에서 맞추어 살아갈 것을 기대한다. 이를 벗어나려 해보면 그것이 얼마나 힘든 일이었는지 이야기하는 한 보기에서 엿볼 수 있다.

　　[여성13] "저는 애를 초등학교 보낼 때 나름대로 미리 닦달해서 공부를 시키는 엄마가 되지 않으리라. (…) 자기가 알아서 한글 깨치고 또 가기 전에 글자, 제 이름 (정도 겨우) 쓰고 그래서 보냈거든요. 그런데 가자마자 16절지에 '나의 희망'을 써오라는 거예요. 이름도 겨우 쓰는 아이한테 어떻게 (그 애가 어떻게) 문장을 쓰겠어요? 그리고 선생님한테 계속 안 좋은, 애가 뭐가 부족한 게 아닌가 하는 소리까지 들으니까 내 고집 때문에 아이를 바보 만든 게 아닌가 하는 생각이 들더라고요."

　　한 줄로 선 일률의 바깥 기준, 곧 학교선생의 기준에 따라서는 바보일지 몰라도 자신의 기준으로는 건강한 아이라는 확신을 가지기 어렵다는 사정을 이야기한다. 자기 아이를 자기 기준으로 기를 것을 주장하고 또 존중받으려 하고 인정해줄 것을 요구하지 않고, 이렇게 의식을 가진 엄마도 오히려 확신을 잃게 되는 경험을 하는 것이다. 대부분의 여성들은 의심 없이 당연하게 받아들이고 있어서, 교육이 문제 있다고 하면서도 우리 교육을 바꾸지 않고 그대로 유지하게 만들고 있다.

자신이 자라온 과정과 다른 과정으로 아이를 기를 수 있다는 확신을 가질 수 없는 것 때문에 아이 낳기를 미루는 여성도 있다. 어머니가 자신을 기르신 것과는 다르게 자기아이를 기를 것이라는 확신과 각오를 가질 수 있으면 될 터인데 말이다. "제가 자라온 과정이 쉽지가 않았고요. 그걸 누가 똑같이 겪는다는 게, 그것도 제 자식이, 그게 과연 자식한테 강요할 순, 강요해서는 안 되지만 어떤 인생이 그렇게 살도록 내버려두는 게 쉽지 않을 거라는 생각이 들고. 만약 애를 낳게 된다면 애를 잘 키운다는 확신이 들 때. (…) 결혼 이유 자체도 조금 소극적이었다는 생각이 들었어요. 부모님한테서 약간 탈피하고 싶은 생각들, 내가 나이가 이만큼 되었는데 아직도 부모님이 간섭한다는 것들(로부터 피하고 싶다)."(여성18)

자기가 경험한 것 말고도 다른 삶의 형태가 얼마든지 있을 수 있다는 생각의 틀과 다른 해석의 기준을 가지지 못하며, 경직된 삶의 패턴에 매여 위축된 삶을 사는 것을 볼 수 있다. 소극으로 탈피하거나 미루어 두는 정도로 해결을 보려 한다. 부모들의 결혼동기를 보면 여러 경우에 아버지가 거의 강제로 어머니를 취했다는 것을 볼 수 있다.(심한 경우로는 여성14,여성15) 그렇게 되었으니 별 도리 없이 살았다고 하는 자포자기 같은 현상을 보인다. 개인의 차이를 인정하여 자신이 남다를 수 있다는 가능성을 아예 생각하지도 못하는 것이다. 그러니 스스로 판단하고 결정하는 독자성이 자라기 어렵고, 자기만의 남다른 형태로 살 것을 스스로도 미루고 방해하고 있다는 말이다.

우리 사회에서 우리가 충분히 할 수 있었던 일이라고 보이는 것을 우리가 처음 고안해내는 것이 아니라 다른 문화의 사람들이 만들어낸 것을 받아들이며 살아가는 것을 보면서 우리의 수동성의 문제를 다시 보게 되곤 한다. 앞서 말한 산후우울증도 한 보기이지만 외국 학자들이 자녀교육에 대한 이론을 발표하면 곧바로 번역하여 앞뒤 가리지 않고 그대로 받아들인다. 우리나라에서 EQ가 한창 바람을 일으켰던 시절 우리 서점에 관련서적이 70여 종이 팔리고 있었는데, 그때 오히려 본고장 서구서점은 조용했던 것은 한 보기일 뿐이다. 요즘 웰빙well-being이 온갖 것에 넘쳐흐르는 것을 보아도 우리가 우리에게서 찾지 못하고 서구의 개념으로, 해석과 방향으로 생각 없이 쉽게 넘어가는 것은 이런 수동성의 자세에서 비롯된다.

우리가 남다를 수 있다는 것, 또 우리 사이에도 차이가 있다는 것, 개인이 독특하고 다를 수 있다는 것, 그래서 우리의 '올제(미래)'가 어제와 다를 수 있다는 것을 존중하지 않는다. 어머니가 살았듯이 사는 것이 당연하다고 여기는 것에 여지가 없다. 현대교육을 받은 여성들, 특히 여성학을 배운 여성들이 "어머니같이 살지 않을 거예요" 하다가, 결국 "내 딸은 나같이 기르지 않을 거예요"로 바뀐다. 그러나 이렇게 독자성이 없어서는 바깥제도가 바뀐다 해도 그 바뀐 제도 아래에서 여전히 의존해서 소극으로 살게 된다. 이러다 보니 자신이 수행하고 있는 역할, 그것이 아내의 역할이든 엄마의 역할이든 자기답게 한다는 것이 될 수 없다. 그리고 그것이 딸아이에게 어떤 영향을 미칠 것을 심하게 걱정하게 된다. 자신도 자기 특징대로 엄마역할을 자신 있게 하며 살지 못하듯이 딸아이가 자신의 특징대로 살 것이라는 생각을 할 수 없으니까 아이에게 미칠 자기 삶의 영향이 그만큼 크다고 믿는 것이고, 확신이 없을수록 해결할 수 없는 걱정이 커질 수밖에 없다.

[여성4] "갑자기 뒷골이 당기네요. 제가 엄마(라는 역할)를 정확하게 모르는 채 아기를 낳고 엄마가 되었잖아요. 진짜 걱정되고 가장 큰 문제는 나도 정확한 판단력이 없는데, 그래도 애(자기아이)한테 보여줘야 되는 것도 있고. 내가 어떤 걸 보여줘야 되나? 내가 어떤 걸 가르쳐줘야 되나? 그걸 찾으려고 노력하다 보면 애는 벌써 커버려 가지고. 그게 빨리 될 것 같지 않으니까 쉽게 찾아질 것 같지가 않아요."

4) 신앙을 가진 여성들은 다른가?

신앙을 가지고 있는 이들(여성2, 4, 8, 9, 10, 11, 13, 14, 16, 17, 22, 23,

24, 25, 27)이 많았으나 삶의 결정의 순간에 자기만의 신앙이 중요한 요인이라고 하는 이는 많지 않았다. 신앙으로 모든 일을 결정하였다는 이(여성9)도 그 신앙의 본이 아버지이다. 아버지가 해준 말씀을 그대로 전한다. "사람이 세상에 태어나는 것은 하나님이 보내준 거다. 그러니까 너희들은 너희 몫을 이렇게 이렇게 감당하며 살아야 된다. 제일 첫째 되는 것은 '하나님이 어떻게 하면 좋아하실까' 그것만 머리에 두고 살면 된다는 것이었어요. (…) 형제들이 다 어려서부터 하나님을 기쁘게 하는 삶을 살아야 된다고 했어요." 그런데 하나님을 기쁘게 하는 삶이 인간 아버지가 가지고 있는 생각, 우리 문화와 습속에서 생긴 것에 연결되어 있다는 것을 볼 수 있다. 추상의 가르침이 우리의 삶으로 풀이될 때 가족의 틀과 가족구성원이 가지고 있는 생각을 넘어서는 것이 아니라는 것, 가족의 삶에 한정되는 것을 볼 수 있다.

아버지가 노래로 하나님을 찬양하는 것, 악기를 가지고 남 앞에 서는 것을 용납하지 못해서 오빠가 신문팔이 해서 어렵게 산 트럼펫을 부수셨다고 한다. 그 일로 오빠가 가출했는데 "그것 하나만 우리 아버지가 좀 실수하신 것"이라 무척 안타깝다고 한다. 언니들을 모두 목사와 결혼시키는 열심을 보이셨는데, 자기는 신앙이 없는 남자를 만나 남편 될 사람을 구원하려고 결혼했다 하며 결국 시간이 걸려 시댁식구들을 개종하도록 했다고 한다. "상을 많이 받으려고 그랬던 것 같아요. 부흥강사가 안 믿는 사람을 전도해서 믿게 하면 하늘에서 제일 큰 상을 받는다고 하셨어요. 그 말을 듣고, '아 그래. 그러면 내가 안 믿는 사람과 결혼해서 그 사람을 믿게 하고 아이들을 낳아서 믿게 하면 나는 상을 많이 받지 않을까' 그런 생각을 했어요."(여성9) 그리고 자신의 아이들도 같은 신앙 안에서 살기를 요구하고 또 그들도 같은 신앙을 가진 사람과 결혼하기를 기대한다. 존경하던 아버지가 형식종교에서 자유롭지 못해 오빠를 떠나게 했다고 하면서도, 자신도 자기가족에게 그보다는 덜하다고 하지만 교회생활에 관해 자녀들에게 나름대로 요구하고 있는 것을 볼 수 있다. 그러나 그는 다른 여성들과 달리 가족의 테두리를 넘어 봉사하는 일을 열심히 하는 여성으로 이는 신앙심이 남다르기 때문으로 보인다. 그리고 젊은이들보다 60대인 그는 요즘 더욱 심해진 실물경제주의의 영향을 덜 받았다고도 볼 수 있다.

가족을 포함한 모든 굴레를 넘어서는 초월의 개념을 가지게 하는 신앙이기보다 실생활에서 다른 사람들과 별로 차이가 없이 판단하는 것으로 보인다. "(교회)가면 좋은 이야기 많이 하고, 또 그렇게 살아야 되는데 그렇게 안 되더라고요. 다, 다른 사람 사랑해야 되고 더 많이 이해해야 (한다 하는데), 그런데 제 자신이 그렇게 실천하지 않은 게 더 죄책감이 들고. (…) 시댁 관계에 있어서 시어머니 미운 마음 같은 거 있잖아요? 막 속상해하다 보면 더 죄짓는 것 같고. 종교라는 게 오히려 이중의 부담이 있더라고요."(여성23) 신앙이 생활에 실제로 살아가는 길을 바꾸게 하고 자신의 믿음으로 해서 확신을 가지고 살게 하는 것이 아니고, 일상생활과는 따로 떨어져 겉돌며 병행해가기만 하는 것을 볼 수 있다. 신앙은 좋은 말, 사랑과 이해의 가르침을 듣는 것으로 그치고, 삶에서는 어쩔 수 없는 미움과 이해하지 못하는 고충을 겪으면서 자책하고 살고 있다. 착한 사람이 된다는 것을 교회의 가르침에 묶어 두고 "경직되고 (…) 참되게 착하지 못하다"(여성23)는 말로 표현한다. "자유롭지 못하다"고 하는 말 가운데 신앙이 일관되게 현실의 자신을 지배하지 못한다는 뜻으로 말하는 듯했다. 현실의 삶에 필요한 결단을 할 때는 신앙과는 관계없이 하고 있다고 할 수 있다. 그리고 그 현실의 삶은 모두 가족의 한계 안에 있다는 것을 볼 수 있다.

부모의 뜻에 따라 믿음을 가져야 한다는 수동의 자세로 거의 강요당해온 어린 시절의 경험을 이야기하는 경우도 있다. 하나님의 뜻이라고 요구받은 것이 "교회 잘 가는 것, 공부 잘 하는 것, 부모님 말씀 잘 듣는 것, (그리고 그래서) 훌륭한 사람 되면 너한테 좋은 것이다, 그렇게 이야기하시면서 거의 80%는 다 하나님 얘기하면서, 하셔 가지고. 하나님의 존재가 막연하면서도 사회 도덕적으로 맞는 일 하는 것을 하나님 뜻으로 많이 맞추시고."(여성11) 그럼에도 자기의 신앙과 생각을 가지는데 방해된다거나 욕구불만을 가지고 거의 반항하지 않고 부모의 뜻을 잘 따랐다고 한다. 명확하게 따로 자기 나름으로 신앙을 가질 생각이 없었다는 것을 볼 수 있다. 우리네 여성들이 신앙을 가진다는 것이 절대자와 단독으로 마주하는 관계를 경험하는 철저한 것이 아님을 볼 수 있다. 가족에 포함되어 가족단위로 신앙도 같이 가지게 된다는 말이다.[9]

그러기에 현실의 결단은 신앙을 가진 사람으로 어떻게 하고 있나 더욱 궁금하다. 역시 결혼 같은 중대한 일을 아주 간단하게 신앙과 관계없이 결정한다는 것이다. "적당한 때가 되어"라고 하는데, 적당한 때라 했다는 것에 신앙 가진 사람이라고 해서 차이가 없다. 적당한 때라고 알게 되는 것도 "부모님이나 주변에서 말하는 것, 그리고 드라마라든지. 노처녀다, 그건 결국 시기를 놓친 거니까" "그때쯤이면 친구들도 다 가고"(여성23) 이렇게 자신의 삶의 중대한 문제를 신앙을 가진 사람으로 결단기준이 각별히 따로 있는 것이 아니라 다른 여성들과 다를 바 없이 결정하는 것을 볼 수 있다.

---

9) 문 은희, "우리 삶에 종교가 차지하는 자리," 한국사회이론학회 엮음, 「종교와 우리 사회」 (서울: 현상과인식,1995).

5) 가족이 중요한 결정요인

삶의 결정요인들 가운데 가장 중요한 것이 가족이라고 하는 경우를 많이 본다. 사랑의 대상이든, 반항의 대상이든 결정하는 데 있어 우선하는 자리를 가족이 점하고 있다. 어떤 일을 당하고 나서 제일 먼저 속상해하실 분이 어머니 또는 아버지라고 하는 여성들이 있다. 자신들의 행동동기에 끈을 잡고 있는 분이 바로 그분들인 것이다. 그 한 보기가, 어렸을 때 선생에게 "너는 왜 사나?" 하는 질문에 "태어났으니까 살죠"라고 했지만, "어렸을 때를 거슬러 올라가면요, 그게 굉장히 중요한 동기였던 것 같아요. 엄마를 좀 기쁘게 해줘야겠다, 그게 중요한 동기였다는 기억이 나면서. (중학교 시절 선생님에게 야단맞으면서) 그때 딱 머릿속을 스치는 장면이 뭐냐면요, 내가 혼나고 있는데 엄마가 참 슬퍼하시겠구나, 내가 선생님께 잘못했든 엄마에게 잘못했든 그게 크게 작용을 한다는 느낌이 지금도 많이 들어요."(여성3) 다른 여성(여성1)의 경우도 결혼해서 아이 둘 낳아 살면서도 아직까지도 전화선을 타고 들리는 어머니의 목소리에 온통 마음이 좌우된다고 한다.

또 다른 경우, 7년 다니던 직장에서 정리해고 당한 다음 날 상담받으러 온 여성이 제일 먼저 머리에 떠오른 얼굴이 아버지였다고 한다(여성18). 어머니가 바깥에 나가 일하시고 집안에서 자기들을 돌보셨던 분이 아버지였다는 것이다. 직장생활이 지겨워서 그만두고 싶었기에 은근히 바라던 일을 스스로 결단할 수 없었기에 기쁘다는 것은 한참 지나서 생각한 것이고, 우선 아버지에게 뭐라고 이야기하나 걱정하게 된다고 한다.

이렇게 가족의 특정구성원을 늘 염두에 두는 경우도 있지만 무엇보다도 가정 전체의 평화가 우선이라고 여기기도 한다. 우리가 중요하다고 여겨 지키려는 것이 가정의 평화인데, 겉보기에 충돌이 없는 상태가 과연 진정한 평화인지 되물어보자. 문제가 될 만한 것은 아예 건드리지 않고 사는 것이 표면상의 평화일지 몰라도 오히려 각자의 느낌과 생각이 공개되고 표면상의 평화를 터트려도 괜찮다는 믿음이 없어서라는 생각을 하게 한다.

8남매의 장남으로 동생들을 위해 말없이 힘들게 사신 아버지, 맏며느리로 말없이 사신 어머니를 보면서 자란 맏딸 역시 자기감정과 생각을 늘 뒤로 미루고 표현하지 않는 습관을 가지게 되었다고 한다. 다른 사람에게 상처줄세라, 다른 사람에게 걱정을 만들어줄세라, 속으로 삭히고 표현하지 않는 것이 미덕이라 여긴다. 그리하여 자기가 표현하고 싶은 것이 무엇인지, 자기만이 할 수 있는 것이 무엇인지 자기도 모르고 살게 되었다. 지금은 결혼해서 잘 지내고 있으면서 이제 확신을 가지고 자기 뜻을 펼 수 있게 된 여성이 보기에는 친정어머니가 아직까지도 터놓고 이야기하지 못하는 것을 안타까워한다. "우리 사회는 평화로운 가족(가정)을 유지하기 위해서는 (…) 교회에서는 하나님 말씀(에서), 기준을 계속 찾아가죠."(여성4) 그래서 어느 범위까지 자기가 도움이 되어야 하는지, 아니면 자기가 할 수 있는 범위가 어디까지인지 모르고 살고 있었다고 말한다. 자신이 원하는 것, 그리고 스스로 할 수 있고 하려는 범위를 모르고 살고 있는 셈이다.

여기에 지역문화가 가미되기도 한다. 이른바 남성중심의 문화가 강한 특정지역에서 자란 여성(여성5)이 남성의 권위에 반발하고 사회학을 공부하며 비판하는 태도가 더욱 강화되었다고 여겼으나 결국 자신도 그와 같은 행동방식으로 문제를 풀어가고 있다는 것을 발견한다. "여성은 집안의 꽃"이라고 하는 친정아버지의 말에 반발하면서도, 시댁에 가서 그 역할을 해내려고 노력하고 있는 자신의 모습을 (상담을 받기까지) 미처 못 보며 살고 있었다.

가족들 가운데 특정인이 지나치게 강해서 다른 가족구성원들에게 영향을 크게 미치기도 한다. 어떤 한 사람 때문에 다른 가족구성원들이 조절당하면서 자신의 느낌과 생각을 표현한 사람과 표현하지 못한 사람들의 차이를 볼 수 있다. 많은 경우에 어머니가 삶에 가장 큰 영향력을 미치고 있다. 우리 사회가 가부장제사회라 하는데, 실제로는 어머니가 모든 것을 주관한다는 것을 볼 수 있다. 딸이 여섯인 가정에서 태어나 다른 다섯 언니와 동생들이 어머니 말씀을 따라 하라는 대로 했는데, 가운데 딸(여성8)만이 반항하고 자기의사대로 살아온 경우가 있다. 반항하고 어머니 말을 따르지 않았던 여성만이 어머니에게 가장 큰 영향을 받아왔던 것이 아니라 나머지 자매들도 모두 그 영향에서 벗어나지 못하고 있다고 한다. 그의 말이다. "제가 제일 반항했잖아요? 저는 이제 친정엄마가 어떻게 해도 측은한(측은하게 느끼는) 면이 있어요. 그런데 정말 말 잘 듣고, 엄마 하라는 대로 결혼하고, 이렇게 '예스 맨'으로 산 사람들은 (엄마를 아직도 그대로) 지겨워하는 점이 있어요. 아 그래서, 이게 차이가 나는 거구나. 어머니 앞에서는 반항하지 못하고, (어머니와의 관계에서) 조금이라도 예민한 부분이 있으면 저는 (오히려) 그럴 수도 있지 하는데, 언니들은 그 냄새만 나와도(그 기미만 보여도) 지겨워하는 표정이, 못 견뎌하는 게 있더라고요. (…) 그냥 지나가면 (충돌은 없었을지라도) 그만큼 해결을 못하는 게 많기 때문에 조그만 감정표현도 용납을 못하고, 그걸 느꼈어요."(여성8) 어머니 밑에서 표현하지 못한 사람들이 결국 어머니와의 관계를 진전시키지 못하고 싫어도 그 품에서 벗어나지 못하고 영영 자유롭지 못하게 지낸다는 것을 볼 수 있다.

어린 시절을 아이답게 지낼 수 없도록 어려운 입장에서 지낸 아이가 어른이 되어서 여전히 부모의 문제를 스스로 떠맡고 어쩔 줄 몰라 하는 경우도 있다.(여성6) 부모와 자녀가 각자 스스로 해결하도록 해야 하는 것을 양쪽에서 다 못하고 있다는 것을 볼 수 있다. 자식만 독립해야 하는 것이 아니라 부모도 자식을 붙잡고 놓아주지 않고 있다는 것을 절실히 보여준다. "우리같이 가족중심문화에서는요, 부모들이 이렇게 제대로 잘못하거나 이러면 제가 사회생활하는 데 제 위신이 많이 깎이고, 위신이라는 말이 좀 그렇지만. (…) 그게 우리나라 문화에서 문제라고 생각하거든요. 저라는 인간을 안 보고 그 가족이 어떤가?"(여성6) 개인으로 자신이 존재할 수 없다는 것이 얼마나 불공평한 것인지 느낀다. "아무리 생각해봐도 (혼자) 결정해본 일이 없어서"라고 입을 연 여성(여성10)의 말을 들어보자. "결혼해서 10년 동안 한 번도 편안하게 살아본 적이 없는 것 같거든요. 시댁에 들어가게 되면서 (경제적 이유로) 시어머니 시아버지에 대한 스트레스가 보태진 게, 최악을 맞았지 않나?" 한다. 그의 경우 가족들의 가치가 아주 특별하다. 아이들을 두고 죽을 수 없어, 죽으려면 동반자살하겠다고 하면서, 남편이 출장 간 후에 그 가치를 느낀 것이 고작 짐꾼 같은 것이라 한다. "아이를 데리고 어디 갈 때 아이가 잠들어서 혼자 데리고 올라온다 할 때 힘들다, 버겁다. 이때 남편이 있었으면 좋겠다"는 정도라고 한다. 아내의 마음 안에 있는 남편의 위치가 그 정도인데, 시아버지도 며느리에게 대우받지 못하고 있다. 시아버지가 보증 잘못 서서 모든 재산을 날리고 난 다음에, 그 집안은 시어머니가 가지고 있던 재정 때문에 권력 구도가 완전히 시어머니 중심으로 바꾸었다고 한다. 이렇게 가족 사이의 관계가 경제력에 따라 중요도가 바뀔 수 있다는 것을 보여준다.

6) 행복한 가정을 위해서는 경제가 우선

젊은 사람들이 연애해서 결혼한 경우에는 그래도 순수할까 기대하고 연구를 시작했었다. 예전과 달리 요즘은 남녀가 훨씬 자유롭게 사귈 수 있고, 이런 기회를 가질 수 있었던 여성들이 거의 대부분이다(중매로 결혼한 여성27의 경우를 제외하고는 기혼자 모두 연애결혼). 그러나 이들도 결혼해서 자기가 함께 살 것을 생각해서 자기 나름으로 택한 사람들과 연애하고 또 결혼했다기보다는 그때 사회가 (다른 사람들이) 중요하다고 여기는 결혼조건에 대한 고려사항에서 그리 멀리 벗어나지 못했다는 것을 알 수 있다.

학력, 가정배경이 경제력을 좌우한다고 여기기에 그것이 늘 앞서 있다. 자기를 이해하고 사랑해주는 사람이라 결혼했다고는 말하나 연애과정에 겉으로 나타나는 조건 뒤에 숨어있는 생활태도, 판단기준이 되는 가치관을 점검하려 하지 않았다는 것을 볼 수 있다. 그보다는 그저 재미있게 놀고 지낸 것으로 연애했다고 생각하므로 아무리 길게 연애했어도 조건만을 보고 부모가 결정해준 경우보다 서로를 더 잘 안다고 할 수 없을 정도이다.

사람들이 만나서 사랑을 하고 가정을 이루고 자녀를 기르는 데 경제의 뒷받침이 제일 중요하다고 생각하는 경우를 많이 본다. 가난하게 사랑하고, 가난한 부부도 사랑할 수 있고, 가난한 부모도 아이들을 사랑으로 키울 수 있다는 생각을 아예 하지 못하는 경우들을 자주 보게 된다. (여성10) 경제의 파탄을 경험한 사람들이 아이들을 두고 집을 떠나거나 아주 목숨을 끊는 경우들도 같은 마음을 가지고 살아온 것이라 볼 수 있다. 물론 가족이 모두 동반자살하는 경우는 그런 생각을 더욱 심하게 보여주는 경우라 할 수 있겠다. 가난해도 사랑할 수 있다는 이야기를 해도 이해할 수 없다는 경우를 자주 본다. 돈이 있어야 외식하고, 여행할 수 있고, 아이들에게 선물도 줄 수 있고, 좋은 과외도 시켜줄 수 있다고 나열한다. 풍성한 물질로만 할 수 있는 것이 아니라는 것, 보이지 않는 사랑을 느끼지도 못하고 알지도 못하고 있다는 것을 말로 전할 수 없는 것이다. 그런 이야기를 건네면 "모르겠다"는 답변만 돌아온다.

이렇게 보이지 않는 사랑을 모르는 그의 꿈은 이상적인 현모양처가 되는 것이었다고 한다.(여성10) 5년 이상 연애해서 결혼하고 딸과 아들 남매를 두고 살면서 자기의 꿈을 이루지 못하고 있다고 불평하고 있다. 여유 있는 집안에서 자란 남편이 연애하는 동안 선물도 잘하고 재미있게 지낼 수 있게 늘 풍부했다고 한다. 자기 꿈인 이상적인 현모양처는 전업주부여야 하고 집안을 잘 꾸미고 아이들을 잘 기르고 맛있는 반찬을 잘 만들어온 가족을 잘 먹이는 일을 해내는 사람이라고 생각한다. 그런데 남편이 정규수입이 없이 프리랜서 사진작가를 하고 있어서 자기도 나서서 일을 해서 수입을 올려야 하니까 전업주부가 될 수 없고 따라서 현모양처가 될 수 없다고 여기며 남편을 원망한다. 남편의 수입으로 밥을 굶는 것이 아닌데 그 수입 안에서 전업주부 노릇을 할 수 있지 않은가 물으면, '갖추어야 할 것, 해야 할 것들'의 목록을 다 하지 못하면 안 된다고 생각한다. 물질 없이 사랑할 수 있다는 것을 전혀 느끼지 못하고 있다.

그러면서도 그는 친정의 경제사정이 나빠진 친구가 시댁어른들에게 전과 달리 심하게 대우받게 된 처지를 한심해한다. "제 친구가 굉장히 잘나가는 집안의 딸이었어요. 남편이 회계사예요. 그러니까 그 시어머니는 며느리를 볼 때 조건을 본 거예요. 부잣집 딸이라는 조건을 봐서, 며느리를 아주 예뻐해 주셨지요. 그런데 얼마 전에 친정이 망하게 되니까 예뻐해 줄 이유가 없어진 거예요." 사람의 가치를 경제로 환산하는 그 친구의 시어머니의 문제를 알면서도 자기의 사랑은 물질 없이 불가능하다고 여기는 것이 다르지 않다는 것을 알아차리지 못하고 있다.

7) 가족과 경제가 엉켜 있는 마음

이렇게 현물경제가 우리의 속마음과 사랑을 숨 쉬지 못하게 하는 것을 보면서 가족 안의 구도도 바뀌는 것을 볼 수 있다. 집안에 경제력이 있는 사람의 판단에 따라서 다른 가족을 평가하고 사람 보는 눈을 바꾸는 것이다. 경제력 있는 사람을 더 중요하게 여기고 그 사람의 판단에 따라 돈벌이 못하는 사람을 무능력자라고 보면서 그를 부정하고 미워하게 된다는 것이다. 어린 시절 그런 가정 안에서 자란 사람이 그 편견에서 벗어나지 못하는 경우 그에 따라 자신의 인간이해나 결혼관과 가족관이 이에서 자유롭지 못하게 된다.

예술가의 기질을 가진 아버지에게 돈벌이할 사람이 될 것을 기대하는 어머니 품에서 자란 경우이다. 아버지는 자신의 적성에 맞지 않는 일인 사업에 실패하고 집안에서 아이들을 돌보고 어머니는 약국을 운영하는 가정이었다. "(아버지는) 경제적으로 굉장히 무능했던 분인데요. 그러니까 상대적으로 엄마가 굉장히 고생하고. 그걸 보면서 (이어지는 대화에서 '어머니가 바가지만 긁었다'는 말도 나옴) 아버지에 대한 답답함과 원망, 이런 것이 굉장히 많았죠. 아무튼 아버지 스타일에 대한 것은 다 부정하게 되고 미워하거나 (했지요)."(여성3)

앞에서 말했듯이 고생하는 엄마를 보면서 결혼과 아이 낳기를 두려워하고 피하게 되었다고도 했지만, 아버지로 해서 남성에 대해 불편해하고 관심도 가지려 하지 않게 된다. 특히 바가지 긁는 어머니에게 폭력을 쓰는 것을 본 것이 중대한 요인으로 남게 된다. "제가 어렸을 때는 아버지가 잘 보살펴주셨거든요. 집에 계시니까 오히려 더 챙겨주셨던 기억이 나요. 산에도 데리고 가시고, (아버지에게) 되게 다정다감하신 부분이 많거든요. 그래서 아버지한테 기대서 놀고 그랬는데요. 그런데 엄마가 맞는 것을 보고 그때부터 아버지를…."(여성3)

아버지가 적성에 맞지 않는 일을 하는 것이 얼마나 힘들고 우울한 것인지 생각해보지 않았다고 한다. 그냥 돈 벌어와야 하는 가장의 역할만을 기대하고, 그 기대에 응하지 못할 때 무능하고 게으른 사람이라고 제쳐둔다. 모든 사람이 우리 사회에서 돈 벌기를 잘 할 수 있는 것이 아니다. 그런 적성을 가지지 못한 사람이 궁지에 몰리고 막다른 골목에 몰린 쥐가 고양이에게 대들 듯이 폭력을 쓸 수 있다는 것을 모르고 있다. 가정폭력상담소를 거친 여성들의 기록을 보면 거의 예외 없이 폭행하는 남성들이 알코올중독자이자 실직자인 경우들임을 볼 수 있다.[10]

이렇게 해서 자신의 문제가 따로 순수하게 존재하는 것이 아니라 가족과 현실경제가 겹쳐서 이해타산을 하는 동기로 남게 된다. 그런 줄 모

---

10) 한국여성의전화(엮음), 「그는 때리지 않았다고 한다」(서울: 그린비, 1993).

르고 지내던 맏이가 동생의 결혼을 지켜보면서 손해와 이익을 따지는 자신의 동기가 이와 관련된다는 것을 발견한 경우가 있다. "아, 나의 가치관에서, 무슨 일을 결정할 때 제일 먼저 떠오르는 것이 무엇인가 하는 거죠? 저는 손해와 이익인 것 같아요. (동생의 결혼식이 끝나고 이루어지는 것을 보면) 그 부조를 받기 위해서 결혼식 피로연을 치러야 하고. 어떤 의미에서든 나에게 이로운 것을 자꾸 찾아내야 하는 거예요. 심리적인 것이든 어떤 것이든 간에. 그 이유가 없으면 못 움직이는 거예요."(여성1)

4. 글을 맺으며

이 글 처음에서도 말했듯이, 바깥사회와 사사로운 영역의 괴리 탓으로 여성들이 갈등하며 살게 되었기 때문에 주어진 삶의 틀이 비교적 확실했던 옛 여성들과 달리 오늘을 사는 여성들이 각자 이 혼돈스런 세상을 사사롭게 풀어나갈 수밖에 없다. 자신의 뜻을 펴며 독자성을 찾도록 격려받으며 자란 운 좋은 여성들이 간혹 있지만, 대부분의 여성들은 자신감을 살려주는 환경에서 자라지 못해 자기를 찾으려 하지 않고 다른 사람들을 보며 흉내 낼 수밖에 없는 처지에 있다. 다른 사람의 내면의 동기를 흉내 낼 수는 없으므로, 겉으로 보이는 삶의 행태만을 따라

한 것이다. 가장 영향력 있는 가족의 굴레를 벗어날 수 없고 가족을 따라하는 것이 당연하고 손쉬운 방식이다. 그리고 겉으로 보이는 물질의 영역과 만들어진 풍조를 따라하는 것이 안전한 길이다.

자신의 개념과 원칙을 따로 가지기 어려웠기 때문에 가깝게 있어 자연스러운 가족과, 실체가 분명한 경제원칙을 따르는 것이 최선이라 여기는 것이 당연한 일인지 모르겠다. 내면을 보일 수 없으니, 아니 보여줄 내면조차 없으니, 겉으로 보이는 결과가 좋아야 자타의 인정을 받을 수 있으니, 우리네 여성들은 다른 사람이 하는 대로 자기의 마음을 가족과 물질로 가득 채운 채 그것이 자신의 삶이라고 여기며 살고 있다. 각기 다른 문제를 안고 씨름한 각기 다른 여성들의 삶을 쓴 글모음집[11]을 보고도 "여성들의 삶은 다 같다"는 결론을 내리는 독후감을 듣는다. 눈에 보이게 인쇄된 결과물에 또다시 의존하는 것에 섬뜩해진다. 이 연구 결과에 또 우리네 여성들이 의존하지 않을까 걱정된다.

여기 등장한 26명의 여성이 예외의 여성이 아니라고 본다. 그냥 피상으로 이야기 나누어서는 이런 면이 드러나지 않을 뿐이다. 이 땅에 하나님 나라를 세우는 일에 헌신한다는 기독교계통 여성단체 이사들의 모임

---

11) 문 은희/ 이 인미/ 장 정화/ 한 문순/ 한 제선/ 한 지연/ 홍 혜경, 「날마다 새롭게, 이만큼 더 건강하게—정신건강상담 시리즈 1」(서울: 한국알트루사여성상담소, 2004).

에서 있었던 일이다. '자기에게 가장 귀한 것을 누구에게 남길 것인가'라는 주제로 이야기를 나누는 프로그램이었다. 하나님 나라를 목표로 한다는 신념의 여성들임에도, 이들은 한결같이 아들 또는 손자에게 남길 물건을 발표하고 있었다. 습속의 연구는 거죽으로 보이지 않는 내면을 보아야 하기 때문에 "우리 모두 그런 것이 아니라 그건 일부 예외적인 여성들"이라는 표면만을 보는 것이 만족하지 않음을 밝힌다.

결국 우리가 앞으로 해결해야 할 과제는 우리네 여성들이 독자성을 가지고 평생을 사는 마음의 건강을 가질 수 있게 하는 것이다. 그렇지 않는 한, 단 한 번뿐인 소중한 여성의 삶을 스스로 책임지지 않고 낭비하는 것이 되기 때문이다. 아무도 대신해주지 않을 삶을 현대판 삼종지도로 허망하게 흘려보내게 될 뿐 아니라 다음 세대에 대물림하는 어리석음, 아니 악을 저지르게 되기 때문이다. 정신 차리고 사는 시민이 되어야 올바른 시민을 길러내고 우리 사회도 정신 차린 건강한 사회가 될 수 있다.

– 「현상과인식」 (28권 4호, 2004)

03
여성의 삶과 갈등세계에 대한 심리적 이해

여성심리학의 자리

여성의 행위특질을 설명할 수 있는 심리학의 이론이 있는지를 묻는 것으로 이 글을 시작해본다. 이념적으로 어떤 자리에 서있느냐에 따라 여성심리학이 일반심리학과 합해지거나 분리되어야 한다고 주장할 수 있을 것이다.[1] 일반심리학의 일부로 있어야 한다는 자리지킴은 여성심리학의 분리를 전제하지 않고 의사소통을 열어놓기를 원하고, 심리학의 합법성을 존중한다. 이제까지의 심리학이 지켜온 자세는 남성의 눈으로 여성을 보아 여성이 신비롭다거나 이상한 존재로, 때로는 열등한 존재나 유별난 존재로 볼 수밖에 없는 필연성이 예측되는 입장이다. 대부분의 여성심리학은 이 부류에 속한다. 분리를 주장하는 입장에는 일시적인 것과 영구적인 것이 있다. 동등한 힘을 장악할 때까지 심리학의 이론과 실제는 남·여를 달리 볼 수밖에 없다는 것이다. 영구적인 분리를 주장하는 입장은 새로운 방법과 새 이론을 바라고 있다. 남·여의 성차에서 비롯된 차이와 구별을 영구적인 성차로 수용하자는 입장이다. 남·여의 다름을 전제할 때에는 전통적인 심리학과의 통합이란 애매한 것이

---

1) Arnold S. Kahn과 J. Jean Paula, "Integration and Elimination or Separation and Redefinition: The Future of the Psychology of Women," *SIGNS : Journals of Women in Culture and Society,* 8권 4호(1983).

므로 아예 분리를 주장한다. 스스로의 독자적 자세를 바로 정의하려는 여성심리학은 뚜렷한 독자적 지식을 가지고, 사회에의 공헌을 설계하고 사회의 변화에 참여하려 한다. 이때까지 해온 연구 소재보다는 여성만의 경험, 인간관계, 밀착성, 직관들에 관심을 둔다. 여성에 대한 이해를 돕고, 여성의 심리건강을 개선하고, 여성의 질적인 삶을 높이는 데 공헌하겠다는 것이다.

그러나 분리를 주장하는 여성심리학은 전통적인 심리학과의 공통 발판을 잃게 되고, 심리학에서 주변적이고, 미미한 위치에 처하게 되고 무시당할 위험을 안고 있다. 여성이 어차피 따로 살 것이 아니라면 완전한 분리는 실제로 불가능한 일이다.

여성의 삶을 제외하지 않고, 남·여를 다 같이 설명할 수 있는 심리이론이 있다면 그것은 이성적일 것이다. 다른 사람을 이해한다는 것, 특히 다른 문화에 속한 사람을 인지한다는 것은 매우 어려운 일이다.[2] 남성과 여성은 서로 다른 문화에 속해 있다고 볼 수 있다. 눈물을 흘려서는 안 된다는 남자의 문화적 규범 때문에 어머니를 잃은 소년이 일생 목젖에 걸린 울음을 삼키고 살았다는 이야기[3] 는 그 남성만의 특수사정이

---

2) Aldous Huxley, *The Doors of Perception* (N. Y. Harper & Row, 1954), 13쪽. 경험상으로 서로 배제된 사물과 사건들을 상징으로 삼는 의사 소통체제의 무기력함을 말하고 있다.

3) Letty C. Pogrebin, "Are Men Discovering the Joy of Fatherhood?" *Ms,* 1982년 2월.

아닐 것이다. 고속버스 안의 좁은 자리에서 걸상의 팔걸이는 남자가 차지하고, 여자는 다소곳이 몸을 좁혀 앉아야 하는 여성문화는 관찰 가능한 것 가운데 한 가지일 뿐이다. 인지의 문이 열린다는 것은 공통문화 안에서만 가능해진다.[4] 따라서 현재의 인지기제에 얽매이지 않는 이론이 필요하다. 시간, 공간, 언어, 주관 따위로 제한된 기존 안목으로는 남·여를 통틀어 설명할 수 있는 이론을 갖출 수 없기 때문이다.

새 여성심리학이 발전해서 전통심리학의 제한점을 보완할 때 비로소 남·여 공통의 이해가 가능해질 것이다. 따라서 언어화한 논리적이고 합리적인 과학주의적 심리학의 도구로만 여성을 보려고 해서는 안 된다. 언어화할 수 없는 경험을 표현할 수 있는 도구의 창안이 필요하다.[5] 그렇다고 해서 프로이트[S. Freud]가 여성을 치우치게 이해했듯이 여성심리학이 보태어진 새 심리학이 남성을 왜곡해서 설명하는 것이어서는 안 된다.

사회와 문화 안에서 사는 남·여가 개인으로의 경험을 갖게 되며 행동하게 된다. 그리고 그 사회 안에서 그 행동은 해석의 대상이 되고 있다.[6]

---

4) A. Huxley, 윗글, 40쪽.

5) Jerome L. Singer, *Daydreaming and Fantasy* (Oxford: Oxford University Press, 1981). 현실 이해를 위해 우리가 익숙해져 있는 도구와 논리가 우리를 제한하고 있다. 그럼으로 해서 더 풍부한 환상의 삶을 인식하지 못한다.

6) 남·녀의 성차가 사회적으로 분명히 구분되는 한, 성과 사회의 관련성은 예리한 연구의 대상이 되어야 한다는 것에 대해서는 Cambridge Women's Studies Group, *Women in society: Interdisciplinary Essays* (London: Virago Press, 1981), 3—4쪽.

한국여성의 심리학은 한국문화 안에서 보고, 느끼고, 이해하며, 설명될 수 있어야 한다. 이제 여기서 한국여성들을 이해하는 데 도움받기 위해 여러 이론들을 짚어보려 한다.

여성심리의 여러 이론들

프로이트는 여성심리를 논할 때 빼놓을 수 없는 중요한 글을 남겼다.[7] 여성심리를 거론했다는 것만으로도 충분히 역사적이었고 문제적이었고, 그래서 그를 다양하게 소개하고 있다. 그는 여성특성이 생겨나는 기제를 오이디푸스 콤플렉스가 생기는 시기에 초점을 두고 설명한다. 그 앞시기까지 남·여는 모두 양성적이고 같다고 그는 보았기 때문이다. 그런데 어떤 이들은 이른바 여성적인 모든 특징들을 다 그의 이론이라고 소개하기도 하고,[8] 지나치게 단순화해서 소개하기도 한다.[9]

---

7) S. Freud, "Femininity," *The Complete Introductory Lectures on Psychoanalysis,* James Strachey(옮김) (New York: W. W. Norton, 1966). 그 이전에 쓴 "Some Psychological Consequences of the Anatomical Distinction between the Sexes"(1925)와 "Female Sexuality"(1931)를 기초로 한 것이다.

8) 이 근후, "프로이트적 여성심리이해" 「여성학」(서울: 이화여자대학교 출판부, 1979).

9) 이 영희, "여성차별에 대한 현대심리학적 조명: Freud, Skinner, Piaget 이론을 중심으로," 「아세아여성연구」 19집.

가족구조 안에서의 관계에서 설명하려 한 것이나, 삼종지도와 같이 여성은 남자의 판단에 의존하도록 되어 있다는 그의 이론은 전통적인 가부장적 한국사회에서의 우리 여성을 설명하는 데 어느 정도 가능성을 보이고 있다. 그러나 부부중심이 아니었던 전통가족에서 성을 바탕으로 갈등의 원인을 캐려 한 것은 합당하지 않다. 또 어머니와 동일시하는 것을 거부함으로 해서 초자아의 발달이 애매하다고 하는 여성특질의 설명도 해부학적인 신체구조의 열등감만으로 이루어지기는 어렵다. 오히려 뚜렷한 역할이 부각되지 않았던 여성과 동일시하지 못한 결과로 보는 것이 보다 그럴 듯한 것이다.

프로이트는 여성의 능력이 열등하다고는 분명하게 말하지 않았지만 여성 스스로가 열등감을 가지고 남자의 신체를 부러운 눈으로 본다고 주장한다. 이러한 신체적인 차이에 가치를 두고 이 차이를 가치판단의 근거로 삼게 된 그 논리의 바탕을 비판할 수 있는 것이다. 그가 생물학적 요인이 운명이라고는 했지만, 사실은 생물학적 요인의 사회적 구성이 여성의 운명을 만든다고 해야 옳을 것이다.[10]

아들러[A. Adler]는 인간의 심리과정을 지배하는 두 요소를 사회적 이해

---

10) Janet Sayers, *Biological Politics* (London: Tavistock, 1982)의 7장 "The Social Construction of Female Biology".

관계와 의미추구라고 본다.[11] 남·여의 관계에서 생기는 신화는 사회의 역할분화에서 이해관계와 의미부여에 따라 나타난다고 본다. 남성우위의 신화는 여성이 열등하다는 신화를 빚고, 특권을 보장받는 집단으로서의 남성과 특권을 보장받지 못하는 여성을 두게 된다. 남성우위는 결코 자연의 과정에서 일어난 것이 아니고, 연속적인 전쟁상태에서 필요에 의해 생겼다고 본다. 여성의 간사함과 어리석음에 대한 온갖 설화적 이야기와 기독교의 성서이야기에도 불구하고, 정확한 관찰에 의하면 여성의 열등은 진실같이 보이게 꾸민 거짓이고 우화임을 알 수 있다고 한다. 그렇다고 해서 남성이 열등하다고 한다면 이것도 똑같이 정당한 것이 못 된다는 것이다.

문제는 이러한 우월/열등의 남·여 관계는 개념의 이분화를 초래하고 그것을 우리에게 강요하고 있다는 점이다. 남성적인 것은 무엇이나 가치 있고, 강하고 뛰어난 것이라고 즉각 인정하고, 여성적인 것은 순종, 봉사, 복종적인 것으로 받아들인다는 것이다. 그런 생각은 우리 머릿속에 깊이 뿌리박혀 있어서, 특정색깔의 필터를 거쳐 사물을 보는 것과 같아서, 정확하게 보지 못하게 한다는 것이다. 세대를 거치면서 우리의 잘못

---

11) Alfred Adler, *Co-operation Between the Sexes Writings on Women and Men Love and Marriage, and Sexuality*, H. L. Ansbacher (엮고 옮김) (New York: W. W. Norton, 1978), 3쪽과 남·녀의 대비됨에 대해서는 27쪽까지 볼 것.

보는 안목이 계속 영향을 미치고 악순환을 반복하게 된다.

특별히 이런 신화에 사로잡힌 여성에게 양육 받은 다음 세대 여성이 받는 영향은 가중되게 마련이다. 인생을 다 살기 전인 어린 나이에 신화가 틀린 것을 바로 잡도록 판단기준을 정당하게 수정할 수 있는 기회나 방도도 가질 수 없기 때문이다. 여성에게 반기를 들고 여성을 거부하고 남성적이고 적극적인 방향으로 스스로를 발전시키거나, 반대로 포기하고 적응하는 것을 위주로 하여 남성과 함께 생존·유지만을 위해 살게도 한다. 여기서 두 부류의 여성이 생겨날 가능성을 보여주고 있다. 아들러는 사회적으로 가장 심각한 문제를 남·여의 협력문제로 보고 있다. 남·여는 밀접하게 살기 마련이므로 갈등은 더욱 심각하고,[12] 어느 편이고 조금이라도 우월하려 하면 용납할 수 없는 속임수나 상상의 도구를 써야만 한다고 한다. 그 기제를 보면 여성이 자신감을 상실하면 삶의 사태에서 결정 내려야 할 순간을 회피하게 된다. 노력도 약화되고, 확신이 부족해지며, 독립적인 경향이 일찍이 줄어들게 된다. 그나마 남아 있는 탐구심도 채우지 못해서 성취 못한 열등감이 생기고, 그것이 반복됨으로 또 탐구심의 불은 꺼져버리게 된다. 목표를 향해 직접적인 도전을 못

---

12) 남·녀가 만들 수 있는 가장 가까운 관계라 하는 부부 사이의 갈등 관계에 대해서는 문 은희, "부부심리-예술," 「부부론」(백양학술모임, 1980).

하고 순종으로 탈바꿈하면 지배자의 행동선에 수동적으로 줄서게 된다. 자연적인 여성다움은 사라지고, 본능도 바뀌고 가식화하며 악의적으로 바뀌게 된다. 여성자신이 추구하고 싶은 의미의 내용이 남성적인 것이라고 해서 사회적으로 억눌리고 따라서 실현이 불가능해질 때 불행한 결과를 낳고 만다는 것이다. 곧 '여성이므로' 스스로를 격하시켜야만 할 때 자신과 가장 가까운 사람(남성)에게 원망 섞인 증오감을 품고 살게 된다. 이런 여성과 사는 남성 편에서도 여성보다 우월해야 한다는 의무에 매여 증오에 찬 여성에 대해 의심이 커지고 폭군화하게 된다. 서로에게 도전하고 암투를 벌이고 스스로의 패배를 염려하며 원수같이 적대적으로 살게 된다. 이는 결국 신화에서 자유롭지 못한 탓이라는 것이다.

우리 문화에서는 남·여 역할분화에 의한 신화를 가지고 있으면서도 현실에서는 반드시 그것을 칭송하지는 않는다.[13] 남편을 구하기 위해 남장하고 행세한 『이춘풍전』 이야기와 절개를 지키기 위해 강한 마음을 보이고 나선 춘향, 아버지를 눈뜨게 하기 위해 적극적으로 행동한 심청과 같은 강한 여성들을 우리 전통은 아끼고 자랑스러워한다. 아직까지도 여성들의 모범이라 칭해지는 교과서적 인물인 사임당 신씨도 열등감에 사로잡힌 여성은 아니었던 것이다. 우리 여성의 신화가 없음은 아니나 그

---

13) 윗글.

신화대로 살고 있지 않았음을 지적하고 싶다.

또 다른 이론을 들어보자. 여성을 남성의 피지배집단으로 대칭적으로 보고 이에 따른 사회행동을 분석하는 관점에서 여성의 사회행동을 보는 밀러J. B. Miller와 같은 입장이다. 윗사람은 지배적 가치를 지니고 있고, 아랫사람은 시중들며 적당하게 '선량한' 아랫사람 구실을 하는 관계를 만든다. 후자는 자신의 온 능력을 다 키우도록 기회가 허용되지 않는 관계에 놓이게 된다. 성차에 의한 영구적인 불평등은 불평등한 문화를 조장하기도 한다. 왜냐하면 지배적 집단인 윗사람들은 그들의 행동을 더 높게 평가하며 문화의 전반적인 형태를 이루는 데 주도역할을 하기 때문이다. 도덕, 철학, 사회이론에 이르기까지 사회문화상을 결정하는 쪽은 지배집단이다. 그러므로 아랫사람들은 그들의 가치가 덜 인정되기 때문에 무능력한 존재라 정의 내리게 된다. 지배받는 집단은 스스로의 능력을 자신할 수 없게 된다. 조명의 빛깔 때문에 본래의 색을 보지 못하게 됨과 같은 것이다.[14]

윗사람인 남성을 기쁘게 해야만 생존을 유지하게 됨으로 아랫사람인 여성의 심리특성은 그 관계를 유지하는 방향으로만 발달하게 된다. 여성 스스로의 느낌보다는 남성의 느낌을 더 잘 알게 되며 적응하게 된다. 여

---

14) Jean Baker Miller, *Toward A New Psychology of Women* (Penguin Books, 1976).

성의 직관이나 교묘한 재치 따위로 불리기도 하는 이러한 균형 잃은 일 방적 발달은 필요에 의해서 생기는 것일 뿐이다. 자신의 느낌과 소망에 대해서 알려고 들면, 적응이 더욱 어렵게 되므로 아예 알려고 하지 않게 된다. 남성이 무엇을 원하는지 예측할 능력이 발달될수록 여성은 잘 적 응하고, 적응의 정도에 따라 정신건강이 양호하다고 본다는 것이다.[15]

또 지배집단 남성들은 정상적 인간관계를 위한 모형이 되고 있다. 다 른 집단, 곧 여성 집단을 파괴하면서도, 그것이 정상적인 삶이라고 여긴 다. 이들 지배집단은 말로는 평등을 주장하면서도 남·여 관계에서만은 예외적인 다른 해석을 가하기도 한다. 지배자적인 특성을 발휘해서 스 스로 불평등의 원인이 되고 있음을 남성들은 인정하려 하지 않거나 아 니면 그 자체를 합리화하려고 한다. 또 이런 문화에서 사회화되어왔기 때문에 대부분의 남성은 불평등을 의식조차 하지 못한다. 때문에 그들 은 피지배집단인 여성과 공동목표를 가지고 같은 이해관계를 가지고 있 고, 심지어 조화를 이루고 있다고 생각하곤 한다. 음양의 조화와 같은 평형을 말하고 있는 것도 그 한 보기일 것이다.

그러므로 지배집단은 갈등이 없기를 바라고 또 없다고 생각하고, 혹

---

15) 사회가 바라는 바람직한 사회성과의 관계만을 생각하는 건강 개념에 대한 비판은 Marjorie Bayes, "Sex—Pole Stereotypes and Clinical Judgements of Mental Health," Elizabeth Howell과 M. Bayes(엮음), *Women and Mental Health* (New York: Basic Books, 1981), 94쪽.

시 있다면 피하고 싶어한다. 불평등은 반드시 갈등을 낳게 되고, 억눌러도 폭발할 가능성을 갖고 있다. 그러므로 모든 가능한 힘과 권위를 장악하고 그것들을 어떻게 사용할 것인지를 독점해서 결정하게 된다.

피지배집단 여성들은 지배집단의 신념을 내면화해서 적응해가면서도 내적인 갈등을 겪게 된다. 그 정도는 각기 다를 수 있으나 스스로의 참모습과 그 깨달음의 강도에 따라 긴장을 느끼게 된다. 대부분의 여성은 지배집단의 영향이 커서 내부의 긴장을 견디며 적응해가고, 또 얼마의 여성은 '자기'가 살아서 적응에 실패하여 우울증에 빠진다. 그러나 극소수 기회를 허락받은 여성들은 지배집단인 남성을 모방하려 한다. 남성도 아니면서, 다른 여성과 동일시하려고도 하지 않는 여성의 '새 계급New Class' 16)이 등장한다. 지배문화와 공통도구를 가지고 있기 때문에 이 '새 계급'의 여성들은 남자들과 동료가 되어 활동할 수 있으면서, 다른 여성들과의 접촉점을 잃게 된다. 남·여 불평등의 요소를 제거하려는 자세와 의도를 이들에게서 기대할 수 없다. 남성과의 갈등을 거치면서 스스로 해결을 본 여성의 무리가 아니기 때문에, 갈등 가운데 있는 여성들의 고통을 이해 못 할 수밖에 없다. 능력이 자기들보다 모자라기 때문에 다른

---

16) '새 계급'의 개념과 이의 사회적 의미에 대해서는 다음 글을 볼 것, 박 영신, "사회운동과 새 계급," 「현상과인식」 7권 1호(1983년 봄).

뭇 여성들은 차별받을 수밖에 없다고 이들은 여기고 있는 것이다.

많은 여성들은 자신의 요구를 진전시킬 도리도 없기 때문에 스스로를 알기 위한 자기분석을 회피하게 된다. 사회 속에서 소외될 것이 두려워 자기를 분석해서 인식하려 하지 않을 뿐만 아니라, 욕구를 다른 것으로 대치하든가 변형시켜 승화하든가 투사하게 된다. 그렇게 적응함으로써 여성은 전통문화 전달자의 구실을 맡게도 된다. 피지배집단 특유의 참을성을 미덕으로, 출산, 육아와 같은 생명과 관련된 밀착된 경험을 기초로 약자에 대한 깊은 이해심으로 후대를 사회화시키는 역할을 맡아왔다. 약한 것에 대한 증오와 공포를 지닌 남성은 약한 어린이 세대를 가르치는 데 이해심이 부족하다.[17] 남성중심의 지배적 문화 속에서는 여성 나름의 전혀 다른 욕구와 생활상이 가능하거나 생각해봄 직한 어떠한 여지조차 아예 막혀 있는 것이다.

여성들에게 흔히 보이는 순교자 증상martyr syndrome [18]은 여성의 노예근성이라고도 불리는데, 다른 사람의 욕구에 민감하고 반응이 적극적이어서 자기희생을 즐기거나 적어도 감수하는 증상이다. 사회의 구성원은 누

---

17) A. Adler, 윗글, 11쪽과 J. B. Miller, 윗글, 6장에서 다른 사람을 돕고, 봉사하는 것은 패자의 일이라고 믿는다고 한다.

18) '순교자 증상'은 여성에게 만연되어 있는 흔한 증상이다. J. B. Miller, 윗글, 65쪽을 볼 것. '초인적 아내'도 결국 같은 속성의 표시이다. 윗글, 68-71쪽.

구나 다 자기의 존엄성과 가치를 동등하게 나누어 가져야 하며, 자유스러운 심리적인 표현이 제한받아서는 안 되므로 위에서 말한 순교자 증상은 미화되어서도 안 되고 정당화될 수도 없다. '초인적 아내super-wife'라는 칭찬 섞인 말로 표현된다 하더라도 현혹될 것이 못 된다.

남성에게 의존해서 사는 여성의 입장[19]을 지배-복종의 체제로 해석할 때 여성이 자기를 상실해가는 현상이 쉽게 해석된다. 이러한 지배-복종의 체제는 남성위주의 인습과 제도가 지속되고 있는 까닭과 여성의 독자성 저해요인을 분명히 설명해줄 수 있다. 완전히 눌려만 지내지 않는 한국여성의 특질은 다시 생각해볼 문제이다. 무기력하게 지내는 것으로 공인되고 있으면서도, 실제로 활동하는 상황은 놀랍게도 대단한 현실을 관찰하고 경험한다. 한국여성의 행위를 고찰하는 것은 극히 흥미로운 일이고, 그들의 동기를 볼 수 있다면 의의가 크다.

---

19) 주부들의 모임에 여러 가지 자격으로 여러 차례 관여하면서, 그들이 남편과의 관계를 이야기할 때마다 항상 불편한 관계라고 이야기하는 것을 볼 수 있었다. 남편이 출장가면 편하고 남편이 주말에 집에 있으면 불편하다고 한다. 곧잘 "남편에게 야단 맞는다"는 표현을 쓰기까지도 한다.

한국여성의 행위동기와 구조

1) 동기의 출처와 구조

여성을 심리학적으로 고찰함에 있어서, 초기에는 남·여의 능력 차이에 대해 관심이 많았었다. 지능의 차이, 그 가운데에서도 추리력, 어휘력과 같은 것에 대해 관심을 두어왔다. 같은 수준의 교육을 받고도 사회적으로 높이 인정되는 활동에 참여하는 수가 남성에 비해 여성이 극히 뒤떨어졌기 때문에 능력의 차이를 묻는 것은 당연했다.[20] 남성중심의 생각이 지배하는 곳에서 남성 활동이 높이 평가받는 것은 당연했고, 그러한 생각의 지배 아래에서 여성의 능력은 높이 평가받기 어려웠으며 또한 무시되어온 것이다. 많은 연구의 결과에 의하면 남·여의 타고난 능력의 차이는 그렇게 쉽게 평가될 수 없으며 사회화되어가는 과정에 따라서 능력의 성장과 확대가 가능하다는 것이다. 좁은 실험실 안에서 이루어진 연구의 결과보다도 우리에게 산 증거를 보여준 것들은 서구의 여성운동가들에 의해서 이루어진 업적들이다. 그들이 비방과 험구에도 꺾이

---

[20] 특히 한국여성의 경우 대졸출신 여성의 사회진출이 극히 미미하고 또 제한된 몇몇 여성 직장에 치우쳐, 남자와의 능력겨룸에서 여성이 지는 것이 아닌가 하는 생각이 오랫동안 여성에 관한 논의를 주도해왔다. 한국여성 문제 연구회를 위해 쓴 문 은희의 "여성발전의 심리," 「여성」 (여성단체협의회, 193호, 1982)는 바로 이런 문제를 문제로서 제기하여 토론하고 있다.

지 않는 신념으로 활동을 벌인 결과, 여성들은 기회를 넓히게 되고 능력을 인정받을 수 있게 되었을 뿐만 아니라, 능력의 성장과 확대가 가능하다는 사실을 확인하게 된 것이다.

이제 관심 두어야 할 것은 여성들의 능력보다는 보이지 않는 그들의 동기motivation에 대한 이해이다. 한국여성의 경우도 특별히 능력의 차이가 없는 한 능력개발에서의 차이는 동기의 차이로 인해 생긴다고 보아야 한다. 여성지도자들을 대상으로 한 연구들도 여성지도자의 능력의 과다나 지도자 수에 머물지 않고 여성지도자가 되기 위한 심리·사회적 특성이라든가 역동적인 동기의 문제들을 다루어야 한다.[21]

동기를 여러 이론들이 여러 가지로 풀이하고 있지만 행위와 연결되는 동기는 '가능한 기회의 지각(인지)'이라는 인지요인으로 정의해볼 수 있을 것 같다. 한 보기로 여성이 성 역할 기대를 지각한 범위는 개인의 자아영역에 따라 정해진다. 곧, 처해 있는 삶의 장에 따라 선택의 범위를 깨닫게 됨으로 해서 동기가 생긴다는 것이다. 쓰레기통에서도 장미가 핀다든가, 개천에서 용 난다는 특별한 경우들도 지각의 예민도와 예측의 정확도와 관련된 동기로서 설명할 수 있다. 동기이론으로 볼 때, '하면 된다'는 표현보다는 '될 것을 한다'는 표현으로 행동을 설명할 수 있

---

21) Trudy Heller, *Women and Men as Leaders* (New York: Praeger, 1982), 2-3쪽.

는 것이다.

이런 동기는 삶을 이끌어가면서 분화하고 재조절해가게 된다. 어려서는 대통령이 될 가능성에 대한 지각 정도가 분화되지 않았기 때문에 많은 아이들이 같은 소망을 가지게 된다. 자라면서 가능성의 지각이 분화되면서 소망은 달라지게 마련이어서 그 자리에 앉게 되는 사람은 몇 사람 되지 않게 된다. 여성의 경우에도 마찬가지이다. 여자대학생들의 동기를 알 수 있는 상담을 통해 몇 해를 연구해본 결과, 대학생활 4년 가운데에서도 동기의 분화와 변화가 있음을 볼 수 있었다. 입학 초에는 거의 대부분이 전공을 살리는 교수나 관련전문직을 장래희망으로 이야기하곤 한다. 학년이 올라갈수록 소망한 것에 대한 가능성의 한계를 알게 되어 졸업이 가까워지면 결혼과 사회진출을 저울질하는 동기로 바뀌게 된다. 그때가 또 우리 사회에서 설정한 '결혼적령기'이므로 취업이나 진학보다 결혼할 수 있는 기회가 많음을 알게 된다. 그리하여 그들은 결혼 쪽으로 쉽게 기울게 된다. 나는 이것을 '졸업반 콤플렉스'라고 이름 지어 부를 수 있다고 생각한다.

한국여성들의 성취동기에 지대한 영향을 미치는 출처 가운데 몇 가지 뚜렷한 것을 살펴보려 한다. 우리 사회가 몰고 가는 가치관일 수도 있는 이 요인들은 여성들의 인지과정에 뿌리 깊은 영향을 미친다. 그 첫째가 자기 가족의 복지와 이익의 증대이다. 한 여류명사의 경험담이 여기에 적절한 보기가 될 수 있다. 그가 중학교에 입학했을 때 흔히 하듯이 반에서 아버지의 직업을 조사했다고 한다(교육적으로 어떤 의미가 있어서 하는 조사인가는 별개의 문제로 남겠으나). 그의 아버지가 평범한 사람이어서 판사, 의사, 교수, 정치가 등등을 부른 다음 마지막 항목으로 불린 '기타'에 손을 들어 표시하게 되었다. 그는 사회명사가 아닌 아버지가 창피스러웠다고 그때를 잊지 못한다고 술회한다. 이때 그는 "이를 악물고 노력해서 명사급이 되려고 했다"는 것이다. "내 아이들에게 나는 '기타' 부모가 되지 말아야지! 내 아이들이 똑같이 수모를 겪지 말게 해야지"하고 결심했다는 것이다. 개척적인 여류명사로 여성의 기본권을 위해 투쟁하는 대표자 가운데 하나이면서도 그는 "내 아들을 위해서는 무엇이든지 희생한다"고 하며, "딸아이는 오빠를 위해 내가 없을 때 언제나 뒷바라지를 해야 한다"고 주장하고 있다. 이것은 어느 한 사람에게 국한된 것이 아니라 우리 모두의 발상과 의식을 대변하는 것이다. 근로현장에서 일하는 많은 미혼여성들도 "남동생을 공부시키려고" 또는 "가족의 생활비를 보태려고" 일한다는 취업동기를 말하고 있다.[22] 이 모든 사실은 가족의 복지와 이익의 증대를 일차적인 동기로 삼는다는 것을 뚜렷이 보여준다.

---

22) 오 선임, "여성근로자 실태조사보고서—구조, 구미공단을 중심으로" (한국유권자연맹, 1980), 27쪽과 50—57쪽.

명사로부터 일반근로자에 이르기까지 가족을 수호하려는 가치가 일차적인 것이므로 취업을 중단하는 여성들도 가족의 일로 그만두게 되는 것은 당연하다. 성취와 관련된 갈등 가운데 가족과 관련된 갈등이 가장 중대하게 다루어진다. 결혼, 임신과 자녀양육이 거의 대부분 여성의 취업중단사유라는 조사결과를 볼 수 있으며, 전문직여성들도 반 이상이 적당한 시기에 일을 그만두고 싶지 일생 계속 일하고 싶다고 하지는 않는다.[23] 특별히 여성이 직장을 가지고 일하는 것은 자녀양육에 나쁘다는 생각에 젖어 있어서 자녀교육을 위해서는 모든 것을 희생한다는 생각이 크다.

여성에 관한 한 바깥활동은 가족문제에 비해 중요한 가치를 부여받지 못해서 무시당하면서도, 가족복지에 보탬이 되는 활동이나 신화 속에 정당화 되어 있고 전통적으로 규정되어 있는 수동적인 여성상의 틀을 벗어나도 사회적으로 용납이 된다. 어떤 내용의 활동이나 어떤 형식의 활동이든지 가정에 보탬이 되기만 하면 아무리 공격적이고 적극적이라도 용납되고, 또 긍정적인 평가를 받는다. 억센 여자 '또순이'의 인기가 대단했다면, 그것은 우리 사회의 집합적 심리가 용납했기 때문이다.

---

23) 이 동원, "직업여성의 이중역할에 관한 연구," 「한국문화연구원논총」, 27집. 또 코리아 리크루트의 "대학생의식조사" 분석결과를 보면 여자는 희망근속연수 5년 이하가 65,2%, 3년 이하가 29%였다고 함. 「리크루트」 1983년 1월.

여성과 관련된 많은 성공사례는 남편 모르게 경제활동을 해서 집을 마련했다든가 하는 살림을 일으킨 경우들이다.

여성행동동기에서 다음으로 다룰 특징은 우리 여성이 편의 중심적인 것을 추구한다는 것이다. 여성 자신을 편의를 위해서는 다른 측면의 요인들을 냉정하게 절단할 수 있다는 것이다. 가족구성원의 복지가 그렇게 소중한데도 불구하고 그것조차도 희생할 수 있는 측면을 보여준다. 보기를 들면 부부가 같이 맞벌이하기 위해 어린아이를 맡기는데, 일하는 시간만 누구에게 맡기는 것이 아니라 주중에는 잠자는 시간까지도 포함하여 하루 종일 맡긴다는 것이다. 그러고는 주말에만 어린아이를 데려다 본다는 이른바 '주말부모'는 우리나라에만 있는 특유한 현상이다. 가족을 전통적으로 그렇게도 존중한다는 우리 여성들이 직장을 떠나 집에 있는 시간에도 어린아이를 보는 것이 피곤하다고 다른 이에게 맡길 수 있는 것은 따로 특별한 설명이 필요한 일이다. 외국에서 공부하면서 어린아이를 인편으로 한국에 보내는 여성심리도 우리만의 현상으로 보인다. 극히 모성적인 존재로만 보아온 한국여성에게서 이런 모진 마음을 발견하고는 당황하기도 한다. 자신이 가족을 가질 때가 되었다고 판단하여 자녀를 낳게 되면 그 책임은 본인이 져야 한다는 생각보다는 자신들의 좁은 목적을 추구하기 위한 편의만을 생각하는 결과로 보인다. 편의에 따라 시어머니는 오직 어린이 양육자로만 환영받고, 친정

어머니는 만만한 양육자의 대역이 된다. 맏아들이 가정 안의 책임이 무겁다고 해서 결혼상대로 여성들에게 인기 없었던 것이 최근에는 그 양상이 점차 달라진다고 한다. 편리를 취할 수 있다는 약삭빠른 젊은 여성들이 그들의 의중을 드러내놓은 현상이라 하겠다. 자기들이 사회활동을 할 때 집에서 부모가 살림해줄 수 있다는 이점을 취하려 하는 것이다. 그리고 고부 사이의 관계도 직장을 가진 여성의 경우가 훨씬 더 좋다는 조사결과를 볼 수 있는데[24] 거기에 바로 이러한 편의성의 요인이 개입되어 있는 것이다.

마지막으로 집단주의적 기준에서 여성의 행동동기를 한정하며, 좌우하는 면도 동기의 측면에서 다룰 필요가 있다. 여성을 위해서가 아니라 자녀를 더 잘 기르기 위해서는 여성이 사회에 참여해야 한다고 하는 제안이 여성들을 움직이게 만드는 또 다른 강한 설득력을 지니고 있다. 가족집단의 향상을 위해 여성이 도구가 되는 것을 긍정적으로 평가하며 그것이 설득력 있게 들리는 것도 우리 사회의 집단우선의 심리구조 때문일 것이다. 남편을 더 잘 내조하기 위해서 사회적 안목을 가져야 하고, 그래야만 남편을 더 잘 이해하게 된다는 집단의 이익을 강조한다. 여성 자신을 위해서 여성이 사회에 참여해야 한다는 주장은 받아들여지기 어

---

24) 상명여대 1983년도 1학기 내가 맡았던 '여성학' 강의 중에 학생들이 발표한 조사결과보고에서 나타난 점이다.

렵기 때문에 여성지위향상을 위한 활동의 목표를 내세워 밝히기도 꺼리릴 정도이다. 여성 자신의 가치와 존엄성보다는 국가사회에의 공헌을 목표로 한다고 해야만 명분이 떳떳하게 선다고 여기는 것도 이러한 발상의 한 보기인 것이다.

이러한 집단의 이익을 내세우는 것으로 가족보다 더 큰 단위는 국가사회, 국제사회들이다. 더 큰 단위일수록 행위에 더 큰 영향력을 미친다. 여성의 문제는 주로 나라의 경제정책이나 인구정책의 부수물로 오르내리게 된다. 우리나라와 같이 임신중절에 대해 융통성 있는 방침을 가지고 있는 나라도 드물 것이다. 그렇다고 해서 서방 자유주의자들^{liberals}의 윤리와 여권의 쟁점에서 동일한 근거를 공유하는 것은 아니다. 인구가 너무 많아져 집단공동체에 문제를 야기 시키기 때문에 여성들은 아이를 덜 출산해야 한다는 생각을 우선 떠올릴 뿐이다. 여성도 한 개인으로 존중되어야 하니까 딸, 아들 구별 말고 잘 기르자는 것이 아니다. 인구문제가 국가적인 문제가 되니까 비로소 딸에게도 아들과 똑같은 혜택이 주어져야 한다는 생각에 이르렀다는 것이다. 그렇지 않으면 아들을 낳을 때까지 계속 더 출산하기 때문이다. 목적이 아닌 방편으로 여성의 지위를 관심의 대상으로 삼게 되는 것이다. 결론이 같다고 해서 자동적으로 올바른 의미의 여권론자가 되는 것도 아니며, 지향하는 목표가 같은 것이라고 할 수는 없다.

여자에게 지불하는 임금이 싸니까 경제발전에 공헌했다고 한다. 여성

참여를 효과적으로 주장하기 위해서는 우리 경제상황에 여성인력이 필요하다고 해야 하지 개인의 기본노동권이나 인도주의적 논의로는 효과가 없다고까지 말하고 있다. 우리 사회가 필요로 하니까 여성이 경제영역에 참여해야 한다면, 집단공동체에서 여성 참여가 필요하지 않다고 할 때면 언제이고 여성은 참여해서는 안 된다는 논리가 가능한 것이다.

2) 한국여성의 두 유형

형식과 비형식교육을 통틀어 교육과정 가운데서 사람은 사회화되어 간다. 사회화는 사회의 문화적인 가치를 개인에게 내면화시키는 것이다. 그 문화가 인정하는 옳고 그름의 기준을 받아들여 자기의 것이 되도록 만드는 것이 사회화의 과정이다.[25] 한국여성들의 여성역할을 익히는 사회화과정은 두 가지 상반된 기구에서 이루어지고 있다. 이상적인 개념이라고 여성에게 소개된 독자성과 창의성과 같은 것들은 주로 교육을 통해 언어를 매체로 받은 것이다. 그와 동시에 가족주의, 편의주의, 집단주의가 지배하는 삶의 현장에서 끈질기게 주어지는 고착된 성 역할구조

---

25) F. I. Nye 외, *Role Structure and Analysis of the Family* (Beverly Hills Calif: Sage, 1976), 33~34쪽.

에서도 여성이 자기를 형성해간다.[26] 한국여성들은 현대교육을 받으면서 표피적으로나마 이른바 창의적이고 독자적인 경쟁 안에서 자라며 그 맛을 보고 있다. 다분히 개인적인 자기 성취를 목표로 하며 자기다움을 익혀갈 수 있다. 특히 초기 형식 교육에서 남·여의 차별을 완전히 배제하지는 못하지만 비교적 여자도 성취가능하다는 것이 강조되고 있다. 초등학교에서는 여자가 더 우수하게 성취해서 인정받기도 하고, 여자도 남자 못지않다는 생각을 하기도 한다.[27]

그런데, 이런 자신감 있는 개인단위의 자기 참모습이 가족집단의 요구를 대변하는 가족–집단단위의 참모습과 여성 안에서 대치하게 된다. 이 대치가 한국여성의 심리발달과정 가운데에서 불균형과 갈등을 빚게 된다.[28] 불균형과 갈등을 해결해야만 누구나 그의 힘이 창의적으로 쓰일 수 있게 되는데 그렇지 않으면 그 역량이 의식선 위로 오르지 못한 채 여성으로 하여금 많은 말썽을 빚게 만든다.[29] 현실원칙에 따라 의식선 위로 올라와야 합리적인 해결을 할 수 있기 때문이다. 그러나 여성의

---

26) B. P. W.에서 조사한 차별사례연구와 코리아 리크루트에 연재되는 여성취업인들의 사례기록들을 보면 투쟁적으로 활동하는 여성들의 사정을 알게 된다.

27) 고 복남 외, "부모의 양육태도가 아동의 성 역할 사회화에 미치는 영향," (연세대학교 아동학과 학부 졸업논문, 1980).

28) 김 정숙, "한국의 중산층주부에 관한 일 연구—여고졸업 후 20여 년간의 삶을 중심으로," (연세대학교 대학원, 1983).

29) M. L. von Franz, *The Feminine in Fairytales* (Irving, Texas University of Dallas, 1972), 14쪽.

내적이고 주관적인 삶에 대해서는 옛날이야기에서부터도 별로 다루지 않고 있다. 여성을 주관적 인물로 보기보다는 추상적인 대상으로만 보고 인간성이 부각되지 않은 존재로만 그려왔다.[30] "개인으로서의 너는 누구냐?"하는 물음이 여성에게는 던져지지 않는다. 여성 개인의 문제는 집합적이고 일반적인 문화의 한 부분일 뿐이다. 치맛바람, 복부인 따위는 「장화홍련전」(한국판 신데렐라)을 거쳐온 이 시점에서의 현대판 '옛날이야기'로서 연속편같이 등장한 셈이다. 옛이야기를 들려주어 우리의 참모습과 됨됨이를 만들고 다지듯이[31] 복부인, 치맛바람이 이것을 만드는 대중매체제작의 현대판 '옛날이야기'가 되어 오늘날 여성의 표본으로 작용하고 있다. '옛날이야기'는 집단이 바라는 영웅을 만들기도 하고 부각시키기도 하지만 원치 않는 역할의 담당자를 정죄하기도 하기 때문이다.

서양사회에서는 독립된 개인의 자기모습에서 출발하여 인간관계를 아주 가깝게 만들어 자족으로서의 자기모습을 적극적으로 창조해내어 가족의 기능을 강화시키고 가족 속에서의 인간관계의 친밀성을 강화시키고 가족의 응결력을 높이려 한다.[32] 우리는 가정을 튼튼히 가지고 있으

---

30) 윗글, 16쪽.

31) C. D Gunn, "Family Identity Creation. A Family Strength—Building Role Activity," *Family strengths: Positive Models for Family Life,* N. Stinnett(엮음) (Lincoln: University of Nebraska Press, 1980).

32) A. M. Juhasz, "Interaction, Identity, and Intimacy. The Glue that Cements the Family," *Family strengths.*

므로 가족문제가 없다고 생각하기도 했었다. 그러나 우리나라의 경우는 가족주의와 집단주의가 지배하는 전통과 그와 대립적인 기준, 곧 현대교육에서 강조되는 개인적인 경쟁의식의 결합이 여성의 행위에 영향을 미치고 있다. 개별화된 경쟁의 중요성을 익힌 심리구조의 요구와 전통사회의 집단-가족주의의 압력을 중복적으로 받고 있는 여성들의 생존방도는 무엇인가 하는 심리적 설명이 요청된다.

여기서 앞서 지적했던 동기의 심리학으로 설명을 할 수 있을 것으로 보인다. 여성이 자기실현의 기회가 가능한 것을 인식하는 정도에 따라 동기출처의 조건들과 조합관계를 맺게 된다. 전통적인 규범과 가치에 의한 사회화의 내용과 가족-집단위주의 동기 사이에 친화성이 높고, 현대학교교육이 강조하는 개별적 경쟁의식은 편의성과 손잡기 쉽다. 이를 동기와 이어보면 자기실현의 가능성의 기회를 인식하는 여성은 편의성과 맺어진 자기중심적인 여성이 되고, 가능성의 기회를 인식 못하는 여성은 가족-집단주의 속에 묻히게 될 개연성이 높은 것이다.

가족-집단중심주의로 움직이는 사회에서의 경험과 편의주의와 손잡은 현대교육의 공통경험을 가지고 있으면서도 동기의 차이에 따라 전혀 다른 의식을 가진 두 유형의 여성을 낳는다. 이 두 유형의 여성들은 여성으로서의 공통된 이해관계를 가지고 있지 않으므로 서로 의사소통이 없는 절연상태를 보이고 있다. 자기가 소속하고 있는 특정집단과 자기

가족에의 집착 때문에 '나의 집단'과 '너의 집단,' '나의 가족'과 '너의 가족'의 구별을 뚜렷이 한다. 또 집단주의의 심리적 영향 때문에 집단을 위해 개인이 무시될 수 있고, 더욱이 여성 스스로가 집단을 위해 희생하는 것을 당연하게 보도록 한다. 그렇게 되면 이 여성 스스로도 자기 자신인 '나'를 무시하게 된다. 또 다른 한편으로 성취동기를 가지고 성공한 여성의 경우에는 다른 여성인 '너'를 무시하기가 쉽게 된다. 남·여 사이의 차별과 비협조에 앞서서 여성은 다른 여성들을 차별하고, 서로의 이해를 얻지 못하고 만다.

스스로 '내'가 긍정적인 자기개념을 가질 때 '너'도 긍정적으로 보아 서로 밀접한 관계를 맺고, 자신을 초월하는 도덕적 관계가 가능한 것이다.[33] 철저한 이웃 사랑과 자기 존엄성에 대한 철저한 자기 사랑이 넘나들 수 있는 가치체계이다. 이런 풍토에서는 여성 사이의 공통의식이 있을 수 있다. 그러므로 여성의 상호이해는 여성의 독자성이 전제되고 독자적일 수 있는 여성을 이해하는 데는 '독자적 개념'이 '자기개념'의 바탕으로 깔려 있어야만 한다.[34] 집단주의에 압도되어버린 개인은 자기개념

---

33) E. Erikson의, 이론은 자기의 참모습과 됨됨이를 분명히 해야만 다른 사람과 긴밀한 관계를 맺고살 수 있는 사람이 된다고 본다. 그의 *Childhood and Society* (New York: W. W. Norton, 1963) 247-274쪽을 볼 것. 에릭슨의 이론에 대한 소개는 문 은희, "윤리의 심리분석가 에릭슨," 「현상과인식」, 6권 3호(1982년)을 볼 것.

34) P. Ariès, *Centuries of childhood,* R. Baldick(옮김)(New York: Vintage books, 1962), 128쪽.

이 독자적일 수 없기 때문에 스스로의 동기를 인지할 능력이 제한을 받게 된다. 여성 사이에서 동일시할 수 있는 가능성은 독자적인 '나'와 '너'의 관계에서 이기적인 편의주의를 극복한 경우에만 나타날 수 있다. 독자적 인간으로서의 여성들이 여성들의 이해관계를 진지한 자세로 함께 볼 수 있어야만 여성문제의 논의의 마당이 넓게 트인다. 철저한 독자성 위에서만 서로의 이해와 동정이 가능할 뿐 아니라 가족—집단주의와 이기적 편이성도 극복할 수 있다. 성취개념을 배운 현대여성들은 "자기 성취를 위해 일하겠다"는 의사표시를 한다. 이렇게 표면적으로는 성취지향적인 말을 하면서도 결혼하기 전까지만 일하려 하는 의사를 보여주기도 한다. 졸업 후 2~3년 또는 기껏해야 5년만 직장 생활을 하겠다고,[35] 여대생들은 일을 시작하기도 전에 물러서듯 하는 자세의 의사표시를 한다. 기혼녀를 채용했던 모 기업체에서 남편의 동의서를 받아서 채용했고, 또 그렇게 해서 채용된 기혼녀들 가운데 얼마 되지 않아서 그만둔 이들의 이유가 시부모의 반대 때문이었다고 한다. 가족주의와 편의주의에 따라서 독자성을 갖지 못하게 되는 연유를 보여주는 사실들이다. 또 취업한 여성들에게 가해오는 집단적 압력은 여성들로 하여금 스스로 그만두도록 만드는 이유가 되기도 한다. 일을 시작할 때부터 독자성 없이

---

35) 23)의 리크루트 조사결과

출발한 여성들의 경우에는 주변에서 짓누르는 압력과의 갈등에서 문제를 극복하려는 의지를 일찌감치 포기하게 된다. 여성의 기본권 수호의 원칙을 가지고 투쟁하려는 뜻을 가진 여성을 찾기가 아주 어려운 것이다. 부정적인 사회의 추세에 거슬러서 여성이 스스로의 존엄성을 옹호하려고 할 때는, 독자적인 자기개념 위에서 문제를 파악할 능력이 있어야 하고 또 이를 정확하게 전달할 수 있어야만 한다. 우리나라의 많은 여성들은 자신의 문제를 파악하고 논리적으로 전달할 방도를 갖추고 있지 못한 것 같다. 이럴 때 여성지도자들을 이러한 능력을 갖추고 있어야만 여성지도자로서의 자격이 있다고 할 것이다. 학력만 높다고 여성지도자가 될 수 없음은 다시 말할 필요조차 없을 것이다. 그들의 보호자 노릇을 할 수도 없으며 또 그렇다고 자처해서도 안 된다. 어느 계층의 여성들에게나 독자적인 자기개념을 가지고 자신들의 문제를 파악해서 고발할 수 있는 주체적 능력이 요청된다. 서로 다른 부류에 속한 여성들 사이에도 다른 여성들의 말을 존중하는 태도로 들어 주고, 협력해야 할 것이다. 정녕 독자적인 개념을 지닌 여성들 사이에는 '지도자'와 '추종자'의 구별이 있을 수 없는 것이며, 있다면 학력, 연령, 직위와 같은 온갖 사회적인 위치와 전연 관계없이 오직 "누가 더 독자적인가"하는 데서만 그 지도력이 가늠될 뿐이다.

맺음말

옛날 여성은 집안의 열쇠꾸러미를 가졌기에 지위가 높았다고도 해왔다. 정말 그럴까? 자아성취를 위해 취업해야 한다면서 여성들은 단순노동직에서 반복작업을 해야 하는 것을 어떻게 합리화할 수 있을까? 국가경제정책과 인구정책에 따라 인간 여성의 값어치가 오르내릴 때 여성은 오직 통계수치로서의 평가대상일 뿐이지 자존적 주체자가 되지 못한다.

어린이에 대한 독자적인 개념 없이는 어린이를 이해할 수 없다고 한 아리에[P. Aries]의 말과 같이, 여성에 대한 일체의 논의도 여성에 대한 독자적인 개념을 찾는 것에서부터 출발해야 한다. 여성이 일을 하지 않고 살아온 역사가 없었고, 여성이 존중받는 정도에 따라 진보와 퇴보를 논한다 해도[36] 스스로에 대한 독자적 개념을 여성이 갖지 않고는 여전히 공허한 말로 그치게 된다. 우리는 여성의 독자적 자리에서 여성에 관한, 여성과 남성에 관한, 아니 인간 일반에 관한 신화와 '옛날이야기'를 만들어야 하고, 그렇게 해서 여성들이 가능성의 기회를 자기의 입장에서 인지할 수 있게 해야 한다. 스스로 독자적인 자리에 서서 성취동기를 가지

---

36) Sheila Lewenhak, *Women and Work* (Glasgow: Fontana, 1980), 9쪽.

고 가족과 집단에 기여하는 것과, 독자적인 자리에 서서 성취동기를 가지고 가족과 집단에 기여하는 것과, 독자적인 자기를 잃거나 갖지 못한 채 가족과 집단 그리고 편의의 압력에 의하여 성취동기를 갖게 되는 것은 차원이 다른 것이다. 열등과 피지배 집단으로서의 여성심리의 인식과 극복도 독자적 발판에서만 가능한 것이다.

여성의 행위를 연구하는 데에서 남성과 대비시켜 논의한 입장들이 오래도록 지배해왔다. 프로이트, 아들러와 밀러는 남·여를 대비한 일면의 이론을 각기 보여준 이들이다. 이들이 공통적으로 밝힌 바, 어떤 문화나 거의 다 겪고 있다는 남·여의 문제는 우리나라에도 예외 없이 존재한다. 그러나 남·여의 문제라는 통상적인 생각에서 더 나아가 동기의 맥락에서 우리나라의 여성들과 또는 여성집단들 사이의 문제를 주목할 필요가 있다. 이 글은 이런 맥락에서 여성 사이의 간격과 단절에 주목하고자 했다. 우리는 이런 현상에 관심을 두어야 한다. 여성들은 남성의 도움이 필요하다고 손 내밀기 전에 여성끼리 이해하고 포용할 힘을 키워야 한다. 그러기 위해서도 여성 사이의 문제와 여러 갈등세계에 대한 바른 이해가 있어야 하는 것이다.

– 「현상과 인식」 (7권 3호, 1983)

04

집안과 일터에서
기대되는 여성의 자질

우리나라에서 여성을 위한 정규교육이 시작된 것이 남보다 그다지 늦은 것도 아니고, 여성들이 전문교육의 기회를 갖기 시작한 것도 한 세기가 넘었지만 여성의 참여는 다른 나라에 비해 활발하지 못하다. 제도를 바꾸어보기도 하나 그 성과는 뚜렷하게 보이지 않는다. 이것은 여성문제를 심각하게 생각하는 사람들이 답답하게 여기는 바다. 특히 결정적인 자리에서 뭇 여성의 삶에 근본적인 영향을 미쳐 변화를 가져올 수 있는 경우는 극히 드물어 여성의 복지가 개선될 수 있는 전망은 가까이 보이지 않는다. 우리나라 여성의 위상을 향상시키는 일은 결국 사려 깊은(?) 남성들의 선심에 의존하게 되어 있다고 할 수밖에 없다. 여성들이 판단에 따라 문제를 파악하고, 그에 적절한 해결방안을 주체적으로 선택하고 실천하는 기회를 갖지 못하고, 의존적인 수혜자의 자리에 머물러 있어야 할 형편이다. 교육이 스스로 설 수 있는 사람을 기르는 것이 목표라고 할 때 한국의 여성교육은 제자리걸음을 한 셈이다. 겉보기에는 자유롭게 활동하는 듯이 보이지만 오히려 뒷걸음질한 것이다.

남성중심사회에서 아직도 차별받고 있다고 판단하는 서구의 여성들은 그 차별상황을 연구하고 공평하게 서로 존중하는 평등한 사회를 만들기 위해 여성들이 협력하고 고발하며 서로 지원하는 처지를 아직도 벗어나지 못하고 있다고는 하지만 여자 수상, 여자 대통령이 짙은 양복으로 표현되는 남성세계를 당당하게 이끌어가고 있는 경우들이 있다.

(비서구세계에도 여성정치지도자들이 있으나 대개 아버지나 남편의 후광이 실마리를 만들어 그 자리에 오르게 되었다는 것이 다른 점이라고 할 수 있다.) 그들은 이른바 여성다운 특정분야에만 몰리는 것이 아니라 정치, 경제, 문화의 각 분야에서 착실하고 자신 있게 제 구실을 찾으려는 것 같다. 국방과 외교 등 중요한 장관자리를 여성이 차지하고 있는 핀란드는 여성국회의원의 수도 40%가 넘는다. '남성문화'의 극이라 할 수 있는 군사문제에 관한 전문가로 젊은 여성이 발언하는 것을 우리는 다만 놀랍게 여길 따름이다. 우리의 경우 활동하는 여성의 숫자도 적지만 그나마 그것도 여성들이 몰리는 특정분야에 집중되어 있다.

이렇듯 우리나라 여성들이 위축되는 요인이 무엇인가에 대해서 '바깥'에서 원인을 찾으려는 연구는 꽤 되어 있고 또 정책에 반영해서 여성의 참여를 저해하는 요인을 제거하려는 노력도 있었다. 바깥요인인 제도적 장치와 조건을 바꾸는 데 기여할 수 있는 연구도 해야겠지만, 여성의 참여가 저조하게 되는 '안'의 요인을 찾는 일도 연구해야 한다. 행동의 동기, 자기개념, 가치관, 태도와 같은 눈에 보이지 않는 요인들이 바뀌지 않는 한 아무리 잘 갖추어진 장치도 쓰지 않거나 잘못 쓸 수 있다는 것을 우리는 너무나 오래 보고 겪어왔기 때문이다.

여학생이 더 우수하거나 여학생들의 숫자가 더 많은 학과에서도 여학생을 학자로 키우지 않고, 여교수를 쓰지 않는 것은 이 점을 잘 보여주는 보기이다. 여학생을 키우지 말라는 제도도 없으며 여교수를 채용 못할 법규도 없는데 말이다. 어느 여학교의 여자교장이 남자선생만을 채용하려 한다는 지적을 주변에서 받은 적이 있는데, 그 까닭도 바깥제도의 문제가 아니라 안의 심리적 판단에서 찾을 수밖에 없다. 특정대학의 학과교수들과 여자교장의 태도, 믿음, 견해 같은 내적 요인이 중요하다는 말이다. 그것은 물론 어느 특정학교 여교장이나 어느 특정학과 교수만의 문제가 아니다. 여성의 참여를 관장하는 '힘을 가진' 사람들이 여성에 대해서 어떤 견해를 가지고 있는지 여기서 살펴볼 필요가 있다. 이들은 여성의 특성, 능력에 문제가 있다고 말할지도 모른다. 사실상 그렇게 믿는 그들의 '신념' 때문에 여성이 적극적으로 참여할 수 있는 길이 막히는 것이다. 이런 '가려진 배제implicit exclusion는 드러나지는 않아도 실제적인 차별 구실을 톡톡히 하고 있고 숨겨져 있어서 이를 고치기는 더더욱 어렵다.[1] 참여하기를 희망하는 여성들의 갖춤이 진정 객관적으로 그렇게 문제가 있는 것일까.

여성들이 갖추고 있는 심리적인 특성, 능력에 대해서 논의하는 것은 상당히 민감하고 어려운 논쟁을 불러일으킬 수 있다. 여성은 남성과 다

---

1) N. H. Youssef, "Women's Access to Productive Resources,"J. Peters / A. Wolper (엮음), *Women's Rights, Human Rights: International Feminist Perspectives* (New York: Routledge, 1995).

름없이 같은 능력과 특성을 갖추고 있다고 굳게 믿고 주장할 수 있는 반면, 사회·문화적으로 주어지는 성별로 해서 남녀는 각기 다른 특성과 능력을 가지고 있다고 할 수도 있기 때문이다. 사람의 특성과 능력이 타고난 생물학적인 것만으로 결정되는 것이 아니라고 한다면 여성도 사회문화적인 기대 속에서 만들어지고 변형될 수 있다고 볼 수 있다.[2] 그러기에 여성에 대한 사회·문화적인 기대가 어떤 것이냐 하는 것에 따라 여성의 능력과 특성이 영향을 받을 것이고, 우리의 경우 그 기대가 남달라서 여성의 역할을 남달리 축소하고 있다고 볼 수 있을 것이다. 그러기에 이 글에서는 여성의 특성과 능력을 따로 떼어서 생각하지 않고 가정의 안팎에서 여성에게 기대하는 것이 무엇인가를 찾아보려 한다. 남성의 특징과 능력을 논한다 해도 마찬가지로 기계적으로 따로 떼어내어 생각하기보다는 심리적인 삶의 터인 집 안팎에서 기대되는 특성으로 볼 필요가 있다. 왜냐하면 남녀 누구나 사회·문화적인 터에서 서로 영향을 주고받으며 자신의 특성이 형성될 뿐 아니라 그 특성을 가지고 함께 살아가기 때문이다. 어떤 식으로 영향을 주고받느냐 하는 정도와 방식의 차이가 있을 뿐, 사회·문화적인 기대와 전혀 상관없이 자신의 개념을 형성하고 살아갈 수 있는 사람은 아무도 없다. 자신에게 주어지는 현실 속의

---

2) G. Levine, *Construction of the Self* (New Brunswick, New Jersey: Rutgers University, 1992).

기대를 나름대로 파악하고 나서 나름 최선의 노력으로 대처하고 해결해 나가는 자세로 살아가고 있다고 할 수 있다. 사람에 따라서는 어려움을 피하는 것이 최선이라고 여길 수도 있고, 마주쳐 대결하는 것이 최선이라고 여길 수도 있다. 어떤 경우이든지 현실에서 여성에게 기대하는 것이 무엇인지 먼저 제대로 알아야 하기 때문에 그 기대하는 내용을 바르게 알려고 하는 것은 가치 있는 일이다.

바깥에서 여성에게 기대하는 기준과, 그것에 영향을 주고받으면서 형성된 여성의 자기인식 및 자기정의, 그리고 남성중심사회에서 남성과 여성이 서로 달리 판단하고 행동할 수 있다는 사실이 용납되지 않고 오로지 남성의 의식으로 판단기준을 삼는 것에 문제가 있다. 이 세 가지 요인이 어울려서 "우리나라 여성 가운데는 쓸 만한 인물이 없다," "여성의 생산성이 낮다"고 정책집행자들이 단정하기도 한다. 여성이 근거 없이 잘못 평가되면서도 그 잘못의 원인이 내적인 요인에 있다는 것을 보지 않고 지나쳐버린다면 결국 여성들은 언제까지나 '원인 모를 병'을 벙어리 냉가슴 앓듯 앓게 될 수밖에 없다. 그러기에 여성 자신들에게 기대하는 것이 무엇인지를 분석해서 적절하게 대처할 자세를 갖추고 있어야 한다. 서구의 여성들과 같은 문제를 가지고 씨름하는 것도 있겠으나 이 글에서는 우리나라 여성의 남다른 독특한 모습과 삶의 이야기를 해석하는 데 초점을 맞추려 한다.

오늘의 우리나라 여성을 향한 분열증적 기대

현대교육을 받은 우리나라 여성들에게 거는 기대의 혼란은 여성이 자신을 파악하고 정의하는 데 심각한 갈등을 자아낸다. 교육이 강조해 온 학업 성취, 독자성, 판단력, 지도력, 창의성, 감수성, 지구력 같은 기대의 내용은 학교 바깥세계에서 기대하는 전통적인 가정 중심의 역할 수행, 순종과 양보, 희생들과 전혀 다른 신호를 여성에게 보내고 있다. 전통적인 교육만을 받아 온 윗세대 여인들은 일관성 있게 자신의 역할을 수행하고 자기다움을 혼란 없이 지킬 수 있었다. 그러나 오늘의 상황은 다르다. 현대교육의 과정을 거치는 동안에는 여성도 남성과 다름 없이 개인으로 경쟁할 수 있었다. 옆자리에 있는 남학생보다 못할 것이 없다는 것을 확인하며 당연하게 서로 받아들이고 개인으로 인정받으며 자라왔던 것이다. 그런데 교육의 과정을 마치고 나면 바로 '단지 여성이라는 것' 때문에 교실에서 강조 받던 행동특성과는 전혀 다른 행동특성을 여성에게 기대한다. 표면적으로는 여성도 능력껏 차별 없이 활동해야 한다고 하면서 가슴으로 기대하고 바라는 것은 전통적인 여성역할을 수행하는 것이다.

여성학과목을 택한 대학생들에게 학기 시작하는 첫 시간에 '여성에게 기대하는 것'이 무엇인가를 물었을 때 거의 대부분의 남학생들이   "

여성과 남성 구별 없이 능력껏 활동해야 한다"며 현대교육에서 배운 대로 교과서적인 말을 하였다. 그리고 말꼬리에 "그러나 여성은 여성다워야 하고 여성 고유의 역할을 다 해야 한다"는 것을 덧붙여 강조하였다. 좀 더 설명적인 학생들은 "어머니들이 그러셨듯이 남자에게 순종적이기를" 기대하고, 구체적으로는 '직장 포기'를 보기로 들면서 남성과 가정을 위해 희생하기를 원한다고 그들의 본심을 드러내기도 하였다. 여학생들에게는 '사회가 그들에게 기대하는 것'이 무엇이라 생각하는가를 물었는데, 우선 부모들이 자신들을 남자 형제들과 달리 대해준다고 하면서 부모는 여전히 "시집 잘 가는 것이 제일 중요하다"는 것을 강조하고 있다고 하였다. 이것이 20세기의 막을 내리려는 이 세대의 젊은 여성이 숨쉬고 살아가는 환경이다. 어느 여학생의 표현을 빌리면, "공부도 중요하지만 그보다 모 여자대학에 가서 멋내는 것도 익혀, 곱게 꾸미고 시집 잘 가는 것이 제일이라"고 부모가 권했다고까지 하였다. 여성에 대한 기대는 이처럼 이중적이고 모순적이다.

가정과 학교에서 그런 기대를 받지 않고 지낸 경우라도 사회에 나가서 활동하면서 차츰 그 같은 기대를 의식하게 된다. 한 여의사의 경우, 의과대학에 다닐 동안은 자신이 남자와 다른 존재라는 생각을 하지 않았다고 한다. 인턴을 거쳐 수련의를 뽑는 경쟁과정에 들어서니까 "아, 내가 여자였구나!" 하는 것을 뼈저리도록 의식하게 만들더라는 것이다. 성취의 수준을 기준으로 삼지 않고 여성으로 태어났다는 것, 곧 자신의 노력으로 바꿀 수 없는 사실 때문에 경쟁의 자리에서 제외되었다고 했다. 같은 자연과학을 공부한 부부가 미국에 가서 박사학위를 받고 귀국했는데 남편은 모교에 취직이 되었고, 더 좋은 대학에서 학위를 받았고 연구도 많이 한 그 부인은 취직하지 못한 경우도 있다. 처음 귀국하여 인사하러 갔을 때 옛 스승이 어떤 분야를 연구했는지 묻지도 않았으며 아예 학문적인 것과는 관계없는 사람 취급을 하더라는 것이다. 그러니 이제까지 교육에서 기대하고 평가해온 성취와 경쟁이라는 방식과는 전혀 다른 대처방안을 마련하지 않으면 안 되는 혼동을 경험하게 되었다는 것이다.

여성들이 생애의 어느 단계에서 이 같은 혼동을 겪게 되는가 하는 것의 차이는 있을지 모르나 거의 모두가 공통으로 이 같은 경험을 하게 된다. 결혼할 때가 그때일 수도 있고, 자녀를 출산하고 기르는 단계가 바로 그때일 수 있다. 개인단위로 자유롭게 자기 혼자만을 책임지며 살아오던 여성도 결혼·출산과 더불어 남편, 시댁 식구들, 자녀들을 포함하는 복수적인 큰 단위로 행동할 것을 요구받게 되는 데서 갑자기 변화를 요구받게 되기 때문이다. '개인'에서 '포함'으로 옮겨가는 중에 자신에게 기대하는 것이 바뀌는 것을 깨닫고, 이에 맞추어 자기개념의 변화를 겪어야 하는 혼동과 갈등을 수없이 반복하게 된다. 개인단위로 자신만 책임지면 되던 시절과는 달리 책임져야 할 사람의 수가 많아진 것이다. 혼자 비교적 간편하게 그리고 명확하게 판단하던 것이 포함된 사람 수만큼 판단하는 주체의 수도 많아져서 복잡해진다. 관심을 주어야 할 사람들이 많아졌기 때문에 결혼 전같이 한 가지 일에 집중할 수 없는 처지로 바뀌게 된다.

여성들의 심리적인 갈등과 죄책감은 '개인'과 '포함'이라는 두 단위의 가치가 서로 부딪치는 데서 비롯된다. 전업주부는 '포함'하고 있는 가족들의 기대에 따라 살면서 '개인'으로 성취할 수 있는 것을 포기해야 하는 것에 불만을 느끼게 된다. 취업주부들은 '개인'으로 활동하는 것에는 만족할 수 있으나 자신이 포함하고 있는 사람들의 기대에 부응하지 못한다는 죄책감을 갖게 된다.[3] 그러다 보니 비교적 바깥일에만 집중할 수 있는 남성들과는 달리 여성들은 집 안팎의 잡다한 일을 다 책임져야 하는 현실적인 어려움을 겪는다. 그런데 이렇게 특정한 여성의 역할을 이런 식으로 수행해야 한다고 기대하는 심리적인 바탕은 무엇일까. 남녀가 서로를 보는 의식·무의식적인 인식에 따른 자기개념이 남녀 서로에게 기대하는 태도의 바탕이 되고 또 남녀 사이의 관계와 역할을 만드는 데 심리적인 기본이 될 것이다. 그러기에 서로의 존재를 어떻게 인식하고 관계를 맺고 유지하는지를 들여다볼 필요가 있다.

---

3) 문 은희, "오늘을 사는 여성의 갈등," 「사회이론」 14권 (1995년 봄).

남녀 간 인식의 심층분석

서구에서 여성의 심리적 구조와 특성을 남성의 안목으로 해석한 대표적인 사람은 프로이드^{S. Freud}이다. 그는 심층심리분석이라는 도구를 가지고 남성을 부러워하는 존재로 여성을 해석하는 이론을 만들었다. 특히 오이디푸스 시기의 경험이 남녀의 성차를 확정하는 데 제일 중요한 요인이라고 보았기 때문에 그로서는 자연히 아버지와의 관계를 강조했어야 했다. 편견에 가까운 그의 생각과 해석을 여기에서 새삼 논할 필요는 없다. 호나이^{K. Horney}, 클라인^{M. Kline}과 같은 여성분석가들에 의해서 그의 편파성이 지적되었고 남녀의 특성이 발달하는 그 시기에 어머니의 역할이 얼마나 중요한가 하는 것도 상당히 드러났다.[4] 특히 쵸도로우[5]는 서구사회의 사회·문화적인 이념과의 관계에 착안하여 남성과 여성의 관계를 설명하고 있다. 이른바 개인의 독자성이 바람직한 것이라고 하는 것을 이념으로 삼는 서구사회의 핵가족 안에서 어머니와 자녀 사이의 관계가 남녀 서로를 향한 서로의 자세를 결정하는 데 중요한 요인이 되고 있다는 것을 그는 심층심리분석으로 해석·설명하고 있다. 개인단위로

---

4) J. Sayers, *Mothering Psychoanalysis* (London: Penguin, 1991)

5) N. J. Chodorow, *Reproduction of Mothering: Psychoanalysis and the Sociology of Gender* (Berkeley: University of California Press, 1978), *Femininities, Masculinities, Sexualities: Freud and Beyond* (London: Free Association Books, 1994).

남에게 의존하지 않고 철저히 자기를 조절하는 것이 바람직한 것이라고 여기는 서구사회에서, 특히 남성은 독립적인 것이 기본적인 성숙의 특성이라 여기기 때문에 어린 시절부터 부모에게서 심리적으로 떠날 것을 요구받게 된다. 어머니에 대한 자연스러운 애착을 가지고 어머니를 떠나고 싶지 않으면서도 또 한편으로는 어머니로부터 분리되어 독립적인 존재가 되기를 기대 받는 상반된 역학관계를 일찍부터 겪는다. 일찌감치 어려움을 겪고 독립을 이룩할수록 좋다는 사회의 기대를 힘겹게 받아서 무리하게 독립하려 하게 된다.

그런 과정에서 아들은 어머니로부터 떠나기 위해 어머니에게 무의식적인 방어기제를 쓰게 되어 어머니에 대한 애착의 반동으로 어머니를 오히려 증오하고 자신의 마음을 어머니로부터 떼어내서 멀리하려 하게 된다. 남성 심리학도인 쥬크스[6]도 여성에게 폭력을 행사하는 남성들의 문제를 해결하려 노력하다가 발견한 것이 남성이 여성혐오증 때문에 여성에게 폭행하게 된다는 것이었다. 그는 쵸도로우와 비슷한 생각으로 논지를 전개하고 설명하였다. 남자 어린이의 역량으로는 감당할 수 없을 만큼 지배적인 큰 힘을 가진 강한 어머니와 언제까지나 편안히 사랑을 품고 있을 수 없다는 서구사회·문화의 이념 때문에 어머니를 마녀 같은 존재로

---

6) A. Jukes, *Why Men Hate Women* (London: Free Association Books, 1993).

본다는 것이다. 여기에서 '강한 어머니'와 '약한 아내'라는 대조적인 여인 조합combination이 만들어진다. 강한 어머니로부터 분리하는 개별화 과정에서 다른 사람과 사랑하는 밀접한 관계를 형성하는 데 필요한 요인이 약화될 뿐 아니라, 어머니같이 강한 또 다른 여성을 거부하고 강한 여성에게 심리적으로 의존하는 관계를 맺게 되는 것을 두려워한다. 그리하여 사랑과 성을 분리하게 되고, 주저함이나 거침없이 신뢰하고 대등한 여성과 밀접한 사랑의 관계를 맺지 못하여, 약한 여성을 찾아 힘으로 지배하려고 한다는 것이다. 남성이 힘을 휘두를 대상은 '약한 아내' 몫이 되는 셈이다. 신데렐라는 여성의 의존성을 대표하는 존재이기보다는 약한 여성을 소망하는 남성의 필요에 따라 만들어진 배역이라 할 수 있다. 심리적으로나 언어 또는 신체적인 폭력의 대상이 되어주기를 여성에게 강요하는 것도 남성 자신의 문제에 원인이 있는 것이다. 고급예술로 승화된 400여 년 전 셰익스피어의 연극에 등장하는 열정적이고 낭만적인 남녀의 사랑도 강한 어머니와의 관계를 이해하는 데서 창조된 것이라고 보는 연구자의 흥미로운 해석[7]도 이런 서구문화를 배경으로 하는 분석학적 이해에 기초를 둔 것이라 할 수 있다.

---

7) J. Adelman, *Suffocating Mother: Fantasies of Maternal Origin in Shakespeare's Plays, Hamlet to Tempest* (New York: Routledge, 1992).

서구문화에서는 개인의 독자성이 바람직한 것이라고 보기 때문에 다른 사람과 서로 의존하는 인간관계는 퇴영하는 것이라고 여기는데, 이것은 서구심리학자들 대부분이 동의해온 것이다. 길리건[8]이 여성의 도덕성 발달을 연구하여 독자성만큼이나 인간관계가 기본적인 것임을 떳떳이 논하기까지, 이들 서구심리학자들은 개인으로 뿔뿔이 흩어져서 하는 행동만이 제대로 된 바른 것이라고 의심 없이 믿고 살아온 것이다. 윗입술을 굳히고 자신의 행동을 조절하는 서구인들이 서로 의존하는 것을 피하면서 다른 사람과의 관계에서 진정으로 자신을 찾을 수 있다는 것을 경험하고 인식하기란 실로 어려운 일이다. 자신의 경계를 철저히 지켜야 한다는 생각에 젖어 살고 있기 때문에 길리건과 그의 동료들의 제안에도 불구하고 남성중심의 추상적인 정의로움만을 도덕의 보편적인 덕목으로 주장하는 사람들은 '책임'이라는 인간관계의 본질적인 덕목을 여전히 받아들이지 않고 있다. 남성들만이 아니라 여성들 가운데도 여성에게 인간관계의 가치를 강조하는 것은 여성의 열등한 지위를 더욱 강화하는 것이라고 보아 여성들도 개인성취중심의 태도를 채택해야 한다고 이를 옹호하는 경우도 있다.[9] 이것은 기본적으로 인간관계를 부

---

8) C. Gilligan, *In a Different Voice: Psychological Theory and Women's Development* (Cambridge MA: Harvard University Press, 1982).

9) J. C. Tronto, *Moral Boundaries: A Political Argument for an Ethic of Care* (New York: Routledge, 1993).

정적으로 보는 문화, 개인의 독자적인 성취를 권장하는 사회가치의 소산이라고 할 수 있다.

개인의 독자성이라는 논리와 이념으로 남녀 모두의 행동을 설명할 수 있다고 믿어온 심리학의 이론은 여성의 경험에 눈감고 여성의 소리에 귀막아서 덮어두고 무시해왔던 것이다. 그러나 실제로 딸들의 경우 아들들과 달리 어머니로부터 무리하게 분리하지 않아도 되어 '모성역할 재생산'에 무리없이 참여하게 된다. 어머니로부터 분리·독립해야 하고 그의 사랑을 억지로 부정해야 하는 아들보다 어머니의 사랑을 완전히 받아들이고 또 되돌릴 수 있는 상호관계^{mutuality}를 딸들은 즐길 수 있다. 여성이 인간관계를 아끼고 거기에 깊은 관심을 두는 데 반하여 남성은 여성을 힘을 행사할 대상으로 삼았기^{objectify} 때문에 진정한 의미의 대화관계를 잃고 만 것이다. 이 같은 현상을 잘 보여주는 것이 인간관계에 대하여 남녀가 갖고 있는 관심의 차이이다. 그 보기로, '우리가 어떻게 만났는가^{How we met}'라는 정규 기획란의 내용을 들 수 있다. 여기서 가까운 유명 인사들의 서로에 대한 관심이 드러나고 있다.[10] 남성들의 만남은 주로 일로 시작하여 일로 일관하고 있다. 서로에 대한 느낌보다는 서로의 일을 칭찬하고 협력하며 감사하고 소중히 여긴다. 그런데 전문직을 가진

---

10) L. Hunt, "Mothers can love danger too," *Independent on Sunday*, 1995년 8월 20일.

136

이라도 여성의 경우는 다르다. 같은 또래아이들이 있다든지 양쪽의 남편들이 가까운 친구라는 것이 그들에게는 중요하다. 여성 자신들의 일을 지원하고 지지받는 경우도 심리적으로 서로 지원하는 것을 제일 고맙게 여긴다. 남녀의 만남인 경우 여성은 정서적으로 보살피는 관계이거나 남성에게서 정서적인 것을 소중하게 집어내고 있다.

최근 미국에서 인간관계의 상실을 절감하는 남성들이 이를 개선하기 위해 큰 축구장에서 대대적으로 남성들만의 집회를 가진다고 한다.[11] 가족관계가 중요하다는 것을 강조하고 키우려 한다면서 여성의 참여를 금지하고 남성들끼리 모이고 있다는 것이다. 아내 사랑할 것을 서약하고 사랑하는 방법을 배우는데 여성의 이야기를 참조하지도 듣지도 않으면서 남성들이 일방적으로 하고 있다는 것이 얼마나 부자연스러운 일인가를 고려하지 않고 있다. 남성만이 주체자이고 여성은 남성의 대상으로 남아 있기 때문에, 여성은 대화하고 교류할 주체자가 아니라고 여기기 때문에, 여성의 의견을 듣는 것이 생소하고 거북한 것이다. 여성의 참여 없이 남성들만이 주도하여 자신들이 사랑한다고 하는 여성이라는 대상에게 사랑한다는 표현을 일방적으로 하면 된다고 하는 주장이다. 자신들에게서 혜택을 받거나 피해를 입거나 여성들은 남성들의 주도적 행

---

11) M. Heller, "Coach Bill, The; Guys, and God," *Independent on Sunday,* 1995년 7월 23일.

동에 피동적인 대상일 뿐이라고 여기기 때문이다. 여성들이 갖고 있는 인간관계에 대한 관심 같은 것은 남성들이 말하는 '사랑'에서는 찾아볼 수 없다는 말이다. 자신에게 보호받고 의지할 약한 여성이라는 대상으로만 필요할 뿐이다.

여성들을 대상화한다는 점에서 최근 영국 심리학대회에서 발표한 부룩스-고든의 연구는 흥미롭다.[12] 런던 증권가에서 남성들이 여성동료를 어떻게 인식하고 있는지를 현장에서 참여 관찰한 결과이다. 남성들이 여성을 극히 성적인 존재로 본다는 것인데 그 기준이 여성의 나이, 외모 그리고 옷차림 같은 것이었다. 젊고 매력 있는 여성은 전문인으로 대하지 않고 데이트 대상으로 자기들의 손에 넣을 수 있다고 여기는 '아가씨babes'로 분류한다. 매력적이지 않고 수수한 옷차림에 화장기 없는 여성은 성적인 관심의 대상이 아니며 차 심부름이나 살림살이에 해당되는 잡일에만 연관시키는 '엄마mums' 같은 이라고 생각하고, 여권의식을 드러내는 동료는 '동성애자lesbians'라고 분류하며 여성들끼리 점심 먹으러 나가는 것조차 못마땅해 한다는 것이다. 남성같이 행동하고 자기들과 경쟁하려는 여성은 여성이 아니라 '자신들과 같은 남자one-of-the-boys'로 생각

---

12) B. Brooks-Gordon, "Struggling in the City," *British Psychological Society's Women and Psychology Conference* (Leeds)(1995).

한다고 한다. 능력을 인정받고 일에 대한 성의를 분명히 밝히고 적극적임을 알아줄 수밖에 없다는 것이다. 남성같이 행동할수록 여성으로 간주되지 않을 뿐 아니라 피해를 덜 받게 된다는 것이다. 예쁘고 젊은 여자도, 수수하고 화장하지 않는 여자도 생김새나 옷차림과 상관없이 일을 함께 하는 동료라고 봐주지 않고 남성의 성적 관심대상으로만 보는 남성의 즉각적인 반응이 위의 논문에서 지적되었다. 남성작가는 관심을 끄는 흥미 있는 사람이면 되지만, 여성작가의 경우는 예뻐야 책이 더 잘 팔린다고 하면서도, 또 한편 모양내기에 정신없어서 글 쓸 시간이 있겠느냐고 빈정대기도 하는 모순된 남성세계를 여성들이 헤쳐나가기가 어렵다는 것이다.[13]

그래도 소신껏 자신의 일을 해내고 꾸준히 맡은 일을 하면 같은 또래 남성세계에서 능력을 인정받을 수 있는 정도로 그 사회는 그나마 공평하게 보인다. 영국에서는 30대 이하의 여성변호사의 수가 남성변호사의 숫자를 넘고 있다고 한다. 이제 젊은 세대인 35세 이하 여성전문인의 수가 35세 이상의 여성전문인보다 많아졌다고 한다. 남성같이 활동할 수 있는 '아이 없이 일하는 여성'의 수입은 남성과 같아져 임금에 관

---

13) L. Ellmann, "Keeping young and Beautiful if you want to be read," *Independent,* 1995년 7월 30일.

한 이중구조가 부분적으로는 해결되고 있다고 한다.[14] 실제로 면담했던 한 여성은행지점장의 경우도 아이 없이 남성같이 일했다고 했다. 여성을 여성으로 대하지 않고 한 개인으로 보아야 일하는 동료로 자리매김되는 셈이다.

그런데 우리나라 사람들의 경우는 그들과 다르다. 길리건이 말하는 여성의 특성을 우리나라 여성에게서 찾을 수 있는가 하는 점이다. 이는 또한 우리나라 남성들이 여성들에게 기대하는 것이 서구남성들과 같을까 하는 물음과도 맞물려 있다. 서구인들이 개인의 독자성을 이념과 가치로 수호하려고 일찍이 어릴 적부터 어머니에게서 무리하게 분리되는 과정에서 남녀 사이의 어려움이 생긴다고 보았다면, 우리의 경우에는 어머니로부터 아이들이 언제까지나 떨어져 나가지 않아도 된다는 차이에서 다른 종류의 특성을 이루게 된다. 우리 문화에서는 어머니가 언제까지나 자녀를 자신의 행동단위 안에 포함하는 것이 자애로운 모성으로 자연스럽게 인정되고, 장성한 아이들도 평생토록 어머니를 자신의 행동단위 안에 포함하는 것이 이른바 효의 도리로 바람직한 것이라고 여기고 또 그렇게 실천하기를 기대되고 있다.[15] 서구의 어머니가 마녀로 그려진다면 우리

---

14) H. Wilkinson, "Baby, I just can't afford you," *Independent,* 1995년 8월 11일.

15) 문 은희, "우리의 문화 현상과 행동 특성", 「현상과인식」 18권 2호 (1994년).

의 어머니는 모든 짐을 희생적으로 대신 지는 순교자로 아이의 머릿속에 아름답고 숭고하게 그려져 있다고 할 수 있다. 서구에서 수입된 교육과 정신건강에 관한 이론의 영향을 받아 부모로부터 아이들을 일찍 심리적으로 독립시켜야 한다고 배웠으나, 누구도 그 방침대로 실천하고 있는 것 같지 않다. 서구 남성들이 가지고 있다는 여성혐오증이 생기는 심층심리적인 근거가 적어도 우리에게는 없다고 할 수 있다.

'어머니와 아들'이라는 세대 간의 관계가 서구인의 '개인'이라는 단위에 비교되는 단위라 할 수 있다. 부계가족제도가 생생하게 살아 있는 한 딸보다 '아들과 어머니'의 단위가 유지될 것이다. 쵸도로우가 말한 서구의 모녀 사이의 '모성역할' 재생산에 견줄 만한 것이 될 것이다. 시어머니와 며느리의 관계는 간접적이지만 며느리는 손자와 또 다시 '아들과 어머니' 관계를 이루기 때문에 결국 재생하는 데 공헌하게 된다.

어머니로부터 억지로 분리 독립하지 않아도 되기 때문에 개인 대 개인으로 남녀 사이에 빡빡한 긴장관계를 가지기보다는 어머니같이 여유 있게 자기들을 포함하고 보살펴줄 것을 우리나라 남성들은 여성에게 기대하게 된다. 우리나라 부인들은 남편을 아이들의 머릿수에 보태어 계산한다는 표현을 많이 쓴다. '우리 집 큰 아이'라고 농담같이 남편을 지칭하기도 한다. 여성에게 모성역할을 맡아주기를 기대하는 남성의 소망을 여성들이 받아들이고 있거나 적어도 인식하고 있다는 표시라 할 수 있다. 우리나라 남성들은 집 안팎에서 여성을 도구적 대상물로 삼고 있지 않을지 모른다. 보기를 들면, 서구에서와 마찬가지로 우리 사회에서도 여성에게 폭행하는 남성들이 적지 않게 있다. 그러나 폭행을 가한다는 똑같은 현상에 대한 원인과 해석이 다를 수 있다. 서구남성의 경우 여성혐오증이 표출된 경우라고 한다면, 우리의 경우는 자신에게 포함된 여성에게 하는 행위로 가정의 문제나 자신이 함께 개입되어 있는 동기가 작용한 데서 나온 것일 수 있다. 폭력의 사용도 그 의도에 따라 구분할 수 있을 것이다.

서구남성들이 자기들이 어떤 종류의 힘을 행사하는가를 솔직하게 표현하고 있는 한 글에서, 남성들은 주로 도전을 받은 대상을 향해 위협하는 힘threat power과, 가치 있는 상품을 생산하고 교환하는 힘exchange power, 이 두 가지 힘에만 관심을 쏟고 있다는 점을 적었다. 그런 데 비해서 여성들은 사랑, 양육, 의리 같은 인간관계를 얽어 맺는 통합의 힘integrative power을 가지고 있는 것이 아니냐고 남성들 스스로 여성을 반성의 거울로 삼아 여성에게 배우고 스스로를 바꾸어야 한다고까지 지적하고 있다.[16] 그러나 똑같은 힘의 행사도 우리나라 남성의 경우는 오히려 서구여성이 보여주고 있다는 통합의 힘을 사용할 가능성이 보인다고 할 수 있다. 앞

---

16) T. A. Kupers, *Revisioning Men's Lives,* (New York: Guilford Press, 1993).

서 말한 폭행에 대한 보기는 우리의 경우 통합의 힘을 나쁘게 휘두르는 불행한 경우라고 할 수 있을 것이다. 아내에게 폭력을 쓰면서도 미워서가 아니라 '사람 만들기 위해서 때린다'거나 다른 가족구성원들과의 관계가 개입된 사실들이 많은 것을 볼 수 있다.[17] 건강한 대부분의 남성들이 포함하고 있는 여성을 위하는 긍정적인 통합의 힘을 발휘할 가능성이 높다는 밝은 이해를 가져본다.

집안(사적인 영역)과 일터(공적인 영역)에서의 남녀인식

'개인'을 단위로 행동하는 서구인과 우리는 다르다는 차이의 성격을 마음에 두고, 집안과 집밖이라는 삶의 사사로운 영역과 공적인 영역을 검토해보아야 한다. 전통적으로 내외(內外)의 구분이 심했던 우리 사회에서 경직되어 있던 성역할 구분이 여성에 대한 기대를 값 매김 하는데 중요한 요인이 될 수 있기 때문이다. 아들이나 딸을 어머니로부터 억지로 분리 독립시키지 않는 양육태도와 연관되어 있는 포함의 특성과, 집안팎으로 분화되고 고정화된 전통적인 성역할의 익힘이라는 요인이 어

---

17) 한국여성의전화(엮음), 「그는 때리지 않았다고 한다」 (서울: 그린비, 1993).

떤 조합을 이루는지를 관찰하고 이해할 필요가 있다. 개인과 통합이라는 요인의 축과 공(公)과 사(私)라는 요인의 축이 서로 맞물려 펼쳐지는 특성을 보아 우리나라와 서구의 남녀가 서로 기대하는 인식의 내용이 어떤 것인지를 견주어 풀이해볼 수 있을 것이다.

개인단위의 서구인 남성들이 맺는 사적인 남녀관계는 열정적인 사랑 아니면 여성혐오와 표현이기 때문에 여성을 힘으로 지배하는 것이라고 심리분석학적으로 해석할 수 있다. 그러한 남녀 사이의 긴장은 긍정적으로 보면 서로 예의를 갖추게 하고[18] 의사전달방법이 중요하다고 여기게 하여, 적극적인 관계 진전을 위해서 노력을 해야만 남녀의 관계가 유지되고 발전된다고 믿고 피차 노력하게 된다는 것이다.[19] 이렇게 노력할 의사가 없다든지 노력해도 실패하는 경우가 있기 때문에 관계가 파탄을 맞을 수 있다. 결과적으로 이혼율이 높고 독신가정, 독신부모가 우리보다 많을 수밖에 없다. 자녀가 있는 맞벌이 부부일 경우에는 한층 더 복잡해질 것은 부연할 필요가 없다.

서구에서도 개별적인 해결에만 의존하는 경우에는 여성이 집 안팎으로 이중적인 부담을 짊어지고 있다.[20] 문제의 심각함을 깨달아 알고 연

---

18) J. Holmes, *Women, Men and Politeness* (London: Longman, 1995).

19) S. Duck · J. T. Wood, *Confronting Relationship Challenge* (Thousand Oaks: Sage publications, 1995).

20) A. Hochschield, *The Second Shift: Working Parents and the Revolution at Home* (London: Piatkus, 1989).

구하며 합리적이고 효과적으로 해결하려 노력하여 가정이라는 사적 영역에서의 갈등 해소를 돕는 방법과 이를 돕는 기구가 발전되어온 것이다. 그들은 집안의 일을 사적인 영역이라고 해서 개별적으로 사사롭게 해결하지 않고 공적이고 정치적으로 해결하려 한다. 그렇게 잘 해내는 사회일수록 사회적인 인권이 더욱 효과적으로 보장될 것이다. 사람으로 품위 있게 서로 존중하는 삶의 기본은 남녀가 똑같이 바깥 활동하는 데에서만 확보되는 것이 아니라, 남녀가 함께 사적인 집안이라는 영역에서도 부모역할과 책임을 함께 져야 한다. 이런 면에서 서구의 여러 나라들도 스칸디나비아 나라들에서 배워야 한다고 생각한다.[21]

'여성의 사회적 시계feminine social clock'가 '남성의 직업적 시계masculine oc-cupational clock'와 보조를 맞출 수 없거니와 결혼, 출산, 자녀양육 같은 중대한 '사회적 시계'의 요인에는 적합한 시기가 있으며, '직업적 시계'에 맞추기 위해 기다려주지도 않는다.[22] 그러기에 여성이 '직업적 시계'에 맞추어 남성과 같이 공적인 활동목표로 삼게 되면 아이 없는 젊은 세대가 승진과 높은 수입을 성공으로 간주하여 이에 박수를 보내야 할 것이다. 그러나 모든 여성이 '사회적 시계'를 거부하는 경우에는 출산과 양육을

---

21) H. Wilkinson, 윗글(1995).

22) R. Helson / V. Mitchel / G. Moane, "Personality and Patterns of Adherence and Non Adherence to the Social Clock," *Journal of Personality and Social Psychology*, 46권(1984년).

거부하게 될 것이고, 그렇게 될 경우 사회의 주인공이 될 사람은 어디서 모셔올 것인가 하는 지극히 중대한 문제를 안게 될 것이다. 이러한 방향으로 문제를 해결하고자 한다면 문제 해결의 앞뒤가 바뀌고 말 것이다. 그러기에 어떤 서구 사회는 이미 이러한 상황을 내다보고 있으며, 또 아직까지 이를 터득하지 못하고 있는 사회에서는 사람을 '보살피는 가치관caring value'을 여성들에게만 요구하지 말고 남녀 모두 존중하고 실천하자는 주장을 펼치고 있다.

공적인 영역에서 여성을 성적인 대상으로 본다든지 '유리천장'의 현상이 아직도 각 분야에 만연해 있다는 것은 서구 사회에서도 마찬가지이다. 이제까지의 남성과 여성의 문화적 차이가 뿌리 깊게 남아 있어 여성차별이 지속되고 있는 것이다. 남녀가 서로 다른 언어를 쓰고 있는 탓에[23] 의사소통의 문제를 겪게도 된다. 여성의 경우 공적으로 앞서가며 이끌어주는 본보기 인물도 없을 뿐 아니라 남성들같이 어려서부터 마키아벨리의 술수를 놀이터에서, 교실에서 익히지도 않았기 때문에[24] 공적인 세계에 혼자 던져진 외계인 같은 처지에 놓이게도 되는 것이다. 드물지만 특별한 용기를 내거나 남다른 특성을 갖춘 몇몇 여성들이 남성

---

23) D. Spender, *Man Made Language* (London: Pandora, 1980).

24) L. Kerman, "The Good Witch: Advice to Women in Management," L. Morley / V. Walsh (엮음), *Feminist Academics: Creating Agents for Change* (London: Taylor & Francis, 1995).

과 다를 바 없이 적극적으로 활동할 때 남성들은 그들을 여성으로 대하지 않고 여성이기를 포기한 유별난 사람으로 보는 경우는 거의 일반화되어 있다.[25] 여성이 혼자 요트로 세계를 한 바퀴 도는 기록을 깬다든지, 에베레스트의 높은 봉우리를 산소공급을 받지 않고 혼자 오른다든지, 그밖에도 여성이 처음으로 어떤 공적인 자리에서 어떤 일을 해내게 되면 모두 외계인으로 취급되는 모험을 감수해야 하고 남성의 비꼬는 눈길도 극복해야 한다.

그러나 여성으로 보통 해야 하는 일반적인 역할을 제쳐놓고서라도 어떤 과업을 수행하는 것을 서구인들은 여성 '개인' 단위로 할 수 있다고 인정한다. 어린 자녀를 두고 위험한 모험을 하는 것은 어머니로 무책임한 것이라는 의견이 없었던 것은 아니지만, 불행하게도 조난사건으로 두 아이의 어머니가 에베레스트에서 영영 돌아오지 못하는 참사를 맞았을 때 한 서구사회의 주된 논조는 '왜 남성들이 모험할 때는 어린 자녀가 집에서 기다린다는 말을 하지 않는가' 하고 '여성만의 책임'을 반박하는 것이었다. 그만큼 여성이 가진 '개인'의 특성과 동기를 존중해주는 사회이다.[26] 사사로운 개인의 문제가 바로 공적이고 정치적인 것이라는 믿음

---

25) A. Lambert, "The Trouble with Women Who Do Too Much," *Independent,* 1995년 7월 1일.

26) *Independent, Editorial,* "She was a climber, not an issue" 1995년 8월 20일.

으로[27] 공적인 사회가 가정 안에서의 문제를 해결할 수 있도록 보호하고 적극적으로 돕고 관여한다. 개인의 문제를 개별적으로 해결하지 못할 때는 중앙정부나 지방정부뿐 아니라 사회봉사단체와 종교단체들이 적극 관여한다. 개인을 돕기 위해서 공적인 것과 사적인 삶의 영역이 연계하고 협조한다. 여성의 문제는 바로 사회가 지켜주어야 할 '인권문제'라는 생각도[28] 여성을 '개인'으로 보는 서구의 개념에서 나올 수 있다. 사회의 구성원인 여성을 개인으로 대하지 않고 가정에 '포함'된 존재로만 보면 여성의 문제는 '인권의 문제'가 아닌 '가정의 문제'가 된다. 예를 들어, 우리나라에서 한때 강도사건에서 주부가 폭행당한 경우가 많이 보도된 적이 있는데, 그때 그 가해자를 '가정파괴범'이라고 불렀다. 이것이 바로 우리네 여성이 사회에서 '개인'으로 존재하지 않고 있음을 나타내는 말이다. 피해당한 대상이 '개인 여성'이기보다는 '가정'이라고 보는 것이다.

우리나라 사람들은 가정 안에서 남녀가 부부로 그리고 어머니와 아들로 서로 포함되어 있어서 심리적으로 떨어져 거리를 두고 바라볼 수 없다. 가정을 위해 필요한 일을 수행해야 한다는 것을 표준으로 삼아 여성이 갖추어야 할 자질을 정의하고 기대한다. 전통적으로 집안의 일을 처

---

27) L. Leghorn / K. Parker, *Women's Worth: Sexual Economics and the World of Women* (Boston: Routledge, 1983).

28) J. Peters / A. Wolper(엮음), *Women's Rights, Human Rights: International Feminist Perspectives* (New York: Routledge, 1995).

리하는 것은 여성의 몫이라고 기대해왔던 것이다. 요즘에 와서도 그 일의 내용이 달라졌을 뿐 가정의 모든 대소사를 '큰손'과 '치맛바람'으로 처리하고 있다는 점에서 다를 바 없다. 여성이 포함하고 있는 가족을 위해 알아서 모두 처리해줄 것을 가족들이 기대한다. 가정에서 남녀가 역할 분담한다는 점에서는 서구의 남녀도 같을 것이다. 그러나 서구의 여성은 개인으로 행동하기 때문에 남성을 포함한 가족의 기대사항을 의사소통하여 분명히 전달받는 데 반하여, 우리의 경우는 말하지 않아도 알아서 해주는 것을 이상(理想)으로 여긴다. 또 여성이 수행한 일에 대해서 가족구성원들이 혜택을 받고도 서구인들의 경우와는 달리 고마운 표시를 하지 않는 것이 우리에게는 오히려 자연스럽다. 가정 안에서 서로 편안한 관계를 누리는 것이 돋보이는 우리의 가정문화이다.

외국인이 "한국은 가족중심사회라 인정이 많아요"[29]라고 부러워할 면이 확실히 우리에게 있다. 서구인들은 '개인'으로 혼자 모든 일을 해결해야 하기 때문에 자연 개인이 져야 할 부담이 많을 것이다. 우리의 푸근한 면을 부러워할 것이다. 그런데 우리나라 주부들이 큰 능력을 가지고 가족의 문제는 알아서 처리하는데, 어째서 공적인 영역에서 여성의 활동은 극히 미약한지 이에 대한 원인이 어디에 있는지 여기서 물어야 한

---

29) 김 세원, "가족중심사회 … 인정 많아요," <韓國서 살아보니>, 동아일보 1995년 9월 17일.

다. 한 UN 보고서에 따르면 우리나라 여성의 위치는 세계에서 90등이라고 밝히고 있다. 왜 그 정도밖에 되지 않을까. 잠정적으로 다음과 같은 점을 원인으로 들 수 있을 것이다.

첫째, 공적인 사회에서도 여성에게 기대하는 것이 따로 구분되어 있지 않고 사적인 영역에서 기대하는 것과 같은 성격으로 규정하고 있다는 점이다. 둘째, 여성에 대한 고정된 개념에서 벗어나지 못하면서 여성을 '개인'으로 대하지 않고 오로지 '포함'되는 존재로만 본다는 점이다. 이 둘이 합하여 문제에서 벗어나지 못하게 하고 있는 듯하다.

여성들이 공적인 역할을 어떻게 수행할 것인가에 관한 행동기준과 모델도 우리 문화에는 없다. 거기다가 가족적인 것이 좋다는 '가족 기준'으로 공적인 것을 운영하는 방식을 미화하고 채택한다. 대학에서 신입생 오리엔테이션 순서에 따라 어떤 도서관장이 나와서, 도서관을 "내 집같이 써 달라"고 한다. 취직하면 "내 집 살림하듯 (…) 회사가족이 되었으니 (…) 알뜰하게 일해 달라"고 한다. 공적인 활동의 기준을 가정 안에서의 활동을 모델로 삼아주기를 기대하는 것이다. 여성이 가져야 할 자세도 집안에서 하던 대로 할 것을 기대한다. 따지지 않고 말없이 여성적인 태도로 업무를 처리하기를 기대한다. 우리나라 여성으로는 가장 높은 자리까지 올랐다고 인정받고, 또 전혀 물의를 빚지 않아 성공적이었다는 어떤 여성에게 그 비결을 물었을 때 그는 "아무에게도 상처 줄 일을 하지 않았고, 자기의 주장을 내세우거나 따지지 않았다"고 말했다. 여성이 한 기관의 머리가 되었을 때 평화스러운 가정을 이끄는 어머니 같이 너그럽고 부드러우나 권위는 약한 이미지를 풍기기를 기대한 바로 그 기대에 현명하게 따른 것이다.

세계화 시대에 여성이 앞으로 모든 면에서 널리 참여할 기회가 있을 것이라고 하면서 한 중요 경제부처장관은 '여성형' 산업을 전형화할 것이라고 말했다. 그는 '아름다움, 감성, 창조성, 그리고 놀이적인 측면'을 강조하였다. "여성 특유의 감성과 창의성이 요구되는 고부가가치의 지식문화산업이 국가발전에 필수적 요소로 등장하고 있습니다. 특히 이들 지식문화산업의 발전은 여성의 자질을 어떻게 활용하느냐에 따라 큰 영향을 받게 됩니다"라고 덧붙였다.[30] 다른 나라에서는 여성이 외무부나 국방부의 장관을 하고 있는데 우리는 해묵은 고정관념에서 벗어나지 못하는 정책으로 여성을 대하고 있다는 증거이다.

동향, 동문, 동성, 가족관계 같은 끈으로 연결된 '포함'의 테두리가 공적인 활동을 방해한다. 개인이 주체적으로 생각하고 판단하여 공적인 활동을 할 수 있는 것이 아니라 여성 자신과 연관된 가족, 특히 남편과

---

30) 한국여성단체협의회 조찬간담회(韓國女性團體協議會 朝餐懇談會), 선진경제로의 이행과 여성의 역할, 1995년 6월 8일.

아들의 처지를 생각해야 하므로 독자적인 활동을 하기란 어렵다.[31] 일이 잘되고 형편이 좋아졌다고 할 때도 개인의 삶보다는 집안형편이 함께 좋아지고 일이 잘 풀리는 것을 말한다. 여성이 아무리 능력이 있어도 개인으로 생각하지 않고 가족과 남성과의 관련성 속에서 보아 능력 자체보다 여성이 맺고 있는 관계성으로 평가한다. 본인의 개인적인 능력과 상관없이 누구의 딸, 아내, 누이, 어머니로 보일 때 그 '남성'의 후광을 입는 지위에 오를 수 있다. 그러므로 능력이 그만큼 갖추어지지 않았을 때는 다른 여성들에게 손해를 끼치게 되는 것은 당연한 이치이다. 뒤바꾸어, 관계된 남성이 도움이 되지 않을 경우에는 여성의 능력은 빛을 보기가 어렵다. '관계'를 떠나 여성이 '개인'으로 가진 포부, 능력 그리고 특징을 인정하지 않으려 하기 때문이다.

그 결과 여성의 관심영역도 이른바 여성다운 것에 국한되어 좁게 되고 자신의 개념과 포부도 줄어든다. 대중매체가 주부에게 필요하다고 제공하는 정보를 보면 집안을 무대로 하는 소도구 갖추는 일 같은 것들에 초점을 맞추고 있을 따름이다. 신문의 인물란을 보아도 여성은 연예인, 교육자, 여성단체장 정도이고 독자편지를 읽어보아도 여성의 관심은 집안일에 머물고 있다. 서구의 어머니들이 국가의 평화와 쓰레기종량제문제

---

31) 문 은희, "우리 나라 여성의 행동 유형과 여성운동", 「현상과인식」16권 3/4호(1992년).

정도가 아닌 근본적인 환경정책을 거론하고 그것을 세계의 움직임과 연관 지어 영향력을 행사하는 데 반하여 우리는 내 집 마련, 우리 아이 성적, 내 가족건강 같은 사적인 일에만 전념하고 있다. 우리가 그들보다 능력이 모자라는 것이 아니라 우리에게 기대하는 역할이 그만큼 뿐이고, 우리 자신의 관심과 포부가 그만큼에서 멈추어 있기 때문이다.

글을 맺으며

우리 여성들에게 기대하는 기대의 값을 바꿀 수 없는가, 우리 사회·문화의 가능성은 없는가, 여기에서 이런 물음에 다가설 필요가 있다. 바꿔기를 소망하면서 우리 사회·문화의 좋은 특징은 살리면서 바꾸어야 한다. 우리나라 남성들이 여성을 적대적으로 여기지 않고 여성혐오증을 갖고 있지 않다는 데서 가능성의 빛을 볼 수 있다. 여성끼리 사는 여성왕국을 원하는 것이 아니라 남녀가 같이 서로 아끼며 서로 이해하며 평화롭게 살기 좋은 사회를 이룰 것을 꿈꿀 때 더욱 가능하다. 인간관계를 '통합적'으로 보는 인식의 특성을 우리 남녀가 다 가지고 있어서 여성을 도구적 대상으로 삼지 않는다는 것도 여성을 인간답게 대할 수 있게 하는 가능성의 바탕이 될 수 있다. 서구인들이 남성에게 부족하다고 느끼는 '보살핌의 가치'를 실천할 가능성을 우리나라 남성들이 갖추고 있다는 말이다. 중요한 것은 그러면서도 동시에 독자적인 존재로 서로 존중해야 한다. 관계성과 독자성은 결코 이율배반적인 것이 아니다. 두 가지 특성을 함께 찾는 것이 성숙한 삶의 자리에 이르는 것이다.

현대사회에서 효율성과 합리성을 두드러지게 강조하면서 가시적인 것에 가치를 두고 눈에 띄지 않는 작은 것의 가치를 놓쳐버려 뜻있는 사람들이 인간성의 상실을 한탄하고 있는 참에, 일터에서 생산하는 것만이 중요한 것이 아니다. 집안에서 진행되는 보이지 않는 삶의 진수도 소중하다는 것을 남녀가 함께 인정하고 함께 협력해서 실천해야 한다. 그러기에 우리가 바꾸어야 할 가장 근본적인 것은 그 소중한 것을 위해 가정과 일터에서 남녀가 협력하여 함께 일해야 한다. 가정에서 남성이 할 역할이 공평하고 대등해야 하듯이 일터에서 여성이 하는 일이 공평하게 인정되고 대등하다는 것을 받아들여야 한다.

어린이와 젊은 청년으로부터 노인에 이르기까지 남녀 모두 고정관념에 얽매이지 말고 자유스러운 마음으로 서로의 능력과 특징을 살릴 수 있도록 기대를 부풀리고 격려하는 건강한 사회를 만들어야 한다. 백 년 전만 해도 여자가 수학을 공부하면 머리가 돈다고 믿었는데 오늘에 와서 그것을 믿는 사람은 하나도 없다. 우리가 지금 가지고 있는 여성에 대한 생각이 백 년 후에 그렇게 웃음거리가 되지 않으려면 열린 마음을 가져야 하겠다. 사회의 필요에 따라서 여성을 동원하기도 하고 내몰기도 하는 편리와 수단의 편의주의를 넘어서야 한다. 여성들의 귀한 한평생을 꽃피울 수 있게 여성들이 잠재력을 땅속에 묻어두어 녹슬게 내버려두는 일이 없어야 한다. 이 같은 삶의 태도는 보살핌의 가치를 온 마음으로 받아들여 실천하는 것은 남성다움과 어울리지 않는다고 생각하는 고정관념에서 벗어나 자유인이 되어야 한다. 집안과 일터에서 공평하게 서로 보살피는 공동체의 정신으로 서로를 바라보고 또 자신을 가다듬을 수 있어야 한다. 그러한 새로운 삶을 목표로 삼고 노력해야만 우리나라 여성들의 삶이 집 안팎에서 생동감을 얻을 수 있을 것이다.

– 「연세여성연구」 (1권, 1995)

05

우리나라 여성의 심리구조와 심리분석학

우리나라 여성들을 이해하는 데 심리분석학의 한계

우리나라의 거의 모든 학문영역이 그렇듯이 심리학도 백인 서구인들이 만든 이론에서 자유롭지 못하여 그 영역을 크게 벗어나지 못하고 꼭 두각시 노릇을 하고 있다 해도 지나침이 없다. 그뿐 아니라 남성의 치우친 안목으로 보고 있기 때문에 비서구인 여성인 우리의 행동을 서구 남성의 안경인 이론으로 보고 해석해서 이중삼중으로 겹겹이 우리 자신에 대한 오해 속에서 스스로를 잘못 알고 정의 내리면서 엉뚱한 길을 걷거나 억울하게 이해받지 못한 채 살고 있다. 남녀의 차이를 이야기할 때면 남성들은 대동소이하다는 생각으로 자신들이 여성들을 이해하는 데 별 문제가 없다고 한다. 서구인들이 비서구인을 이해하지 못한 채 자신들의 틀로 보아온 것도 같은 생각에서이다. 그러나 그런 자세는 힘을 가지고 주도하는 사람의 뜻을 일관되게 펴는 데 편리할 뿐이고 약한 대상의 다른 소리는[1] 묵살 당한다.

몸의 건강에도 그렇지만 심리치유의 영역에서는 여성들이 더욱 위험한 자리에 빠지게 될 수 있다. 서구 사회 안에서도 남성의 개념에 따라

---

1) C. Gilligan, *In a Different Voice: Psychological Theory and Women's Development* (Cambridge massachusetts: Harvard University Press, 1982)

여성을 잘못 진단하여 억울하게 평생을 환자로 치료받으면서 살게 되는 경우도 많다.[2] 심장질환을 진단할 때 남성환자들의 경우 증상을 듣고 그대로 정확하게 빨리 진단조치하면서, 여성들의 경우 가슴이 아프다거나 답답하다는 같은 증상을 호소해도 신경안정제를 주는 경우가 많아 빠른 치유의 기회를 놓치곤 한다. 여성들이 호소하는 증상을 남성과 달리 받아들이기 때문에 우울증환자로 진단하게 되는 경우가 남성의 두 배가 되기도 한다.[3] 우리나라 여성들의 정신건강영역에도 역시 남녀의 차이에서 생기는 편견이 있는데, 그에 더해서 동서문화의 차이 때문에 겹겹으로 자기 이해에서 멀어진 개념으로 진단받고, 치유라는 이름으로 치유와는 먼 곳에서 방황하게 한다.

이런 문제를 깨닫고 우리나라 여성의 심리구조를 우리의 눈으로 보는 시도로 연구한 경우도 있다.[4] 또 프로이드의 심리분석이론에 기초한 치유과정에서도 동서양의 차이에 관심 둔 문화간 연구들이 있다.[5] 이 책에 실

---

2) J. M. Ussher, *The Psychology of the Female Body* (London: Routledge, 1989)와 그의 *Women's Madness: Misogyny or Mental Illness?* (New York: Harvester, 1991).

3) . Howell / M. Bayes(엮음), *Women and Mental Health* (New York: Basic Books, 1981). 그 가운데 특히 M. Bayes, "The Prevalence of gender-role bias in mental health service,"와 M. M. Weissman / G. L. Klerman, "Sex differences and epidemiology of depression," 그리고 H. B. Lewis, "Madness in women".

4) 그 가운데 한 연구로 Eun-He Moon Park, *A Comparative Study of Depression Between Korean and Scottish Mothers at Their Two Important Life Stages* (University of Glasgow, Ph.D. Dissertation, 1990).

5) 여러 사람들이 여러 문화권의 사람들을 치유하면서 연구한 글들을 모은 A. Roland, *Cultural Pluralism and Psychoanalysis* (New York: Routledge, 1996).

린 연구물들은 미국에 있는 인도 파키스탄 사람들과 일본, 중국 계열과 한국인들을 치유하면서 경험한 것을 다루면서 백인문화와 다른 문화의 차이 때문에 사람들의 행동이 달리 나타난다는 것을 보여주고 있다.

현대 서구사회-특히 북미와 북구중심-문명의 바탕을 이루는 태도의 주요요인은 개인주의이고, 심리분석학도 개인주의에 뿌리하고 있고, 치유의 목적도 개인이 스스로 잘 기능하며 살아가게 하는 것이라고 모두 합의하고 있다. 앞에 말한 문화간 연구물의 연구자들은 여전히 서구인의 마음으로 심리분석학을 도구 삼아 다른 문화권의 사람들에게 어떻게 적용할 것인가에 관심을 두고 있다. 개인주의에 뿌리를 둔 삶의 존재방식을 추호도 의심 없이 받아들이고 있기 때문이다.

서구와 다른 문화권에서 서구의 심리분석학 이론을 그대로 쓰기에 적합하지 않다고 하는 것을 논의한 사람들이 있다. 보기로 일본인의 심리구조가 서구인과 다르다는 것을 서술하고 어려움을 지적했다.[6] 일본인은 안팎이 다른 두 면을 가지고 있고 그렇게 그들의 차이 나는 행동의 현상을 보여주려 한다. 또 어떤 이는 서구인에 비해 인도인은 권위에 따르고 의존한다는 것을 보여주었다.[7]

---

6) T. Doi, *The Anatomy of Dependence* (Tokyo: Kodansha International, 1973).

7) A. Roland, 윗글.

미국에 사는 중국인에 관한 연구와[8] 미국에 사는 한국인에 관한 연구에서는[9] 각각 그들이 자기 나라 밖에서 살면서도 유교의 영향을 벗어나지 못하고 있는 것을 치유과정에서 관찰하고 짚어냈다. 진단의 문제, 잘못 이해하는 것, 그리고 잘못되게 의사소통하는 것이 모두 이러한 문화 차이와 연관 있다고 본다. 그런데, 서구인과 그만치 다른 행동을 하고 있다는 표면으로 나타나는 현상을 보여주기는 하는데 공통의 기준으로 분류하여 그보다는 더 근본으로 다르다는 것을, 설득하지는 못하고 있다. 서구인과 다른 행동으로 나타나는 다양한 현상을 얼마든지 비교 나열할 수 있지만 그런 행동의 밑바탕이 되는 근거를 보려 하는 시도들이 필요하다. 그 가운데 눈여겨봄 직한 문젯거리로 서구인이 가진 '개인'이라는 행동의 단위가 다른 문화권에도 있는가를 보자는 것이다. 우리의 행동의 단위가 개인이 아니라 다르기 때문에 그로 인해서 행동으로 나타나는 현상이 달리 나타나게 되는 것이 아닐까 생각해보자는 것이다.

---

8) M. Teng, "Insight—oriented psychotherapy and the Chinese patient," A. Roland(엮음), *Cultural Pluralism and Psychoanalysis: The Asian and North American Experience* (New York: Routledge, 1996)와 같은 책에서 L.W.L Young, "Cultural hurdles and inscrutable muddles,".

9) W. Slote, "Korean abroad in therapy," 윗글.

심리분석학과 우리나라 여성들의 '포함'이라는 행동단위

서구의 경우는 문화가 개인주의에 바탕을 두고 행동의 단위가 '개인'이라는 것을 보편의 것으로 믿고 있다. 어떤 심리학이론도 '개인' 단위로 행동한다는 것은 의심할 바 없는 진리라고 전제하고 있다. 그런데 우리나라 사람들의 경우, 특히 여성들의 경우에 개인으로 행동하는 것이 아니라 자신에게 의미 있는 사람들을 '포함'한 단위로 행동한다. 개인이 그 이상 나뉠 수 없는 단위라고 믿고 사는 서구인들로는 이해하기 어려운 개념이지만, 우리나라 여성들의 경우에는 자기 아이들, 남편, 부모와 그밖에 중요하게 의미 있는 사람들을 나누어 구분하거나 분화하지 않은 채 행동단위에 '포함'하여 심리적인 몸무게를 무겁게 하여 살고 있다.[10]

심리분석이론은 신경증의 원인을 개인의 어린 시절에 해결할 수 없었던 가족관계에서 생겨난 문제를 하부의식에 억제해두고 있어서 생긴 것이라 생각하고 어린 시절 가족관계에서 억압당한 경험에서 문제의 뿌리를 찾으려 한다. 그러므로 가족관계를 개인의 정신건강에 문제를 만드는 환경이라는 생각이다. 그러나 우리의 경우는 자기 바깥에 존재하는

---

10) 문 은희, "우리판 '여자의 일생' – 가족관계에 얽힌 여자들 이야기," 「경제와사회」 (1993년 가을).

환경으로만 가족이 존재하는 것이 아니다. 몸으로는 바깥에 있으나 심리단위로 자신에게 포함하고 있어 분리할 수 없이 자신 안의 요인으로 가족이 존재하고 있다.

그러므로 '개인' 단위를 전제로 하는 심리분석이론으로 우리나라 여성의 삶의 문제를 분명하게 파악하여 진단할 수 없다는 것은 너무나 당연한 일이라 보인다. 심리분석에서 문제 삼는 대상은 어린 시절의 부모와 가족 사이의 문제를 현실에서 해결하기 어려워서, 무의식의 세계 안으로 억눌려 가려지고 숨겨진 개인의 갈등상이다. 특히 심리의 문제가 사회, 문화의 환경이 허용하지 않는 자신의 욕구를 억제해야 하는 데에서 비롯되었다고 본다. 이런 문제의 근원이 우리에게는 문제가 되지 않을 수 있다. 보기로 신경증이 생기게 되는 중요한 발달단계로 오이디푸스 콤플렉스가 생긴다는 어린 시절을 비교해보기로 하자. 이때에 남자아이 개인의 독자성 발달은 빠를수록 좋다고 재촉하는 서구의 개인독립의 이데올로기 때문에 어머니로부터 떠날 차비가 되지 않은 아들에게 긴장이 생기는 것이 당연하다면,[11] 우리네 아이들은 엄마의 품에서 떠나야만 하는 자리에 놓여 있지 않으므로 무리하게 부모로부터 분리 독

---

11) N. J. Chodorow, *The Reproducing of Mothering* (Berkeley: University of California Press, 1978)과 그의 다른 글, *Femininities, Masculinities, Sexualities: Freud and Beyond* (London: Free Association books, 1994).

립하는 것으로 해서 생길 심리문제를 가지지 않을 수 있다. 어머니에게
서 무리하게 떠나야 한다는 서구의 아들들이 억지로 분리 독립해야 하
는 입장에서 무리하게 방어기제를 쓰게 되어 어른이 되어서 여성혐오증
을 가지게 된다고 해석한다. 그런데 우리네 아들들은 영영 어버이로부
터 떠나지 않는 것이 효도이므로 우리는 바로 그런 문제에 관한 한 자
유로울 수 있다.[12]

그렇다고 해서 우리나라 사람이 서구인보다 문제가 없다거나 마음이
건강하다는 이야기가 아니다. 그들이 해석하듯이 똑같은 이유로 해서
같은 문제가 생기지 않는다는 것일 뿐 우리다운 문제는 개인단위가 아
닌 포함의 단위로 사는 것 때문에 생긴다는 것을 말하려 할 뿐이다. 그
리고 현실원칙을 매끄럽게 잘 사용하는 튼튼한 자아를 갖춘 개인이 되
는 것이 심리분석의 목표라면 우리에게 적합한 치유법이 아니라는 것을
말하고 싶을 뿐이다.

---

12) 문 은희, "집안과 일터에서 기대되는 여성의 자질," 「연세여성연구」 1권 (1995년).

심리분석 치유법을 쓰려할 때
우리에게 있는 문제점

우리의 경우 심리분석의 방법으로 치유한다고 할 때 서구인과 달리 어렵게 보이는 점을 몇 가지 들어보려 한다. 첫째로, 우리는 포함되어 있는 사람들의 머릿수만큼 주인 격인 사람의 수가 많고, 또 그만큼 문제에 얽힌 요인도 많아 복잡한 심리갈등도 많을 수 있고 심리지도를 읽고 가름하기가 어렵다. 여성들이 개인단위로 현대 서구식 교육을 받아 갖추어지고 나서 결혼하면 '포함'의 단위로 살기를 기대 받으면서 서구여성들과 전혀 다른 내면의 갈등을 경험하고 있다.[13] 서구여성들이 결혼하고 아내와 어머니 역할을 하는 것과 직업이나 여러 가지 바깥활동을 하면서 가정 안팎의 역할들 사이의 갈등을 가지는 것은 우리와 같아 보인다. 그러나 그들은 '개인' 여성으로 '개인' 남편과 사이에 갈등 해소방법을 나름대로 합리적으로 해결하려 노력한다.[14] 우리는 자기 안에 포함한 사람들의 모든 일이 분간되지 않고 얽혀 있어서 구분 없이 미분화된 갈등으로 짓눌리게 된다. 개인이 단위이면 그 개인이 겪는 갈등만을

---

13) 문 은희, "오늘을 사는 여성의 갈등." 「사회이론」 (1995년 봄).

14) A. Hochschild, *The Second Shift: Working Parents and the Revolution at Home* (London: Platkus, 1989).

해소하려 할 것이나 포함된 사람의 문제를 떠맡아 어찌할 바 모르는 우리네 사람들은 스스로 대신해줄 수 없는 일들을 많이 짊어지고 제대로 감당하지 못하고 있다. 다른 사람이 하는 대로 따라하기도 하고 불안하여 미신을 좇기도 한다.

그러기에 우리네 여성들의 마음 바닥에 깔린 문제의 원인을 '개인' 단위로 구분해서 진단할 수도 없고 개인을 치유하는 것이 별 의미가 없다고 본다. 자녀가 고3으로 입시준비 하고 있는 동안 어머니도 같이 입시증상을 겪고 있다.[15] 구타당하며 살면서도 자녀들이 결혼할 때까지 참기로 한다는 어머니들의 삶의 자세도 한 보기일 뿐이다.

"아내를 떠나보내고 아이들은 고아원에 보내도 어머니는 돌아가실 때까지 모셔야 한다"는 남편을 보면서 사랑이 없다고 여겨 "헛되게 사는구나" 하면서도 자신도 아이들에게 아버지 없는 아이들을 만들 수 없다고 판단하는 여성이 대를 이어 시어머니-남편, 자신-아이들로 '세대 간 맞물려 있는' 갈등의 뒤얽힘을 어찌 개인단위로 분석할 수 있겠는가. 복잡한 인종들로 이루어진 서구사회에서도 인종과 계층 사이의 문화요인 때문에 잘못 진단하게 되는 문제를 지적하기도 하나,[16] 그들의 경우는 여

---

15) 문 은희, "우리나라 여성 심리-서구심리학을 벗어나려는 한 시도," 「女性研究」 10권 2호 (1992년).

16) P. B. Pedersen, *Culture-Centered Counseling Intervention* (London: Sage, 1997).

전히 그 요인을 감안하여 우리와 달리 그 개인이 현실원칙에 따라 적응하는 것을 도우려는 목표를 가지고 있다.

우리의 경우는 다른 사람들을 포함하고, 동시에 다른 사람에게 포함되어 있는 단위로 살고 있어서 그렇게 함께 뭉쳐 있는 사람들이 함께 진단되고 치유되지 않으면 안 되는 특징을 지니고 있다. 포함되고 포함한 사람들의 집합체에서 떨어져나와 혼자 건강해진다는 것이 불가능해 보인다. 전혀 다른 경험과 문화배경에 포함되어 살아온 사람들이 만나 결혼해서 짝을 이루고 나서 각자 자신이 포함한 인간관계를 지닌 채 새로운 인간관계를 이루어 살아가면서 생기는 횡적인 문제는 대단히 복잡해질 수밖에 없다. 그러기에 서구 사회에서 개발된 가족상담과 가족치료의 도와 우리네의 치유의도와도 일치하지 않는다. 가정과 다른 중요한 사람들을 포함한 배경을 떠나서 개인을 치유한다는 것을 원하지도 않기 때문에 서구의 심리분석학에 터한 치유법의 한계를 우리는 절감한다. 우리와는 다르게 서구인은 가족구성원 개인들 사이의 권력판도라든가 역동성을 관찰하고 개인들이 가족집단 안에 매몰되지 않고 독자성을 살릴 수 있기를 목적으로 하니 말이다.

아버지와 아들 사이에도 힘겨룸 때문에 심각한 심리문제가 일어난다고 해석한다. 오이디푸스 사태에서 서구 가정에서 세대 간의 긴장관계를 관찰할 수 있고 그것이 사람들의 정신건강문제를 만드는 중요한 계기를 제공하고 있다고 믿는다. 아들이 아버지를 경쟁관계로 여기고 그 결과로 아버지와 동일시하고 초자아를 형성을 한다고 한다. 그러나 사실 아버지가 자신의 위치와 권위가 위협당할 것이라 예측하고 아버지 자신을 구하기 위해 아들을 제거하려 했던 것이 더 먼저 있었던 것이다. 어떤 편에서 보든지 세대 간 개인 사이의 경쟁과 긴장이 문제의 바탕을 이루고 있다는 것만은 사실로 받아들이고 있다.

그에 비해서 우리 가정에서는 장성한 후에도 효(孝)라는 이름 아래 언제까지나 부모로부터 아들이 분리되지 않을 것을 기대하고 있다. 부모세대가 자녀들을 위해 희생하는 것을 당연하게 여기고 자녀들도 부모로부터 절연하고 독립할 것을 바라지 않는 것이다. 서구인들이 세대 간의 독립을 선언하는데 우리는 세대를 넘어선 '짝 이룸'을 유지하게 된다는 것이다. 우리의 경우에는 한 세대에서 횡(橫)으로만 복잡한 포함의 단위를 만드는 것이 아니라 다음 세대와 윗세대를 걸쳐 종(從)으로 포함의 단위를 만들고 그 연결과 유대의 생성과정의 역사에서 여러 요인이 앞뒤를 걸쳐 길게 겹치게 된다.

우리나라 가족중심의 전통 안에서 여성들의 역할을 그대로 당연하게 여기던 시절과 달리 현대여성들은 개인단위로 성취하는 교육을 받고, 또 과거에 비해 개인의 정서를 인정받아야 한다고 기대하는 세대이어서 앞세대들보다 갈등을 더 심하게 겪게 된다. 삼종지도의 윤리규범과 여성에게 강요된 참을성이 규범과 습속에 남아 있어서 현대교육을 받은 여성들 마음에 모순되는 행동기준을 제공한다. 포함과 개인이라는 다른 단위로 행동의 동기를 불러일으킬 때 갈등을 겪을 것이 분명하다. 이전 세대가 당연하게 포함의 단위로 행동할 수 있었고, 서구인들이 의심 없이 개인단위로 행동한다면 현대여성들은 정도의 차이에 따라 그 양 축의 가운데 어중간한 위치에서 행동해야 하는 처지에 있다.

남성들도 그런 경향을 가질 수 있으나 여성들의 경우에는 특히 결혼하고 나면 남편의 가족들에게 포함되고 그들을 포함하며 살기 때문에 더 심하다. 남편의 가족들과 의무로 유지해온 관계 때문에 살아온 자신의 과거를 중년이 되어 뒤돌아보면서 자신의 정체성을 늦게나마 생각해보는 여성들을 자주 볼 수 있다. 포함하고 살아온 다른 사람들과 분리된 자신을 생각해볼 수 없으며 새삼스레 떼어 독자적으로 행동할 수 없게 된 자신을 보게 된다. 자신만의 삶으로 진척시킬 수 없고 과거의 얽힌 관계를 헤어나지 못한다. 자신을 그 관계에서 분리해서 생각할 수 있어야 자신의 문제와 자신이 조절할 수 있는 것을 분명하게 알 수 있을텐데 그렇게 할 수 없는 것이다.

자신이 원하지 않은 결혼을 했다는 것을 서구인이 이해할 수 있을까. 그리고 남편의 부모를 위해 꼼짝없이 자신을 바쳤고 그래서 건강도 잃었다고 생각한다면서 구순이 넘은 시부모가 세상을 떴는데도 중년이 된 지금도 그 억울함에서 벗어나지 못하고 그 상태에서 쳇바퀴 돌듯 나날을 원망으로 지내고 있는 것을 가끔 볼 수 있다. "이제는 어른들도 안 계시고 아이들도 다 장성했으니 마음껏 살 수 있지 않은가" 일깨워도 전혀 개인으로 살 수 있다는 개념이 없기 때문에 또다시 옛이야기만 되풀이하고 또 반복할 뿐이다. 스스로 설 기회가 있어도 기회라고 인식할 수 없는 심리구조를 가지고 있어서이다. "눈 있는 자는 볼지어다. 귀 있는 자는 들을지어다"라는 진리를 새삼 확인하게 된다. 서구인들이 개인의 눈과 귀를 통해서 인식하는데 우리네 여인들은 따로 개인의 눈과 귀를 가지고 자신을 인식할 수 없다는 것이다.

둘째로, '포함'의 단위로 살기에 우리에게는 감정의 분화에 문제가 있고, 따라서 표현이 정확하고 세밀하게 개발되지 못한다고 볼 수 있다. 홀로 서는 경험을 하지 않기 때문에 자신만의 느낌과 생각을 별도로 가지고 다른 사람에게 전달하거나 다른 사람의 남다른 감정을 전달받는 교류가 활발하지 않았기 때문에 정서를 예리하게 인식하고 정확하게 표현하는 능력이 발달되지 않은 것이다. 서구인들은 가족관계에서부터 비롯해서 뭇 인간관계에서 내면의 느낌과 생각을 서로 적절하고 정확하게 나누는 것을 기본으로 여기고 어려서부터 이런 사회성 훈련을 한다. 이런 과정 속에서 자신의 느낌과 생각을 스스로 확인하고 다른 사람에게 적절하게 전달하는 방법을 익히게 된다.

서구에서는 보통 여성들이 남성들보다 인간관계에 예민하고 정서가 발달했다고 하며,[17] 가족이나 친지 사이의 정서적 기능은 여성들의 몫이라고 한다. 그런데 우리의 경우에는 남성들이 바깥사회에서 필요한 인간관계의 요인들을 오히려 더 익힌 반면 여성들은 집안에서 말 않고도 알아주는 분위기에서 자기표현을 익힐 기회가 더욱 없었던 것으로 보인다. 결혼하고 가장 어렵다는 시댁과의 관계도 실제 임무만을 묵묵히 수행할 뿐 정서표현은 최소한으로 하고 있다. 반면 서구인들은 서로 별개의 존재인 대상에게 존중과 예의를 갖추고 사랑과 미안함, 그리고 소망을 서로 알리고 이해받고 또 이해하려고 하는 노력을 개인단위로 늘 해서 인간관계를 지탱한다.[18]

우리의 인간관계에서는 아주 현실과 실제의 것에 관심을 두고 있다. 눈으로 볼 수 있고 손에 잡히는 구체적인 사실에만 한정하여 생각하고, 자신에게 '포함'되어 있는 사람일지라도 보이지 않는 정서의 문제는 짐작할 뿐 정확하게 파악하려는 의지가 없어 소통하지 않았던 것이다. 보통 어머니들은 몸이 건강하도록 먹이고 입히고 교육시키는 것으로 어머니

---

17) I. G. Sarason, "Interrelationships of Social Support Measures: Theoretical and Practical Implication," *Journal of Personality and Social Psychology,* 52권 (1987년), 813–832쪽.

18) 가족 내 인간관계가 언제나 순조롭지 못할 가능성이 있는데 V. Secunda, *When You and Your Mother Can't Be Friends* (London: CEDAR, 1990).

역할을 다했다고 여긴다. 묵묵히 '데리고 살아주는' 남편에게 사랑의 표현을 하지도 받지도 않고 살아갈 뿐 아니라 자녀들과도 정서교류 없이 살아간다. 심리극치료를 소개하면서 옆에 앉은 사람에게 사랑을 표현하라고 했을 때 "배우자에게 실제로 해본 적이 없는데 어떻게 할 수 있겠는가" 하고 난감해하는 것을 자주 본다. 정서표현은 자연스러운 것이라는 서구인의 입장에 따라 우리에게도 같은 것을 기대할 때 우리에게는 부자연스러운 것일 수밖에 없다. 자기표현을 통해 스스로 자신을 아는 데 도움이 되고, 다른 사람의 표현을 통해 그를 알게 되는 것인데, 우리는 늘 경험하지 않은 정서의 영역이기에 경험하지 않은 정서적인 방식으로 표현할 수도 없고 표현을 이해할 수도 없다.

이같이 자신의 마음에 떠오르는 것을 표현하여 자신의 하부의식의 내용을 알게 되는 '자유연상법'이 심리분석의 중요한 진단과 치유기법이므로 정서를 정확하게 파악하고 표현할 수 있는 것은 아주 중요한 것이다. 우리나라 여성들과 하는 상담과정에서 자신의 정서를 정확하게 파악하지 못하고 "모르겠다"고 표현하는 경우를 많이 접한다. 상담하다가 내담자가 얼마간 말없이 앉아 있는 경우가 가끔 있다. "무엇을 느끼는가" 물으면 "아무 느낌도 생각도 없다"고 말하곤 한다. 서구인들의 상담기록을 보면 우리와는 달리 자신의 감정을 세밀하게 파악하고 표현하고 있는 것을 극명하게 대조되게 볼 수 있다. 치유하는 사람과 치유 받는 사람이 함께 치유과정을 평가해놓은 기록을 보면 우리의 경우에는 도저히 그렇게 할 수 없을 것이라는 것을 느낀다.[19]

셋째로, 자신에게 '포함'된 사람들과 사이에 문제를 안고 있다면 그 사람을 분리하고 치유자와의 사이에서 전이를 통해 해결하는 과정을 경험하기 어렵다. 보기를 들어 아버지의 권위와 그의 성차에 대한 고정개념으로 자신의 특징을 살리지 못하고 살아온 것이 문제라는 것을 인식하면서도 아버지를 자신으로부터 분리시키지 못해서 바깥인물인 치유자에게 전이하지도 못하고 해결하기 어렵게 되는 경우가 있다. 애증을 명확하게 인식하고 집어내지 못할 뿐 아니라 아버지에 대한 애착과 효심으로 자신의 부정적인 정서를 인정하는 것을 용납하기조차 어려워하고 표현하지 못하게 저항하는 복잡한 기제 때문에 점차 더 어렵게 된다.

언어발달 이전, 기억으로 등록되기 전에 있었던 가정 안의 권위자와의 관계에서 해결하기 어려웠던 문제들이 잠재적인 심리문제를 만든다는 것이 심리분석학의 해석이다. 어린아이의 힘으로는 감당하기 어려울 만치 강한 권위를 가진 어른, 부모들의 기준에 압도당한 아이들이 적응하기 어렵다는 것은 어디나 공통된 상황일 것이다. 그러나 우리 문화권은 개인의 차이를 앞세우고 감안하는 것이 아니라 누구에게나 기본으

---

19) V. Wosket, *The Therapeutic Use of Self: Counselling Practice, Research and Supervision* (London: Routledge, 1999).

로 일률적인 것을 기대하는 경향이 있어서 바깥에서 주어지는 그 기대를 만족시켜야 하는 긴장이 더 크다고 할 수 있다. 어른의 기준에 맞추어 점잖기를 기대하는 그 수준이 아이들의 기준에서 얼마나 차이가 클 것인가 짐작하기조차 어렵다.

태어난 특징보다는 바깥에서 주어지는 기대를 우선으로 두기에 자신을 바깥에 맞추기에만 급급해진다. 자신을 위한 자신의 선택으로 독자성을 가진 삶을 선택하는 자아의 기능을 쓰며 살기보다는 바깥에서 지시하는 대로 따라하는 셈이다. 서구인들이 동양인들의 독자성 부족이라는 특성을 '환경의존'이라 이름 한다.[20] 각자의 차이를 드러내기보다 우리는 남다른 것을 누르고 유별나지 않게 어울리는 것을 강조한다. 자신이 느끼고 생각한 것도 권위자인 남이 같은 이야기를 한 다음에야 스스로 자신감을 가지고 인정하게 된다. 느낌, 생각, 판단의 뿌리를 다른 사람에게 두고 있다는 것이다. 우리에게 떠오른 느낌이 있어도 먼저 "이런 느낌을 가져도 되나?" 하는 내면화된 기준으로 스스로 먼저 검열한다. 우리 문화가 용납하는 정서가 굳게 정해져 있어서 그밖에 자리한 정서는 스스로 인정할 수 없고 표현할 수도 없으며 진전시키거나 발달시

---

20) H. A. Witkin, "Stability of cognitive style from childhood to young adulthood," *Journal of Personality and Social Psychology,* 7권 (1967년).

킬 수도 없다.[21]

　이렇듯 어른의 판단과 구분하지 않는 삶으로 해서 치유자(권위자)와의 관계를 나누어 분화할 수 없다. 상담하다 보면 다른 상담자와 이미 상담한 사람들은 자신을 그 상담자의 틀로 보고 똑같이 해석하며 그의 용어로 자신을 이야기하는 것을 보곤 한다. 자신에게 숨겨져 있는 권위자와의 경험을 파악할 기회를 가지려고도 하지 않는다. 자신의 삶에서 중요한 인물과의 관계를 드러내주는 전이의 형태를 찾기 어렵다. 전이의 형태에서 보이는 것이 문제를 드러내게 하고 문제에서 벗어날 수 있게 하는데 이 과정이 분화되지 못해서 그대로 헤어나지 못하게 되는 것이다.

　넷째로, 치유자와의 관계에서 익숙해지면서 권위를 가진 치유자를 자신 안에 '포함'하고 의존하여 자신의 치유를 위한 독자성 있는 동기를 상실한다. 자신의 문제에 대한 통찰력을 가지고 치유자와 협조하여 자신의 문제를 풀어가려 하기보다는 의존하려 한다. "선생님은 이런 경우에 어떻게 하실 거예요?" "선생님은 어떻게 생각하세요?" 하며 권위자라고 생각하는 다른 사람에게 기대려 한다. 때로는 "이런 경우에 다른 사람들

---

21) 우 남희, "한국 전통 교육 속에 나타난 정서지능," 한국아동학회 추계학술대회 발표(1998년)에 대한 문 은희의 토론내용.

은 어떻게 하나요?"라며 평균치나 정답을 바깥에서 찾으려 하기도 한다. 심리분석으로 치유하는 원칙은 문제를 가진 사람이 무의식에 숨겨진 자기도 모르고 있던 문제를 스스로 의식하게 되는 것인데 그 문제의 관계를 치유자와의 관계에서 반복하고 의존하려 할 뿐이다.

여성이 결혼하고 가정을 이루려는 동기에서부터 자신이 독자성을 가지고 하는 경우가 드물다. "사랑하기 때문"이라고 하는 경우는 많으나 내면의 세계를 들여다보면 그렇게 떳떳하지 못한 이유들을 많이 본다. "남들이 다하니까" "적령기가 되었으니까" "집을 떠날 구실로" 결혼을 하려 하니 바깥조건을 따진다. 상대 집안의 경제수준을 결혼조건으로 여기는 것은 당연하고 교육, 종교, 지역, 출생순서, 시어머니의 혼인관계까지, 조건을 따진다.[22] 모든 면에서 가정의 문제를 외부조건으로 따지다 보니 다른 사람이 어떻게 문제 삼고 처리하는가에 자신의 판단을 기대게 될 것이다. "남편이 바람피우는데…, 욕설을 하는데…, 폭행을 하는데…, 술 주정하는데, 이럴 때 다른 사람들은 어떻게 하나요?" 묻는 경우가 아주 많다. 사람마다 참을성의 정도가 다르고 남편에 대한 사랑이 다르다는 생각은 아예 하지 않는 것이다. 치료자는 그 바깥사람들 가운데 중요한 의견을 가진 사람으로 그의 판단에 의존하려 한다.

---

22) 문 은희, "우리 나라 가정 주부의 윤리" 「사회이론」 (1998년 봄).

　다섯째로, 서구의 심리치료는 개인 환자와 개인 치유자 사이의 계약 관계에서 이루어지기 때문에 서로 의무를 이행하고 협조하는 전문 관계로 진행되어야 한다. 치료비를 지불하기로 하고, 오랫동안 치료해야 하는 경우에는 시간이 감에 따라 치료비를 올려야 하는데 우리의 경우 그런 계약을 맺고 실천하는 버릇이 되어 있지 않아 곤란하다. 또 말끔히 사무를 다루듯 하는 계약관계로는 자신의 내면을 보일 수 없다고 여기고, 가까워져서 자신에게 '포함'하듯이 되면 사무가 흐려지고 물렁해져서 깔끔하게 할 수 없이 되고 만다. 그리하여 전문인의 자세를 가지고 고객을 대할 수 있고, 고객도 전문인으로 대해야 하는데 그렇게 하지 못한다. 치유과정에서 서로 잘 알게 되는 것을 마치 사사로운 관계라고 여기게 되기 때문이다.

맺음과 앞으로 눈여겨봐야 할 것

　심리분석학이 하부의식의 존재, 심리역동성, 삶의 경험의 인과관계를 이해하는 데 지울 수 없이 중대한 기여를 했다는 것을 인정한다. 그러나 우리가 '포함'의 단위로 행동하는 한 우리의 심리치유과정에는 '개인' 단위로 진단하고 치유하는 원칙과는 다른 원칙이 필요하다. 우리 사회에서 일탈행위가 나타날 때마다 우리 사회를 놓고 한 번도 고민해보지 않았던 프로이드의 이론을 들이대어 어리석게도 우리를 그 이론에 꿰맞추어 문제를 진단하면서 전문가인 양 행세하는 일은 없어져야 한다.

우리는 기성사회에 적응하는 정신건강개념에 묶이지 말고 '포함'의 단위를 확장하는 것과 '포함'하면서도 자기신뢰와 독자성을 가지는 정신건강을 목표로 할 것을 제안한다. 솔로몬의 지혜가 본보기가 된 것 같이 '보살핌'의 책임과 '정의로움'이 함께 있는 것이 참으로 지혜로운 자세이기 때문이다.[23] '개인' 단위로 자신의 울타리를 견고하게 하고 자신을 조절하는 서구인들과는 달리 우리는 다른 사람과 사이의 울타리가 견고하지 않아서 공통의 요인만 발견되면 다른 사람을 '쉽게' 포함한다. 이제까지 우리 사회의 윤리기준이 되어온 가족주의나 경제주의가 아니라,[24] 이를 초월하는 공공성을 지닌 믿음체계를 가질 수 있다면,[25] 우리가 건강한 마음으로 사는 자리를 획득할 수 있다고 생각한다. 특히 기존의 권위와 힘을 가지고 이를 운영하는 위치에 있지 않은 여성들이 정신 차려 올바른 가치와 믿음의 방향을 가지고 정신 차려서 산다면 우리 자신과 사회를 참으로 건강하게 만들 수 있다고 생각한다. '마음이 건강한 여성

---

23) G. E. Vailant, *The Wisdom of the Ego* (Cambridge, MA: Harvard University Press, 1993)

24) 박 영신, "두 갈래의 윤리 지향성, 그 울을 넘어," 「사회이론」 (1998년 봄).

25) 문 은희, "민주주의와 우리 사회: 민주스러운 심리구조," 「사회이론」 (1999년 가을).

들이 만드는 착한 사회'를 '이상'으로 삼고 '현실'로 만들기를 위해 우리

나라 여성들을 위한 특별한 심리치유가 필요하다.

– 「사회이론」 (20권, 2001)

06

우리나라 여성의
행동유형과 여성운동

이 글에서는 여성단체들이 벌이고 있는 활동을 중심으로 우리나라의 여성운동이 갖고 있는 특성을 심리학적으로 살피려 한다. 여기서 여성단체라 함은 "여성들이 공동으로 겪고 있는 문제를 공동으로 해결하기 위하여, 혹은 공동관심사를 추구하기 위하여 여성들이 주체가 되어 자발적으로 조직한 결사체"라고 넓게 정의 내려지고[1] 있는 조직을 일컫는다. 우리나라의 경우 이 같은 단체는 1898년 〈순성회〉가 생긴 이래로 한 세기 가까이 지난 1990년 그 숫자는 약 2,200개로 늘어났다. 이들 조직이 경제적 이익이나 공리적인 이해관계를 내세우지도 않을뿐더러 강제력 없이 참여 동기만을 강조, 표방하고 있다는 점에서 서구의 여성단체들과 다를 바 없다. 그럴 수밖에 없는 것은 개인의 선택이나, 목표달성을 위한 민주적이고 자발적인 노력을 강조하는 서구적인 생각과 실천이념을 그대로 본 따온 것이기 때문이다. 위와 같이 적고 있는 글귀에서 잘 드러나 있듯이 우리나라 여성단체의 조직과 운영의 기본내용은 서구의 것을 그대로 반영하고 있는 것이다.[2] 이것은 한 가지 보기일 따름이나, 실제 거의 모든 여성단체들이 대동소이한 이념을 믿고 있고 또한 그렇게 활동하려 하고 있다. 이들 단체들이 민주적인 공동 참여와 자발성

---

1) 한국여성개발원, 「여성관계자료 400-13」, 8쪽

2) G. Manser와 R. H. Cass, *Volunteerism at the Crossroads* (New York: Family Service Association of America, 1971).

을 밖으로 내세운 것을 얼마나 깊이 믿어 실천하고 있는가를 분석해보는 것이야말로 우리나라 여성단체의 실체를 진단하는 출발점이 될 것이다.

이 글의 기본가설은 여성지도자들을 포함한 우리나라의 사회참여적인 뭇 여성들이 우리 사회의 기존가치구조를 넘어서지 못하고 그 구조 속에 머물고 있으면서 또한 '소수인'으로의 특유한 행동구조-심리구조를 가지고 움직인다는 것이다. 그리고 이러한 행동특성은 여성단체가 민주적인 공동참여와 자발성을 내세우는 만큼 실천하지 못하게 하는 장애요인이 되고 있다는 것이다. 따라서 이 글에서는 두 가지 측면에서 이를 접근하려 한다. 첫째는 우리의 문화적 전통과 습성과의 관계이고, 다른 하나는 남성들이 주도하는 사회에서 여성들이 '소수인'으로 살아가고 있다는 것이다. 물론 이 두 가지 측면의 요인이 각기 동떨어져서 여성의 삶에 따로 작용하는 것이 아니다.

서구의 여성들도 '소수인 콤플렉스'를 가질 수 있으나 우리와는 다른 그들의 문화적 배경으로 해서 그들의 행동 동기는 우리와는 달리 갖추어지게 된다. 우리의 경우 여성들이 유교적 풍습의 내용을 비판하면서도 그 전통의 운영개념을 벗어나지 못한 채 '소수인'으로 생존해가는데 그 전통과 '소수인 의식'이라는 요인이 서로 관련되고 그 둘 사이에 서로 얽힌 문제들이 있다고 보고 이를 밝혀내려 한다. 그렇다 해도 이것으로서 우리나라 여성운동의 모든 문제를 통틀어 다루었다고 할 수 없을 뿐 아니라 그렇게 할 의도도 없다. 그러나 분석과 진단하는 글이 언제나 그러하듯이 관찰의 내용이 아무리 어둡게 보일지라도 제대로 분석함으로서만 목표하는 곳, 이른바 제 길에 오를 수 있게 된다는 믿음으로 작은 제의점을 찾아보려 한다.

우리나라 여성의 심리적 특성

우선 여성의 행동에 영향을 주어 여성운동에 영향을 미칠 수 있는 요인으로서 서구의 것과 비교되는 우리의 문화전통을 살피고, 남성이 주도하는 사회에서 여성 스스로 '소수인 의식'에 매여 살고 있는 특성을 지적하려 한다. 그 뒤에 이러한 요인들이 우리나라 여성운동과 어떠한 관련이 있는지를 살필 것이다. 이 논의에 참여함으로서 나는 우리가 바람직한 여성운동으로부터 얼마나 멀리 떨어져 있는가를 보려할 뿐만 아니라 앞으로 나아갈 방향을 설정하기 위해 창의적인 고민을 함께 나누어보고자 한다.

우리 전통문화의 행동 요인

우리 문화 전통과 풍습 가운데 여성의 삶과 활동과 관련되는 다음의 두 가지 행위 특성을 고려해보려 한다. 첫째로 서구인의 개인주의적인 행동단위와 달리 우리의 행동단위는 '개인'이 아니라는 것과, 다음으로는 우리로 하여금 공적인 삶을 영유하게 하는 우리 특유의 공공개념이 어떤 것인지를 보려한다. 이 두 요인은 사회에 참여하는 행위형태, 특히 자발성과 민주적인 공동참여의 형태를 결정하는 데 매우 중요한 것이라고 생각되기 때문에 논의할 필요가 있다고 본다.

1) 우리의 행동단위

서구인들과는 달리 우리나라 여성들은 인식, 감정, 동기와 같은 행동을 '개인' 단위로 하고 있지 않다. 최근 많은 심리학자들이 서구인과 비서구인의 행위를 비교해서 그 차이를 흥미있게 관찰하고 있는데, 서구인의 행동단위가 개인인 데 반하여 비서구인은 '인간관계 중심적relational'이라거나[3] '집

---

3) H. R. Markus와 S. Kitayama(1991), "Culture and the Self Implication for Cognition, Emotion and Motivation" *Psychological Review* 98권(1991), 224—253쪽.

합적^{collectivistic}’이라거나[4] ‘앙상블 개인^{ensembled individual}’이라며[5] 그 차이를 이해하며 강조하고 있다. 특별히 우리나라 여성들을 관찰해보면 자신에게 중요한 사람을 ‘포함’해서 느끼고 생각하고 행동한다.[6] 우리나라 여성의 행동을 ‘포함’의 단위로 해석한 논리를 받아들인다면 우리나라 여성들이 서구의 여성들에 비해 스스로 판단하고 홀로 행동한다는 것은 간단하지 않을 뿐 아니라 불가능하다고까지 할 수밖에 없다. 자기 자신 속에 ‘포함’된 사람들이 언제나 판단과 행동의 주된 요인으로 작동하기 때문이다. 때에 따라서는 소속된 집단의 테두리를 벗어나 이를 초월하는 보편적인 가치에 마주칠지라도 ‘포함’된 구성원의 의사나 이익을 거스르면서까지 이를 추구할 수 없다는 것이다. 이러한 차이를 뚜렷이 보여주는 보기를 우리는 얼마 전 뉴스보도에서 보고 들었다. 대통령의 부인으로 자기 나라와 외교 관계도 편하지 않은 나라에 인도적인 활동을 위해 갔다가 치명적인 사고를 당할 뻔했던 프랑스 미테랑 대통령 부인의 활동은 우리나라 여성으로는 상상할 수도 없는 일이다. 그러나 그 나라 사람들은 “그녀는 자기가 판단해서 자기 일을 하는 것뿐이다”라고 당연하다

---

4) H. C. Triandis / R. O. Bontempo, / M. J. Villareal, / M. Asai / N. Lacca, “Individualism and Collectivism Cross—cultural Perspectives in Self—ingroup Relationships.” *Journal of Personality and Social Psychology* 54권(1988), 323—338쪽.

5) E. E. Sampson, “The Debate on Individualism Indigenous Psychologies of the Individual and Their Role in Personal and Societal Functioning,” *American Psychologist,* 43권(1998) 15—22쪽.

6) 문 은희, “우리나라 여성심리: 서구 심리학을 벗어나려는 한 시도,” 「女性硏究」 10권 2호(1992년).

는 듯이 아무렇지도 않게 생각한다는 것이다.[7]

　개인이 스스로를 통제하고 스스로 알아서 조절한다는 행동원칙은 서구의 남녀 모두에게 적용되고 있어서 그들은 제각기 자기의 영역을 옳다고 여기는 것을 지키고 다른 사람의 영역을 침해하거나 간섭하지 않는 것을 바람직하게 여긴다. 또 그렇기 때문에 이기적일 수 있으면서도 그 가운데서 얼마는 남달리 다른 사람을 위해 소신껏 헌신적일 수도 있는 점이 있다. 특히 여성들은 남성들보다 다른 사람을 위하고 타인 중심적alterocentric이라고 한다.[8] 그래서 극히 개인 중심적인 미국에서 교회, 선교, 박애, 자선과 관련된 단체에 여성의 자발적인 참여가 두드러진 것도 이해될 수 있고 또한 새삼스러운 일이 아닐 수 있다.[9] 그러나 우리나라 여성들은 남편과 자녀들로부터 떨어져 독자적으로 자신을 분리시킬 수 없고, 자기 가족의 복지에 도움이 된다든가 적어도 손해되지 않는다는 것이 확실한 경우에만 그나마 자발적인 활동이 여성들에게 허용되는 셈이다. 행동의 이유가 되는 동기나 책임이 개인에 멈추지 않고 자신에

---

7) *Independent,* 1992년 7월 5일 관련기사와, C. Ogden, "First Lady Clout," *Time,* 1992년 9월 14일자의 글에서 미테랑 부인이 핍박 받고 있는 커드족을 도우려 방문하던 중에 그가 탈 자동차가 폭파 당한 일이 있었고 그 사실에 대한 그 나라 사람들의 반응을 볼 수 있다.

8) D. Bakan, *The Duality of Human Existence* (Chicago: Rand McNally, 1966).

9) W. L. O'Nell, *The Woman Movement Feminism in the United States and England* (Chicago: Quadrangle Books, 1969), 18쪽.

188

게 '포함'된 사람들과의 관련을 고려해서 행동하게 되기 때문이다. 서구인이 비서구인보다 자신의 일에 책임감이 강하고 따라서 죄책감도 크다고 일반적으로 믿어왔는데, 사실은 우리나라 여성은 다른 차원에서 똑같은 책임감과 죄책감을 크게 느끼고 있다고 할 수 있다. 자기 개인만이 아니라 자신에게 '포함'된 사람들에 대해 책임감과 죄책감을 갖고 있기 때문이다. 나아가 우리나라 사람이 서구인에 비해 책임감이 약하다고 보이게 되는 것은 자신의 일일지라도 자기만의 책임으로 보기보다는 그 원인을 자기의 '바깥에서' 찾게 되기 때문이다. 보기를 들어 "애들 때문에" 또는 "남편 때문에" 하는 등, 자기 밖에서 이유를 찾는 태도를 보일 소지가 많기 때문이다.

2) 공공정신의 문제

이기적이거나 사사로운 개인의 동기와 대비되는 공공정신에 대한 우리의 판단과 전통을 살펴볼 필요가 있다. 공public과 사private에 대한 우리의 유교적인 전통을 보면, 가정 안에서의 일은 사사로운 것이며, 따라서 다른 사람이 관여할 수 없고 또 각자가 철저히 통제하고 관리해야 한다고 생각해왔다. 또 자신과 자신의 가정을 그 가족구성원들이 관리하는 것은 당연하고 누구나 해야 할 기본적인 임무인 데 비해서 그 이상의 것, 그 밖의 것,

가정 밖의 사회의 일은 정치적인 것이라 여겼으며 통치자의 영역이라고 생각했다.[10] 보통사람으로는 통치자의 일에 관심 둘 필요도 없을 뿐 아니라 비판하거나, 더더욱 바꾸려는 의도는 생각할 수도 없는 것이라는 생각이다. 보통사람들은 자기 집안일이나 잘 해결할 것이지—그것도 끝없는 일이고 보면 그것만 해결하려 해도 부족한 처지이다— 바깥일에 마음 쓸 수 없다는 생각이다. 수신(受信)—제가(齊家)—치국(治國)—평천하(平天下)의 순서를 강조하는 것은 대체로 모두가 사적인 영역을 벗어나지 못하고 평생을 거기에 머물게 될 수밖에 없다는 생각을 자아내기 마련이다. "우선 효도해야지, 부모 마음을 괴롭히면서 사회참여해서는 안 된다"라든가 "자기 자식도 제대로 기르지 못하면서 우리나라의 교육이야기를 할 수 없다"는 것 같은 태도는 우리가 흔히 마주치는 바이다. 또한 이혼한 사람의 발언에 대해 "이혼한 처지"를 비아냥거리는 것이나, "남편의 동의를 얻지 못하고 하는 일"에 사회가 눈살 찌푸리는 것도 사적인 영역인 가정도 제대로 처리하지 못하면서 공적인 활동은 웬 말이냐는 식인 것과 같은 맥락에서 볼 수 있다.

극히 사사롭게만 정의 내려져온 여성문제가 근본적으로 공적이고 정치적이라는 것을[11] 서구에서도 새롭게 깨우치고 있으나, 우리 문화에서

---

10) B. Moore, *Privacy Studies in Social and Cultural History* (New York: M. E. Sharpe 1984).

11) L. Leghorn / K. Parker, *Women's Worth Sexual Economics and the World of Women* (Boston: Routledge and Kegan Paul, 1983).

는 더욱 인정되기 어렵게 되어 있다. 사사로운 일은 그 원인도 사적이며 공적인 것과는 전혀 상관없는 것으로 구분해서 생각하고, 그 해결도 사적으로 해야 한다고 생각해왔기 때문이다. 자녀교육문제, 부부 사이에 일어나는 일, 가족건강, 여성의 경제활동, 노년기의 문제들을 사적인 영역이라고 규정되는 '가정 안'에서 일어나는 일로만 본다면, 이것들은 모두 개인의 문제이기도 하지만 실제로는 동시에 공적인 문제일 수 있다는 생각을 하지 못하게 된다. 그런데 이것이 우리 문화의 특징 가운데 하나이다. 그러므로 내 아이만 대학에 입학하면 되고, 그러기 위해서는 개별적으로 수단과 방법을 가리지 않고 해결하려 하고, 우리 사회의 전체 구성원은 모두의 공적인 문제로 전혀 바라보지 않을 뿐 아니라 또 그런 공적인 방식으로 해결하려 하지 않는다. 남편에게 학대받는 여자도 혼자만의 팔자소관으로 믿어 부끄럽게 생각해서 남들의 눈으로부터 감추며 참고 지내거나, 자기 개인의 능력에 따라 혼자 해결한다. 수돗물이 마시기에 적당하지 않으면 개인별로 생수를 사먹고, 살인적이라 할 만큼 날로 나빠지고 있는 공기를 들이마시지 않으려고 자가용 창문을 꼭 닫고 다니면서도 그 공기 속을 무사히 통과하고 있다고 생각한다. 자신이 혼자 승용차를 타고 다님으로 해서 공해의 주범이 된다는 생각은 전혀 하지 않고 임신한 다른 여자가 자기가 타고 가는 차 밖에서 그 차에서 나오는 독가스를 들이마시고 있다는 것을 가슴 아파하지도 않을 수 있는 바탕을 우리 문화가 마련해주고 있는 셈이다. 자기보다 더 자격을 갖춘 사람들을 제쳐놓고 수단과 방법을 가리지 않고 버젓하게 취직하고서는 자기가 마치 남다른 능력을 가지고 있다는 듯이 뽐내는 것이나, 벼락부자가 되어 분수에 맞지 않게 소비하는 품위 없는 모양새도 같은 맥락에서 볼 수 있다. "내 돈을 내 마음대로 쓰는데" 하는 투의 마음 본새가 바로 그것이다. 내 부모만 잘 모시면 효도하는 것이라고 생각하는 같은 맥락이다. 헌신적으로 아들을 키우신 훌륭한 한 노모가 인생을 되돌아보면서 "각자가 자기 본분만 잘 지켜주고 도덕과 윤리에 벗어남 없이 삶을 산다면 얼마나 좋을까" 하고[12] 한탄한 글을 읽으며 절실하게 공감하면서도, 그 '자기 본분'이 우리 전통이 규정한 사적인 영역만을 말한다 할 때 우리의 삶의 반경은 축소될 수밖에 없으므로 비판적으로 바라볼 수밖에 없다. 때문에, 사회-역사적인 배경과 교섭과정에서 비롯된 여성의 문제에 대하여 책임의식을 함께 가지고 이 문제를 공적으로 해결하기 위하여 협력적인 활동을 해야 함에도 불구하고, '사적' 영역을 강조하기만 하는 이러한 전통의 영향으로 광범위한 호응을 받기가 극히 어렵게 되어 있는 것이다.

'공적'인 영역은 제도화된 정치라고 하는 경직된 전통적인 판단에 따라 그나마 현존하는 여성단체들은 좁은 의미의 제도화된 '정치'에만 초

---

12) 윤 수현, 「당신 뜻대로 하소서」 (서울: 정음사), 122쪽.

점을 두고 있는 형편이다. 제도화된 '정치'와 '공적'인 것의 등식관계를 보여주는 사실들이 바로 그것이다. 여성단체들의 사업을 보면 이른바 '정치적'인 것만을 '공적인 것'인 양 다루고 있다는 것에서 쉽게 볼 수 있다. 지방의회 의원선거가 있는 해에 여성단체들이 세운 계획은 한결같이 "지방의회에 여성진출 확대총력", "정치권 진출확대 최대목표로"와 같은 천편일률적인 내용이 신문마다 실리도록 사업을 꾸려가고 있다.[13] '관 주도'라는 비판이나 '관 예속'[14]이라고 하는 지적을 받게 되는 것을 중앙에 있는 단체뿐 아니라 지역여성조직까지도 변명하기 어렵도록 되어 있는 상황이다. 여성문제를 순수하게 자발적으로 협력하여 해결하지 않고, 많은 주요단체들이 관과 정치인들의 후원을 (부분적으로라도) 받아서 운영하고 있기 때문일 것이다. 자기가 속한 단체의 명예를 지키기 위해서 발설을 삼가는 분들과 개인적으로 대화하며 얻은 정보에 따르면 열 손가락 안에 꼽히는 큰 단체 가운데 정부보조를 받으면서 회계보고도 하지 않고 부당하게 장기집권하고 있는 '썩은' 내막을 그대로 보고도 방치하고 있는 형편이기도 하다.

한국여성운동은 (다른 사회운동도 그러리라고 생각되지만) 결국 우리나

---

13)「서울신문」(1991년 1월 5일);「중앙경제」(1991년 1월 5일); 그밖에도 여러 일간신문의 보도에서 볼 수 있다.

14)「한겨레신문」(1991년 9월 5일);「조선일보」(1991년 8월 17일)에 각기 실린 기사.

라 사회전통의 틀에서 벗어나지 않도록 형태지어지고 운영되어왔고 또 그 한계를 벗어나기 어려운 것이 아닌지 물을 수밖에 없다. 우리 문화의 한계를 초월하는 근본적인 가치제시를 기대하거나 이해관계를 따짐 없이 윤리적 책임수행이나 이웃에 대해 자발적으로 우러나온 관심과 아낌이 바탕이 되는 여성운동을 기대하기는 어렵게 되어 있다. 남다르다는 것을 전제로 하는 개인단위의 창의성을 격려 받지 못하여, 여성들이 다른 사람들과 '다른' 독특한 행동특성을 자랑스럽게 펼 수 있는 경험도 없어서 그럴 수 있는 능력도 없고 자유도 누리지 못한다. 공적인 참여를 격려하지 않는 우리 문화의 특성 때문에 자신의 문제의식에 따라 문제해결을 찾되 이를 공적으로 진행하지 않는다. 여성운동의 내용과 형태가 창의적이지 못하고 해마다 반복하거나 유행처럼 우리나라 안에서도 단체들 사이에 서로 따라할 뿐 아니라 서구의 여성들의 그들의 문제를 두고 외치는 구호와 그들이 하고 있는 일을 우리네 문제와 얼마나 유사한 것인지 점검하지도 않은 채 뒤따르는 것도 이런 맥락에서 그 관련성을 찾을 수 있다.

여성들의 '소수인 의식'

앞에서 살펴본 문화적인 특성뿐 아니라 여성들이 젖어 있는 '소수인 증상^{minority complex}'이 여성의 삶에 끼치는 영향 또한 크다. 여성들이 인구의 반을 차지하면서도 현대여성들은 '소수인 증상'이라는 심리적인 특성을 가지고 있다. 전통적인 가정 안에서의 성 역할분화에 관한 한 우리나라 여성들이 충분히 자기 주체감을 갖추고 있었다. 현대교육을 받기 이전의 어머니, 할머니세대는 자신들의 역할을 분명히 알고 남성들의 간섭을 받지 않고 독립적으로 역할을 수행했다. 그에 비해 오히려 남녀의 동등함을 내세우는 현대교육을 받은 여성들은 여성만의 전통적인 역할에만 묶여 있을 수 없는 것은 자연스러운 일이나 자신들의 새로운 정체감을 확실히 하는 것에서 혼란을 겪게 되었다. 마치 남성들의 역할이 더 가치 있는 것이고 그것만이 보편적인 인간역할의 기준인 듯이 여기는 교육을 받고 나니 여성들 스스로 전통과 교육 사이에서 혼란을 겪게 된 것이다. 여성들이 해온 역할에 대해 가치 부여하기를 거부하거나 남성들이 해온 역할보다 못한 것으로 여기는 태도를 낳게 되었다는 말이다. 그리하여 여성을 스스로를 비하하고 상대집단을 돌보는 '소수인 증상'을 앓게 만든 것이다.[15]

　가정의 중요성을 생각하는 것에는 변함이 없고 가정이 실제로 삶의

---

15) 여성들이 남성들과 같이 행동할 필요가 없다는 생각은 V. Woolf의 글, "Extracts from Three Guineas," E. Frazer / J. Hornsby / S. Lovibond(엮음) *Ethics A Feminist Reader* (Oxford: Blackwell 1992), 160–193쪽.

주된 영역으로서 여성들이 책임져야 한다고 깊이 믿고 있으면서도 가정 안에서의 여성역할의 가치는 여성 스스로도 인정하지 않게 되었을 뿐 아니라, 현실에서 눈에 보이는 구체적인 보상이 있고 사회적으로 인정받는 바깥활동을 여성 자신들도 우선적으로 선택하게 되었다. 이런 현상이 심화되어 가정 안의 일은 '일'이라고도 생각하지 않기 때문에 주부들이 직장이 없는 경우에는 "아무 일도 하지 않고 있다, 논다"라고 자신을 정의해 서술하고 있다. 남녀 모두에게 바깥활동이 지니는 가치가 가정을 돌보는 것보다 더 값지고 높이 여겨지는 것이다. 그럼에도 가정에서의 일이 여성에게 그대로 남아 있기 때문에 가정을 가지고 바깥활동 하는 여성들은 역할을 이중으로 맡게 되고 원하는 만큼 제대로 가정을 집중해서 돌보지 못하는 죄의식과 함께 안팎으로 분산된 마음 탓으로 바깥일에도 남성만큼 집중하지 못하는 결과를 낳는다. 그에 따라 열등감과 불공평함에 대해 항의하는 저항의 마음과 좌절을 복합적으로 겪게 된다. 또한 오늘날 집안일에만 전념하는 대부분의 교육받은 여성들은 이때까지 받아온 교육에서 높이 내세웠던 가치를 자신의 삶에서 찾지 못하여 스스로 자신의 가치를 인정하지 못하게 되고 뚜렷한 보상을 얻지 못하는 처지 때문에 독자적인 정체감을 안정되게 갖지 못하여 갈등을 겪게 된다.

낮게 인정되고 있는 가치를 가진 집안일을 여성이 남성보다 더 많이 담당해야 한다는 생각도 이런 '소수인 의식'을 지속시키고 부채질하는 요인이다. 서구의 현대 여성들도 자기 어머니들이 집안일을 했듯이 자기들도 전통적인 방식 그대로 하는 경우가 많다고 한다.[16] 가정에서 남녀가 공평하게 협력하는 것을 전제로 하는 서구에서도 거의 모든 집안일은 여성이 맡고 있고 남성은 극히 일부분의 집안일에다 단지 보조적인 일에만 참여하는 형편이다. 집안일에서 남성의 참여를 넓히려면 일하는 것에 익숙하지 못한 남성들에게 끊임없이 여성들이 요구하고 귀찮게 졸라야 하는데 여성들은 또 이로 인해 생길 수 있는 갈등을 피하고 싶어한다. 그러기보다는 집안일에 이미 익숙해진 자기가 스스로 하는 것이 효과적이고 집안의 평화를 위해서도 좋다는 생각에 묵묵히 집안일을 도맡아 이끌어가게 된다.

바깥일 중심으로 남성들이 성취하려는 태도가 여성에 비하여 집중하여 일관성이 있기 때문에 심리적인 평화를 유지할 수 있다면 집안일만을 하는 여성의 경우에는 남녀가 모두 같이 인정하는 바깥활동의 가치를 거슬려야 하고, 바깥활동을 하는 경우에는 습관화되기도 하고 마음 깊숙이 자리잡고 있는 가정에 대한 가치를 수호하지 못한다고 하는 불편한 갈등의 심리상태를 가질 수밖에 없다. 두 면의 삶을 다 충실하게

---

16) *Independent*, 1992년 8월 16일에 실린 기사.

성취해내는 여걸들이 있다지만 같은 수준의 남성들에 비해서 이 여성들은 두 배 이상의 노력을 해야 하는 불리함을 부담해야 한다. 따라서 여성들은 자의든 타의든 둘 가운데 하나가 우선되는 생활태도를 선택하게 되는 것이 보통이다. 집안일에 전념하는 여성들이 '소수인 의식'으로 괴로움을 겪는 것은 물론이고, 사회활동을 택한 여성들도 자신이 자라온 전통의 영향을 깡그리 벗어버릴 수 없기 때문에 남성과 같이 사회의 주류를 타지 못한다는 '소수인 열등의식'을 안고 움직이게 된다.

더 큰 힘을 가진 남성들에게 인정을 받아야 하므로 여성은 그들의 비위를 맞추어야 하고 그로 인해 생기는 약한 여성들의 여러 가지 특성을 남녀 사이의 '힘의 겨룸'이라는 요인으로 설명한 밀러[17]도 이런 소수인의 입장 가운데 심리적인 한 측면을 다루고 있다고 볼 수 있다. 그러나 '소수인 의식'은 삶의 모든 면에 번져 있다. 남성에 의해 남성주도의 문화 속에서 그들이 만든 언어로 삶의 모든 면이 번역되어왔기 때문에 여성들은 소수인으로서 스스로에게도 생소하게 느껴지는 의식구조를 가지고 살게 된다. 남성들이 만든 문화 안에서 남성들이 만든 언어로 표현되는 이질적인 존재로 여성들이 둔갑해야 하는 것이다.[18] 전통적으로 분화된

---

17) J. B. Miller, *Toward A New Psychology of Women* (Middlesex: Penguin Books, 1976).

18) D. Spender, *Man Made Language* (London: Pandora 1980).

성역할을 고수하거나 옛날로 돌아가는 것을 두둔하는 것이 아니라, 남성과 여성의 두 문화가 서로 존중하고 협력하지 않고 한 편만의 가치가 인정되고 보상받는 경우에는 그렇지 않은 무리들이 소수인이 되어 그들의 자신감은 여지없이 땅에 떨어지게 된다는 것이다.

결과적으로 여성은 남성들이 관심 두는 데에 자기들도 관심 두려 하게 되고, 그들이 문제라고 정의한 문제를 똑같이 문제라고 여겨 매달리게 되고, 그들의 방식에 따라 문제를 풀어보려고 애쓰기도 한다. 여성들이 관심을 표명하면 하잘것없는 잡담으로 돌리고, 여성들이 문제라고 느끼는 것은 중요하지 않아서 보잘것없다고 치부하고, 여성들의 해결방식은 비합리적이거나 감정적이라 하여 이를 어리석다고 취급한다. 이렇게 남성이 주도하는 반응에 익숙하게 되면 남성들에게만 무시되는 것에 그치지 않고 여성 스스로 자기의 판단과 느낌조차도 타당하고 값진 것인가 하고 주저하게 되어 자기 스스로에게 되묻게 되고, 또 자신의 느낌과 판단에 따라 솔직하게 행동하지 못하고, 의식적으로나 무의식으로 밖으로부터 기대되는 데 따라서 생각하고 느끼고 판단하려고 노력하게 된다. '자기 보류' 또는 '자기 상실'에 이르렀다 할 수 있다. 때때로 판단함에 있어서 주도적인 기준과 더불어 자기 자신의 것이 병존해서 혼돈을 느끼게 되기고 하는데 그런 경우에 스스로도 자신의 행동동기를(기존의 언어로) 분명하게 설명할 수 없는 처지에 이르게 된다. 실제로 벙어리가 되는 셈이어서 '냉가슴' 앓게 된다. 그러다 보면 자신의 깊은 느낌은 묻어두게 되고 주어진 것에 따라서 평안하고 안전하게 생존하려 하게 된다. 학대받는 여자가 왜 그 학대자의 손에서 벗어나려 하지 않았는지, 폭행당한 딸이 왜 그렇게 오래 참아왔는지에 대해서는 '소수인'의 처지를 이해하지 못하는 '기존인' 입장에서는 헤아릴 길이 없는 것이다.

그러므로 우리나라 여성은 집안관리와 자녀교육에 관한 부분을 따로 구분하여 제외하고는 그 밖의 모든 공적인 문제에 관심을 두지 않고 외면한다. 전적으로 참여하는 것이 바람직하다고 인정되어 활동이 허용된 가정경제와 자녀교육에 관한 일에만 자신의 능력을 최대한 펼친다. 이같이 여성들이 제한된 영역에 치우쳐 있는 그 활동의 부수적인 결과로 수시로 바뀌는 사회의 주도적 가치와 판단에 따라서 '큰손'이니 '복부인'이니 '치맛바람'이니 하는 바람직하지 않은 어감을 풍기는 이름으로 불리고, 그런 역할을 열심히 이행하는 여성들을 우리 사회는 때에 따라 죄인으로 정죄하고 돌을 던진다. 여성들조차 자신의 느낌을 저버리고 기존의 편에 서서 그 판단에 따라 ('소수인' 심리구조를 가지고) 석연치 않은 채 무리에 섞여 어울려서 그런 여성에게 함께 돌을 던질 자세를 취한다.

남성들의 기존 이해의 틀에 터한 이론을 의심 없이 받아들이는 여성들의 자세를 서구의 여성이론가들은 해체^{deconstruct}나 탈결합^{decoupling}해야 한다고 하는데,[19] 우리나라의 여성운동을 하는 사람들이 그렇게 하려고 하면 그 과업이 간단하지가 않다. 소수인 의식에서 여성의 언어, 문화를 제대로 수용하고, 단순한 반발이 아닌 새로운 문화와 언어를 찾아 창조하는 것은 구호만큼 간단한 것이 아니다. 그렇게 주장할 때조차도 서구인 남녀 사이의 인간관계와 심리구조가 우리의 것과 같다는 전제에서 간단하게 주장할 수 있다고 보는 것은 더욱 위험한 생각이다. 남녀가 각기 개인으로 서로를 대하는 서구인들도 협력하면서도 대립적인 관계에서 독자적인 자신을 찾으려 하는 동기를 가질 가능성이 우리보다 클 수 있다. 그들과 다른 심리구조를 가진 우리나라의 여성은 가족관계의 틀 안에 있는 남성에게 개인으로 맞서는 행동구조를 가지고 있지 않다. 우리네 여성들은 남성을 자신 안에 '포함'하고 있기 때문에 자신이 평온을 원하듯이 남성과의 사이에도 문제를 불러일으키지 않고 평온을 지키려는 자세로 적응하기 때문이다. 따라서 우리나라 여성들에게서 해체와 탈결합의 의지를 기대하기는 어렵다. 이러한 특성은 한국여성운동이 지닌 성격과도 밀접한 관계가 있다.

---

19) L. Kauffman, *Feminism and Institutions Dialogues on Feminist Theory* (Oxford: Blackwell 1989).

1) 우리나라의 여성운동

앞에 지적하였듯이 '개인'이 아닌 '포함'하는 행동단위를 가지고 있다는 점, 공공정신에 대한 우리 특유의 문화적인 개념, 그리고 여성의 '소수인 의식'이라는 세 가지 요인들과 관계 지워 우리나라의 여성운동의 문제점을 분석해본다.

2) 지도자 및 일반 여성들의 참여의식과 형태

우리나라 여성운동에 참여하는 일반구성원들뿐 아니라 여성지도자들까지도 아무런 사심 없이, 독자적으로 자유롭게 여성운동에 헌신하는 경우를 보기 어렵다는 사실을 어떻게 풀이할 수 있을까? 이것을 위에 적은 세 가지 요인들에 이어볼 수 있을 것이다. 첫째로 '개인' 단위로 판단하고 행동하는 경우보다 자신에게 중요한 사람들을 '포함'해서 판단하고 행동하기 때문에 자유롭지 못하다. 우리나라 여성들은 서구여성들보다 언제나 더 바쁘다고 한다. 한 달에 한두 번 모이는 모임에도 시간내기가 어렵다고 한다. 관여해야 할 '포함'된 사람들이 너무 많기 때문이다. 바꾸어 말해 어떤 권위나 어떤 기구에도 속하지 않은, 아니 어느 누구에게도 속하지 않은 사람이라야만 '갈려지지' 않은 마음으로 옳은 일에 충성을 다 할 수 있고, 훨씬 더 헌신적일 수 있기 때문이다. 자유행위자^{free agent}로 한 점의 의심도 없이 오직 절대자의 부르심이 무엇인가 만을 철저하게 묻는 자세와 우리의 자세는 아주 크게 대비되고 확연히 비교된다. "도덕적인 존재로서는 남녀의 차이가 없다"[20]는 신념을 가지고 여성들에게 소중하다고 여겨온 것을 희생해야 하는 것이 여성의 의무라고까지 하는 태도는 서구인들이 절대자 앞에서 철저한 '개인주의적' 행위자이기 때문에 가능한 논리이고 그에 맞춰 행위가 뒤따를 수 있다. 많은 사람에게 존경받는 우리나라의 한 여성지도자가 자신의 아들의 정치적인 장래를 여성운동의 원칙보다 앞에 두는 것을 본다. 또 이런 판단을 접한 다른 여성들도 그분에게 실망하지 않고 오히려 이해한다는 태도로 용납한다. 우리나라 어머니들은 자녀를 포함하는 가족관계를 벗어나 철저하게 '개인'이 될 수 없다는 것을 너나없이 알고 있고 당연하게 여기기 때문이다.

그뿐 아니라 '소수인 의식' 때문에도 여성들은 자신들의 특성을 뒷전으로 제쳐두고 기존의 남성적인 방식을 따르게 된다. 그러므로 여성은 수동적일 수밖에 없고, 다른 여성들의 권위보다는 남성의 권위를 더욱 더 높이 사게 되는 것이다. 똑같이 성취한 경우에도 남성의 성취를 여성

---

20) S. M. Grimke, "Letters on the Equality of the Sexes and the Condition of Women," W. L. O'Nell (엮음), 윗글, 103쪽.

의 것보다 높이 평가한다. 어느 큰 여성단체가 감사와 고문으로 남성을 그 모임에 모시고(?) 있는 것이나, 많은 여성단체에서 거행하는 행사에 남성들을 대거 모시고(?) 좌중을 흔들 기회를 주는 것은 흔히 있는 일이다. 여성들끼리 하면 격이 떨어지고, 남성들이 끼면 모임의 권위가 오른다고 느끼는 것이 모두 '소수인 증상' 탓이다. 여성들 스스로 존경받을 수 있는 기회를 지레 포기한 결과이다. '기사도'를 발휘하는 남성들에 의해 여성들이 보호를 받고 편의를 누리게 하는 서구사회의 문화적인 풍습과 예절이 실상은 여성의 권리를 포기하게 하는 것으로서, 그것은 실상 서구식의 '소수인 의식'과 관련된 한 현상이다. 여성도 자기 역할을 다해가기보다는 '여성'으로 보호받고 대우받으려 하는 의식을 여성운동 하는 사람들도 따라하고 있는 경우일 것이다. 여성 스스로 역량을 제대로 인정받아 실권 있는 정부부서를 맡으려 하지 않고, 고작 여성담당부서가 설치된 것만으로 대우받은 것이라고 고마워하는 여성계지도자들의 태도도 이 같은 의식 때문일 것이다.

공공의 문제를 자신의 사적인 삶과 동떨어진 것으로 느껴온 습성도 또한 이와 깊은 관련이 있다. 자신의 이해문제나 자기와 가깝게 관련된 사람의 이해문제와 관계가 없는 일에는 공적으로 중요한 것이라 할지라도 헌신적으로 참여하지 않는 것이다. 그리하여 여러 여성지도자들의 공적인 여성운동의 목표와 원칙 그 자체보다는 자기 가족과 친지의 이해관계를 먼저 생각하고 판단해서 움직이는 바탕을 확인할 수 있다. 아들의 출세와 남편이나 부모의 의사를 거스르는 일에 여성들이 헌신적으로 뛰어들 수 없다는 것이다.[21] 그러므로 손해가 되더라도 변함없는 진리에 터해서 종교적이기까지 한 확신에 찬 참여를 우리에게서 찾아볼 수 없다. 정직하게 말해서 우리나라에서는 진정한 뜻의 여성운동이 없었다고 고백해야 할지 모른다. 도덕적인 정당성을 가지고 핍박을 받으면서도 누구나 참여할 수 있는 투표권을 획득한 서구의 여성운동가들과 달리 우리나라 여성운동가들은 주도적인 정치구도 안에서 보호와 혜택을 받으며 한 치의 손해도 보지 않고 그들의 시녀 노릇을 해온 것이다. 이런 '여류'인사가 여성운동을 했다고 한다면 그것이 '참'여성운동인가를 묻지 않을 수 없다.

3) 여성운동 과제의 부재

우리나라 여성운동에서는 진정한 뜻에서 공동관심이나 문제의식이

---

[21] 사회적 이목 때문에 실명을 공개할 수 없다는 어느 여성지도자와의 개별적인 대화에서 이런 정보를 많이 얻을 수 있었다. 문서화된 자료에만 의존할 수 없는 우리 사회의 문제들을 분석하기 위해서는 개별적인 접촉에서 얻은 자료를 더욱 신뢰할 수 있고, 또한 거기서 더욱 가치 있는 근거를 찾을 수 있다고 믿는다. 생존한 인물은 물론이고 작고한 사람들이 거론되는 경우에도 그들의 가족, 친지관계로 인해 제대로 분석할 수도 없고, 문서화된 자료도 때로는 신빙성이 없는 것을 알고 있기 때문이다.

없다. 각자의 이기성을 벗어난 그러면서도 다양한 여성운동의 이슈가 결핍되어 있다는 말이다. 행사 위주로 여성들이 끼리끼리 모이고 헤어지는 것이 아니라 절실한 문제의식을 바탕으로 움직이고 있다고 보기 어렵다. 보기를 들면 자연보호운동을 하는 사람도 눈에 띄는 쓰레기 줄이기 운동에만, 그것도 관의 주도를 뒤따라 하면서, 더 무서운 자연의 적인 자동차는 아무런 가책 없이 타고 다닌다. 자연과 그 안에서 사는 사람에 대한 기본적인 사랑을 가지고 어떻게 철저히 살아야 할 것인가가 이슈가 아니기 때문이다. 스스로 깊이 성찰하는 과정에서 나온 것이 아니고 나타났다가 사라지는 유행같이 따라가는 데에 문제가 있다. 그러니까 철저하게 살지 못하는 위선을 범하게 된다. 자기의 노력과 시간 대신 다른 여성의 시간을 값싸게 쓰면서 자동차를 타고 가서 환경보호운동 같은 여성운동에 참여하는 모순을 빚는 것이다. '개인'으로의 철저함보다는 '포함'된 사람들의 의견을 따라서 사는 자세가 삶의 습관이 되어 스스로 캐묻지 않고 무책임하게 사는 것이 또한 습관이 된 것이다. 우리나라에서도 여성의 의식화를 많이 이야기해왔고 또 크게 호응을 받기도 했는데, 이것들은 모두 여성의 권익에 관한 것뿐이었다. 당장 나에게 이익이 되지 않더라도 '공공정신'에 따라 참여하고 여기에 관심을 두는 참의식화는 없다. 게다가 남성이 주도하는 사회에서 '소수인 증상'에 젖어 주눅 들어 살다 보니 남성들의 정치를 흉내 내는 것이 유일한 방법이고 훌륭한 것이라는 생각에 빠져들어 근본적인 회의조차 품지 않게 된 것인지도 모른다. 공통의 이슈를 찾지 못하는 여성단체가 활력을 가질 리 만무하다.

어떤 사회나 해결해야만 할 문제를 가지고 있기 마련이라고 한다면 '소수인 증상'이 생기기 이전의 여성 특유의 갖춤, 방향감각, 능력, 특성이 이 문명의 방향을 바꾸어 바로잡는 데 한몫을 해야 한다. 그럼에도 불구하고, 내 가족, 내 주변에 이익되는 것에만 머물러서 이미 되어 있는 방식만을 따라하고 동조하기만 한다면 여성운동의 뜻은 없다. 사랑과 신뢰를 되살리는 전혀 새로운 이슈를 가진 운동이 여성운동이어야 한다. 그러기 위해서는 깊은 성찰에 따라 성실하게 책임을 지며, 모든 일이 '공공'의 뜻을 띤 것이라는 것을 깨달아 알고, 느끼고 실천해야 한다. 이것은 동시에 '소수 의식'에서 벗어나 서로를 존중하며 자기 발견과 확신을 포기하지 않는 데에서만 가능해진다. '소수인 의식' 때문에 여성들은 의식, 무의식적으로 스스로를 존중하지 않게 되고, 수동적이 되고, 무기력하게 되고, 아예 자포자기하는 태도를 낳게 된다. 자신이 살아가는 삶의 주도자가 되어야만 다른 사람도 주도자로 살 수 있게 도울 수 있기 때문이다.[22] 그렇다고 해서 기존사회를 적대적인 위치에 두고 그

---

22) B. Hopson과 M. Scally, *Lifeskills Teaching* (London: McGrawhilt, 1981), 7권 52–54쪽.

에 맞서 권력투쟁을 하자는 것이 아니다. 사랑과 신뢰의 원칙에서 용납할 수 없기 때문이다.

내일을 향하여

우리나라 여성운동은 위에서 살핀 세 가지 면을 적절히 조절한다면 서구의 경우보다 더 효율적이기도 하고 또한 의미 있게 사회적인 문제를 해결해나갈 수 있을 것이다. 우리나라 여성들이 가족 중심적인 좁은 가치체계의 테두리에서 벗어나기만 한다면 '포함'하는 자아를 갖추고 있다는 바로 그 때문에 오히려 넓은 영역을 자연스럽게 '포함'할 수 있을 것이다. 자기 통제의 가치를 높이 평가하는 '개인주의적' 단위를 가진 서구인들보다 자기를 통제해야 하는 문제에 필요 이상으로 과민한 반응을 보이지 않고, 부담 없이 다른 사람과의 관계를 맺을 수 있기 때문이다. 다른 사람을 이해하고 용납하는 것도 수월하고, 서로 돕고 관여하고, 또 적극적인 간섭마저도 무리함 없이 서로 받아들일 수 있는 특성이 이미 갖추어져 있어서이다. 자기 가족만을 위한다는 것이 넓은 안목으로 보면 자기 가족에게도 해로운 것임을 깨닫게도 될 것이다. 이렇게 심리구조를 조절할 때 우리나라 여성운동이 제자리를 찾게 될 것이다.

그뿐 아니라 우리나라 여성들은 서구여성들보다 자기 역할을 독립적으로 수행해낼 역량을 갖추고 있어서 일단 넓은 안목을 갖추기만 하면 과감하게 스스로 운영해갈 수 있다. 앞에서도 일러두었듯이, 우리나라의 전통적인 성 역할이 뚜렷하게 구분되어 있어서 남성의 보조 없이 여성들이 독자적으로 '큰일'들을 처리해왔던 집합적 유산과 기억을 갖고 있기 때문이다. 조그마한 일에도 남편의 동의를 얻어서 함께 처리하는 서구의 여성들이 우리나라 여성들의 '과감한' 일처리에 감탄을 금하지 못하는 것도 이 때문이다. 게다가 높은 교육수준으로 해서 여성들이 여러 가지 전문 분야에서 다양성을 살릴 수 있기 때문에 여성운동의 전망은 더욱 밝다.

이런 소망은 여성들이 철저하게 '소수인 의식'에서 벗어나야만 이루게 될 것은 두말할 나위도 없다. 이제까지 겪어온 주도적인 문화가 '모두'가 아니기 때문에 거기에 대해 다른 선택의 여지를 여성 스스로 창출해내야 하기 때문이다. 남녀가 다 공평하게 권리를 누릴 뿐 아니라 동시에 공평하게 기여할 수 있기 위해서는 서로의 특징을 존중하고 그 '다름'을 적극적으로 장려하는 것을 주저하지 말아야 할 것이다. 그러기 위해서는 여성들 자신이 내면의 소리에 예민하게 귀 기울이고, 이웃한 여성들을 사랑과 인내심을 가지고 이해하려 하고, 평화스러운 협력관계에서 서로를 아끼고 돌보는 참으로 민주적인 윤리를 실천해내어야 한다.

— 「현상과인식」 (16권 3호, 1992)

07

우리나라
가정주부의 윤리

거창하고 끔찍하기까지 한 우리 사회의 문제들을 보며 그 부패와 불평등을 비판하고 가차 없이 채찍질하다가도, 가정 안에서 아내로 어머니로 그리고 며느리로 살고 있는 주부의 삶을 둘러싼 모순과 불공평한 현실을 마주하게 되면 이 문제는 여성들에게 더욱 절실하게 느껴진다. 아무리 큰 세상의 문제를 논해도 그것은 적어도 조금은 거리를 둘 수 있어서 그만큼은 견디기가 쉽다고 할 수 있으나, 누구와도 나눌 수 없이 여성 한 사람으로서 혼자 치러야 하는 자기 개인의 문제는 그만큼 더 감당하기가 어렵기 때문에 심각할 수밖에 없다. 단 한 번밖에 누릴 수 없는 삶이기도 하니 그 절실함이 어떨지를 조금은 이해할 수 있을 것이다. 오늘날까지 여성을 위한 여성에 대한 여성연구 쪽의 논의라는 것은 집 바깥에서 활동하는 여성의 문제에 주목했다. 그리하여 활동영역에서 여성들이 남성에게 뒤지고 있는 것이야말로 심각한 문제라고 못 박고 이 문제가 모든 것을 우선한다고 여겨 어떻게 뒤떨어지는 이들 여성을 남성과 어깨를 나란히 동등하게 끌어올릴 수 있을 것인지에 초점을 맞추어왔다.[1] 여성들의 사회참여를 방해하는 요인이 무엇인지를 찾아 고치는 일은 물론 중요한 일이다. 그러나 이 일에 모든 연구관심을 쏟다가 가정에서 혼자 주부로서 겪는 수많은 문

---

[1] 서구의 여성 운동가들도 이런 면을 이제 와서 반성하고 있다. Marilyn Pearsall(엮음), *The Other Within Us: Feminist Explorations of Women and Aging* (Boulder: Westview Press, 1977).

제에 대하여, 그리고 이 문제로 어려움을 겪고 있는 '보통' 여성의 삶에 대해서는 눈여겨보지 않고 지나쳐 버렸던 것이다. 몹시 뒤늦은 감이 있지만 이제라도 바깥으로 도는 여성의 문제에 파묻혀 있던 우리의 눈을 돌려 외롭게 혼자 고뇌하고 있는 여성 내면의 문제를 파헤쳐보아야 하며, 이러한 연구관심의 변화를 한 걸음 재촉할 때가 온 것이다.

바깥일을 하는 여성도 주부역할을 면제받는 것이 아니므로 주부의 일은 바깥활동을 하지 않는 여성만의 문제일 수는 없다. 사회의 조건과 상황을 조절하여 남성과 동등하게 해주기만 하면 여성의 사회활동에 관한 문제는 쉽게 해결할 수 있다고 여긴다면 이는 커다란 착각이다. 흔히 많은 사람들이 조선시대 여성보다는 바깥활동의 기회가 많아졌으니 요즘 여성의 삶과 위치가 모두 크게 진전된 것이라고 (보는 관점에 따라 그럴 수도 있겠으나 현실이 반드시 그렇다고 볼 수는 없다) 변명하듯, 위로하듯 찬사를 아끼지 않는다. 바깥일이란 여성의 삶에 다만 한 조각을 이루고 있을 뿐인데도 여기에 얼마만큼의 변화가 있다고 해서 요즘 교육받고 여성을 이해한다고 하는 이른바 '새 남성'들이 여기에 대하여 드러내지는 않지만 교묘하게 저항하고 있으며 조직 안의 기존체제가 방해하고 있는 것이다.[2] 아무리 많이 바뀐

---

2) 서구 사회에서 여성의 활동을 방해하는 남성들의 상황에 대한 연구, Cynthia Cockburn, *In the Way of Women: Men's Resistance to Sex Equality in Organizations* (London: Macmillan Press, 1991).

것처럼 보여도 집 안팎에서 여성들에게 기대하는 것은 사실상 별 차이가 없기도 하다.[3] 그런데도 여성들에게 솔깃하도록 듣기 좋은 소리로 '21세기는 여성의 시대가 될 것'이라고들 한다. 오직 바깥일을 하는 것이 가치 있다고 생각하고 거기에 관심을 집중해두는 한 그런 시대가 오리라고 기대하는 것은 어림도 없는 일이다. 이에, 집 바깥에 한정되지 않고 집 안으로도 걸쳐 있어야 할 여성의 삶, 곧 집 '안팎'에서 살아가야 할 여성 특유의 삶을 균형되게 이해해야 할 필요를 절감하게 되는 것이다.

앞날의 삶을 제대로 준비하려면 무엇보다 집 안팎에서 오늘날의 여성은 어떤 기준으로 생각하고 판단하며 살아가고 있는지를 살펴보아야 한다. 다시 말해, 여성이 자신과 이웃과 세계와의 관계에서 어떤 윤리기준을 가지고 살아가는지 알 필요가 있는 것이다. 여성이 좋은 아내이자 현명한 어머니로 집 안팎에서 활동하는 데 바람직한 생각의 틀을 가지고 있는지 반성하며 정직하게 볼 수 있어야 한다. 물론 남성들도 좋은 남편이면서 현명한 아버지로 집 안팎에서 활동하는 데 바람직한 생각의 틀을 가지고 있는지를 깊이 생각해야 한다. 그리하여 잘못된 생각을 돌리고 바로잡을 수 있는 길잡이가 되게, 우리나라 가정주부의 삶의 바탕이 되고 행동의 기준이 되는 잣대가 무엇인지를 논할 필요가 있는 것이다.

---

3) 이에 대한 글로는 문 은희, "집안과 일터에서 기대되는 여성의 자질," 「연세여성연구」1권 (1995년).

가정주부라는 역할을 맡았을 때는 그 전제로 자신이 그 역할을 잘 수행해나가야 하는 윤리의 의미를 찾아야 한다. 그런데 이들은 거의 예외 없이 "정신없이 살고 있다"고 말한다. 방향감각이 없이 밀려다니고 집안 일에 묶여 끌려다니는 것 같으며, 자신들도 그렇다고 생각하는 듯하다. 그러나 뚜렷하게 의식하고 있지는 않더라도 언제나 변화 없이 지루한 것 같은 하루하루의 삶을 영위해나가는 데는 이를 가능케 하는 어떤 힘과 원칙이 잠재해 있을 것이다. 왜 주부들 자신이 정신없이 살고 있다고 여기게 되는가 그 사연을 헤아려 살펴보면 이들이 살아가는 삶의 바탕을 얼마만큼 읽을 수 있는 실마리를 잡게 되지 않을까 한다.

결혼 이전과는 달리 결혼하고 또 자녀를 둔 가정주부는 자신만의 개별존재로 살지 않는다. 몸으로는 태어난 가정을 떠났지만 마음에는 그대로 남겨둔 채, 남편의 가족과 맺은 새로운 관계를 받아들이고, 또 자신의 아이들까지 합하게 되면 관여해야 할 사람들의 수와 종류는 결혼 전의 몇 배로 늘게 된다. 책임져야 할 일이 비교적 적은 위치에서 자유롭게 지났던 미혼 시절과는 달리, 아내, 며느리, 어머니라는 자리에서 피할 수 없이 다양한 관계를 맺고 사는 사람들을 보살펴야 하는, 두껍게 겹겹으로 책임져야 할 사람이 많은 사람의 자리에 들어가 몹시도 바쁘고 관심도 널리 펴야 하는 산만한 삶을 살게 된다. 자신의 삶을 어떻게 정의내릴 것인지를 집중해서 들여다볼 수 있을 만한 여유조차 갖기가 무척 힘들게 되었다.

　이러한 경험을 자신의 삶의 역사 안에서 따로따로 떨어져 겪어간다면 여성들의 숫자만큼이나 다양한 삶의 형태가 있을 터이다. 그러나 우리나라 여성들이 함께 공통되게 엮어가는 삶의 특성이 있다. 공통으로 갖는 사회·문화의 영향이 있기 때문이다.[4] 이러한 특성은 가정주부가 되는 순간에 갑자기 가지게 되는 것도 아니고, 사회와 아무 관련이 없이 생겨나는 것이 아니다. 주부가 속해 있는 사회가 주부에게 기대하는 행동 기준이 있어 어려서부터 사회화과정을 통해서 그 기준을 서서히 내면화하고 주부가 되고 그 역할을 수행하면서 자기 기준으로 채택하여 굳혀놓게 되는 것이다. 나서 자라온 가정 안팎에서 어머니를 포함한 윗세대 여성들이 가정주부로 살아가는 모습을 보며 배우는 것이 자신이 살아갈 모습을 만드는 데 분명한 요인이 될 것이다. 그러면서도 윗세대가 경험한 것과 다른 자신의 때가 되었을 때 달라진 사회의 기대에 따라 융통성 있고 남다르고 건강하게 자신의 삶의 모습을 바꾸고 창조하며 살아가려고 노력할 수도 있는 것이다.[5] 그러기에 가정주부의 윤리는 어느 한 시기에

---

4) 개인이 사회 문화와 공유하는 도덕성에 대해서는 Keith Tester, *Moral Culture* (London: Sage, 1997), 'Introduction' 볼 것.

5) 생애 전체를 거쳐서 사람들이 얼마나 바뀔 수 있는 것인지를 수십 년 동안 연구한 George E. Vaillant, *The Wisdom of the Ego* (Cambridge: Harvard University Press, 1993) 볼 것.

한 가지로 고정되어 있는 것이 아니라 나서부터 삶을 마치는 날까지 온 생애를 거쳐 주부로서 여성은 변화해가며 구성해가는 것이다.

이 글에서는 우리나라 가정주부들이 어떤 생각으로 살아가고 있는가 하는 내용과, 어떻게 그렇게 되었는가 하는 삶의 틀을 살펴보려 한다. 요즘 여성들이 어머니 역할의 전통기준을 그대로 따르고 있는지 아닌지, 여성이 자리하고 있는 사회의 상황이 바뀐 만큼 여성에게 기대하는 것이 이전 어머니세대와 얼마나 달라지고 있는지, 그리고 행동기준은 어머니 세대와 얼마나 다른지를 살펴보고자 하는 것이다.

가정주부들로 된 작은 모임에서 한 해 반 동안(한 달에 두 번, 한 번에 두세 시간씩) 함께 나눈 '삶의 이야기'에서 우리나라 여성의 삶의 기준에 대하여 함께 찾은 설명과, "왜 결혼하려 하나," "왜 결혼했나" 하는 물음에 대한 학생들(학부와 교육대학원 학생)의 반응, 그리고 '어머니의 갈등'을 제목으로 해서 어머니와 대화를 나눈 여성학과목을 택한 대학생들의 기록을 이 글의 자료로 삼을 것이다.

가정주부가 되려는 동기: 주부윤리의 뿌리

결혼하는 것이 주부가 되는 출발점에 서는 것이라 할 때, 주부가 되려는 동기를 알게 되면 동기의 바탕이 되는 생각과 윤리를 볼 수 있게 되므로 '결혼의 동기'를 묻는 것은 주부의 윤리를 알아보는 데 뜻있는 질문이 될 것이다. 가정주부의 삶에서 바라고 기대하는 것이 결혼하려는 이유가 될 수 있기 때문이다. 대부분 여성들은 "사랑하기 때문에 결혼한다"며 분명한 사랑의 감정이 있다는 것을 스스로 판단해서 결혼했다고 생각한다. 그러나 좀 더 내면의 세계를 들여다보면 그렇게 간단하지 않은 요인들이 밑에 깔려 있는 것을 찾아볼 수 있다. 때로는 인정하고 싶지 않거나 떳떳하지 않은 이유도 있을 수 있고 주변에 있는 중요한 사람과의 사이에 생긴 갈등 때문에 튕겨 나오듯 또 거기서 도피하듯 결혼한 경우도 볼 수 있다. 다양하고 특수한 상황과 함께 그나마 마음이 맞고 조건이 적합한 어떤 사람을 만날 수 있었던 것들이 뒤섞여 결혼하게 되어, 마침내 주부가 된 경우가 많은 것이다. 게다가 '결혼이란 꼭 해야 하는 것인가'의 문제는 아예 던져보려고도 하지 않고 다만 우리 사회에서 누구나 결혼해야 한다는 생각을 너무나 당연한 것으로 여기는 의식이 거의 모든 이들의 마음 바탕에 깔려 있기도 하다. 이 같은 동기를 분류해보면 아래와 같다.

결혼했거나 하려는 사람은 첫째로, 남들도 누구나 다들 결혼하니까 결혼하는 것이 정상이라고 생각하게 되었고 따라서 자기도 해야 한다고 여기며 따라한다. 앞서간 윗세대의 어머니와 할머니들이 신랑의 얼굴도 못 보고 당연하다는 듯이 어른들이 하라는 대로 따라 결혼했던 것과 별반 다르지 않게, 오늘날 대학에서 이른바 '현대'교육을 받았다는 50대 초반의 주부도 언니들이 다 결혼하는 것을 보면서 누구나 결혼적령기가 되면 결혼은 으레 하는 것이려니 하는 태도로 "별 생각 없이 했다"고 한다. 또 그 세대는 그랬다고 하자. 요즘 세대는 어떤가? 그런데 여기서도 별로 다를 바가 없다. 26세 된 한 미혼 여교사는 결혼 후에 겪어야 할 어려움과 희생을 예상하면서 "'결혼을 꼭 해야 하나' 하는 생각이 들지만 혼자서 독신을 주장하며 살기에는 사회적인 시선을 감당할 자신이 없다"고 말하고 있다. "우리 사회는 노처녀를 보면 '뭔가 문제가 있다'거나 '성격적으로 결함이 있는 것 아닌가' 하는 의심의 눈초리를 보내며, 조금만 잘못하거나 또 그것이 뭐 유별난 것이 아닌데도 '그러니 시집도 못 갔지'라든가 '역시 저 나이에 결혼을 안 한 사람이라 별난 데가 있어'라고 한다"는 시선을 못 견디겠다는 것이다.

　서구인들도 거의 모두가 결혼하지만 독신으로 사는 사람이 우리보다는 많은 것 같고, 우리와는 달리 미혼여성을 그리 별난 사람으로 여기지는 않는 것 같다. 우리보다 남다르다는 것에 대하여 예민하게 반응하지 않는 문화 때문일 수도 있을 것이다. 남들의 시선을 감당하기 어렵다는 마음은 남들 속에서 두드러지게 튀어서는 안 된다는 생각의 표현이다. 결혼이라는 사회 관습에 도전하지 않고 다른 사람들은 다 하더라도 하지 않을 수 있다는 것을 견디지 못하는 것이다. 우리나라 사람들은 은 연중에 모두 똑같기를 기대하고 자기 혼자만 달리 판단하고 행동한다는 것을 받아들이기는 어렵기 때문이다.[6]

사람들의 입에 많이 오르내리는 재벌간의 결혼과 정계와 재계의 혼인 관계는 어떤 면에서 특수한 게 아니다. 실상 그들만의 조건을 따져서 결혼하고 누구나 자신이 속한 수준에서 '사랑'보다는 '조건'을 따져서 혼인을 결정하고 있다는 점에서는 보통 여성들도 다를 바가 없기 때문이다. 앞서 말한 50대 초반 여성에게 그의 언니가 좋아하는 사람이 있었는데도 제쳐두고 다른 사람과 혼인하게 된 경로를 들어보자. "어머님이 내놓기 아까운 딸이라고 생각하셔서 대학교 3학년 때부터 중매를 세우면서 결혼할 때까지 직접 만난 사람이 한 50명은 돼요. 중매 들어오고 만나지 않은 것 빼고도…. 우선 만나는 조건은 기독교인이어야 하고, 일류대학을 나와야 하고, 장남이 아니어야 하고, 홀시어머니의 아들이어서는 안 되고, 어느 특정 지방 사람은 안 된다는 것이지요." 재계와 정치권의 고위상류층은 아니지만 교육, 종교, 지역, 출생순서, 시어머니의 혼인관계까지 조건을 붙인다는 점에서는 크게 다르지 않다. 사랑보다 이런 조건들이 결혼을 결정하는 데 더 큰 힘을 발휘하는 셈이니 말이다. 이는 자

---

6) 문 은희, "우리 문화 현상과 행동 특성," 「현상과 인식」 18권 2호 (1994년 여름).

신이 소속되었다고 여기는 테두리의 사람들에게 계속해서 포함되어 있기를 바라는 데서 나온 태도라고 할 수 있다.

여성이 개인으로 한 남성과 결혼하는 것은 분명한데 이를 결정하는 과정에서는 전혀 자기 혼자만의 이유를 댈 수가 없다. 다른 종교로 개종하는 지극히 중대한 결정을 내리는 경우에도 혼자 개인으로 하지 않고 가족단위로 한다는 우리의 행동특성을 여기에서도 볼 수 있는 것이다.[7] 다른 사람이 하는 대로 따라 결정한 결혼생활에서도 다른 사람들이 살아가는 모양새를 그대로 따라 살게 된다. 결혼의 출발점인 결혼식과 준비, 그리고 신혼여행 풍속도를 보면 거의 모든 이들이 판에 박은 듯 똑같이 하고 있다. 결혼문화를 바꿔야 하겠다는 뜻을 가지고 사회운동에 참여하는 사람들도 정작 자기가 결혼할 때에는 시댁과 주변인들 때문에 남들 하는 그대로 따라하는 경우가 적지 않다. 결혼 후 아내에게 기대하는 남편도 고정관념에 사로잡혀 남 따라 생각하고 있는 것이 문제이듯이, 아내도 남편에게 틀에 매인 기대에서 벗어나지 못하고 있는 것도 똑같이 문제인 것이다.

사회문제가 되고 있는 자녀교육의 문제를 보는 주부의 태도도 같은

----

7) 문 은희, "우리 삶에 종교가 차지하는 자리," 「사회이론」 1995년 여름호, 또는 한국사회이론학회(엮음), 「종교와 우리 사회」 (서울: 현상과 인식, 1995).

맥락에서 이해할 수 있다. 자기 아이들이 개성을 가진 '독특한' 존재라는 것을 누구보다 잘 알고 있어야 할 어머니들이 (물론 아버지들도 그래야 하지만) 자기 아이들에게 다른 아이들이 하는 대로 똑같이 따라할 것을 요구한다. 자기 취향에 따라 요리사, 미용사, 소방관, 그 밖에도 여러 가지 일을 하고 싶어할 수 있는 아이들을 일정하게 억지로 대학 입시 준비로 얽어매니 귀한 '젊음'의 삶을 지루하게 보내게 하고 심지어는 마약이니 폭력이니 하는 문제에 빠져들게도 한다. 휴가철이면 손쉽게 보게 되는 일로, 다른 가정이 차를 사서 강원도로 휴가를 보내기 위하여 떠난다면 길이 꽉 메일 것을 뻔히 알면서도 같은 곳을 향해 너나없이 누구나 똑같이 나선다. 남 따라하는 것은 어디 하나둘에 한정되어 있지 않다.

결혼이 인생의 중대사라고 하면서도 당사자 자신의 통제하려 하지 않고 바깥추세에 맡기고 뒤따라가기만 한다. 그리하여 결혼을 준비 없이 하게 되고 결혼생활도 남의 일보듯 무책임하게 성의 없이 하게 되기도 한다. 이 때문에 결혼을 둘러싼 여러 가지 문제를 불러오게 되고, 또 문제가 생길 때 스스로 혼자 해결하지 못하는 결과도 낳게 된다. 가정 안에서 일어나는 폭력의 문제로 상담하다 보면 거의 대부분이 결혼에 대하여 충분하게 생각하지 않고 너무나 소홀하였다는 것을 새삼 느끼게 된다. 부모가 하라는 대로 별 생각 없이 따라한 경우들이 있는가 하면,

성폭행당해서 할 수 없이 했다는 경우들도 있다.[8] 첫 단추를 잘못 끼운 경우 빨리 고치지 않으면 줄줄이 잘못을 끌고 다니게 되고 여러 요인들이 덧붙여지면서 마침내 악순환의 수렁에 빠져 헤어나기가 어렵게 되고 만다.

이렇듯 사회통념에 따라 자기가 살아가야 할 결혼조차도 스스로 혼자 결정하지 않는다는 요인에 보태서, 또 한 가지 지적될 수 있는 것은 집을 떠나기 위해서 결혼한다는 것이다. 결혼하기 전에는 집을 떠나는 것이 용납되지 않는다는 우리의 전통이 여기에 겹쳐져서 작용하는 것이라 할 수 있다. 여자도 독립해서 혼자 살 수 있다는 것이 허용되는 사회정서가 무르익기까지는 집을 떠나서 살고 싶어하는 대부분의 여성들은 결혼에서 출구를 찾게 될 것이다. 결혼하지 않은 몇 안 되는 여성들은 환갑이 넘도록 자기 부모와 함께 살고 있으며, 집을 떠나지 않(아도 되)는 처지에 머물고 있다. 자신의 일을 밀고 나가는 데 결혼이 방해라고 여기는 여성은 부모의 골머리를 썩인다는 말을 감내하며 살아야 한다. 그러기에 부모로부터 떠나 독립하고 싶어하는 경우에는 결혼하는 것만이 거의 유일하게 사회에서 용납되는 순조로운 탈출구이다.

어머니가 바깥일에만 관심을 두고 있어서 집안일을 온통 떠맡아온 어

---

8) 문 은희, "가까이에서 일어나고 있는 우리의 폭력성," 청소년과 폭력문화 (대한YWCA연합회 주최 세미나) (1996년) 볼 것.

떤 맏딸의 경우 어머니와 자주 충돌하는 것이 싫기도 하여, "친정의 부담에서 벗어나려고" 혼인했다고 한다. 그러나 그가 시댁의 일에 온통 매달리게 되면서 또 다른 짐을 지지 않으면 안 된다는 것은 뒤늦게야 알게 된 일이었다. 이 부인이 합리화하는 논리는 집안일은 모두 어머니가 해야 할 것이라는 것이다. 그러기에 친정에서는 어머니의 역할을 대신하고 있었다는 피해의식을 가졌지만, 결혼 후에 자기가 떠맡아야 하는 일은 주부로서 마땅히 자기가 할 일이라고 생각하게 되었다고 했다.

아버지보다 더 활발하게 바깥에서 활동하는 어머니가 집안일을 돌보지 않아 오히려 아버지가 더 자상하게 집안일을 보살펴온 특별한 가정에서 자란 어떤 맏이는 아버지를 동정하며 어머니와 충돌하여왔다고 한다. 박사과정을 끝내지 않은 채 결혼하려는 것을 극구 말리는 어머니를 뿌리치고, 어머니의 영향력에서 벗어나려 결혼했다고 했다. 그 어머니는 주부역할을 하잘것없는 것으로 여겨 집안일에 매여 있는 여성을 무시하고 집 밖에서 성취하는 것을 더 가치 있는 것으로 여기는 여류명사였다. 보수성이 아주 강한 남성과 결혼해서 어머니와 전혀 다른 삶을 추구했던 것이다. 이렇듯 어머니가 늘 마음의 부담이 되어 이에 반발하는 것은 어머니는 무시할 수 없는 존재이기 때문이기도 하다. 그러니까 정작 마음은 어머니를 지우지 못하고 짊어지고 살고 있는 것이다. 떠나려 했던 어머니를 실은 완전히 떠나지 못하고 있는 셈이다.

이들과는 좀 다른 이유지만 집을 떠나는 것이 목적이었던 또 다른 한 경우를 보자. 어머니의 오랜 병상을 아버지와 함께 지켜 극진히 간호해온 막내가 어머니가 세상을 떠난 후 채 일 년도 되지 않아 재혼한 아버지와 새어머니를 마음으로 받아들이기 어려웠던 경우이다. 자신의 마음을 표현할 수 있었다고 생각한 남편과 유학을 떠날 수 있게는 되었지만, 그것은 어머니의 망령(?)과 지울 수 없이 겹쳐져서 함께 보이는 새어머니의 집을 벗어났어야 했던 것에 다름 아니었다. 먼 이국땅에 가서 살면서도 꿈속에서 한동안 괴로움을 겪어 지리적인 거리를 두고자 했던 그 결혼이 뜻한 바 목적을 다 충족시켜주지는 못하였지만 도피가 결혼 목적의 한 부분이었던 것임에는 틀림없다.

마지막으로, 집을 떠나면서 독립하기보다는 남성의 보호를 받으려는 기대를 가지고 결혼하는 것이다. 일찍이 고아가 되어 남보다 어렵게 살아온 한 여성이 독립하는 경험도 했기 때문에, 전문분야에서 더 나은 기회를 눈앞에 두고 있을 때 소개받은 남성과 짧은 사귐을 거쳐 결혼하기로 마음먹었던 것은 보호받으며 쉬고 싶다는 생각에서였다고 한다. "그는 내게 도피처였다" 또는 "내 인생의 종착역이었다"는 표현은 여성 수기에서도 읽을 수 있다.[9] 수기에

9) 조 혜림, "가슴 깊이 묻혀있던 향학의 불씨 하나" (한국일보사 주최 제15회 여성생활수기 우수작), 「한국일보」, 1997년 4월 29일자.

서처럼 그렇게 어려운 처지를 겪은 경우와는 다르지만, 부모님이 다 계신 순조로운 가정에서 자란 여성도 독립을 포기하고 남성에게 의존하는 마음으로 결혼한 경우들이 많이 있다.

기자로, 작가로, 그리고 대학원생으로 각자 독립된 길을 걸을 수 있으면서 남편과 대등하게 서로 돕는다는 마음으로 결혼한 것이 아니라 마음 밑바닥에서는 보호받고 사랑받는 자리에 있기를 기대하면서 결혼한 것이다. 군대 다녀와서 아직 학생인 남자친구가 그만두라는 말 한 마디에 신문기자 일을 포기한 경우에는 그 같은 마음이 더욱 뚜렷하게 보인다. 독립해서 일을 하는 경우 겉으로 봐서는 전혀 그렇지 않은 듯이 보이지만 실은 남편의 보호와 사랑이 부족하다고 생각하여 사랑에 더욱 목말라하고 사랑을 구걸하는 마음을 가지고 있다는 것이다. 이러한 상태를 깨닫고 벗어나면서 비로소 자신이 보호와 사랑의 수혜자의 자리에서 벗어날 수 있었다고 한다. 생일과 결혼기념일을 무심하게 지나칠지 모르는 남편에게 교묘하게 알려서 축하선물을 받으려 했던 구차한 자기 몰골과 행동에 문제가 있다는 것에 어느 날 갑자기 눈뜨게 되면서, 의지하고 사랑받아야 한다는 강박감에서 마침내 자유를 얻을 수 있었던 것이다. 이렇게 눈뜬 이는 극소수이고 대부분의 주부들은 눈뜨기 전의 상태에 그대로 머물러 믿음직한 남성의 보호와 사랑에 기대어서 살고 있다고 믿고 있다. 그러나 현실에서는 오히려 남성이 여성의 사랑과 보살핌을 기대하고 있다.

대선주자 부부의 인터뷰 결과를 분석하면서 후보 부인들의 삶의 방식을 "대체로 내조형"으로 규정하였다.[10] 갈등과 협력관계로 보여 어느 정도는 평등해 보이는 부부 두 쌍을 포함해서 모두 인내와 헌신의 태도를 보인다고 했다. 그 가운데 제일 가부장적인 인물로 보이는 대선주자가 "부인에게 기대어 산다"는 인상을 주었다고 한다. 도움을 기대하는 여성들이 남편의 도움을 받기는커녕 남편을 도와야 하고 기댈 버팀목 구실을 해야 하는 현실인데도 남성의 보호를 기대하는 허구에서 결혼이 비롯되고 유지되고 있다. '사랑받는 여성이 팔자 좋은 여성'이라는 행복의 조건을 대부분 여성들이 믿고 있는 것이다.

모두 '사랑'이라는 개인의 생각과 낭만 어린 정서에 따라 결혼을 선택하는 것 같으나 사실은 누구나 결혼해야 한다는 사회의 기대에 '따라 하기'로 결혼하는 것이 큰 줄기를 이루고 있다고 할 수 있다. 거기에 '집 떠날 구실'로 결혼을 하거나 남성의 '보호와 사랑받기'를 기대하는 마음이 겹쳐있다. 그렇다면 이런 동기로 결혼한 주부들이 나머지 삶을 계속해서 살아가는 방식 또한 일관되게 같은 삶의 동기가 밑바탕에 깔렸을 것이고 우리 사회의 주부윤리의 뿌리를 이루고 있을 것이다.

---

10) 「여성신문」, 1997년 7월 18일자, 20쪽.

주부들의 삶의 방식과 윤리

우리 사회 안에서 주부들이 어떤 가치관을 가지고 어떻게 살고 있는가 하는 것은 앞서 말한 '남 따라 하기,' '제 집 떠나 남편 집에 속하기'와 '보호와 사랑받기'가 서로 뗄 수 없게 연결되어 있다. 이 모두는 가정의 울타리 안에서 이루어지는 일이므로 어차피 우리나라 주부의 윤리는 가정 안에서의 일과 관련된 윤리를 일컫게 된다. 맡겨진 역할을 최선을 다하여 힘껏 잘해내는 것이 윤리기준을 만족시키는 것이라면 우리나라 주부들은 가정이라는 제한된 '도덕의 경계'[11] 또는 윤리의 울타리를 치고 살고 있다고 할 수 있다. 그러므로 주부들은 오직 가정의 일이 삶의 전부이라고 생각하여 그 일에만 빠져 모두 혼자 떠맡아 하려 하는 태도를 가지게 된다. 착한 아내의 역할과 현명한 어머니의 역할을 사사로운 집안일로 좁히고 있는 것이다. 공공영역에 대한 관심을 가지고 이에 참여하고 기여하며 사는 착하고 현명한 주부도 될 수 있다는 것을 배제하고 있다. 주부들은 가족과 가정 안의 세계만을 자신의 도덕 관심의 영역 속에 포함시키고 가정 밖에 있는 사람들과 바깥세계에 대한 관심은 갖지 않고 살고 있으며, 다른 가족들과 집안일에 대해서는 배려하면서 정작 주

---

11) Joan C. Tronto, *Moral Boundaries: A Political Argument for an Ethics of Care* (New York: Routledge, 1993).

부 자신에 대해서는 관심을 두지 않는다. 자신과 이웃한 다른 사람들과 세계를 귀하게 생각하고 존중하며 바른 자세로 대하고 보살피며 사는 것이 바람직한 삶의 윤리일 수 있고, 그렇게 사는 삶의 가능 세계에 대해서는 눈멀어 있다.

가정이란 자발성을 갖는 삶의 단위로서 가족구성원들이 스스로 노력하는 만큼 살아 움직이게 되는데,[12] 그 대부분의 일을 주부가 도맡아 감당하고 있다는 것은 가족의 정신에서 벗어나는 것이다. 물론 남성들은 금전과 명예가 걸려 있는 일에 매달려 살고 있기 때문에 그러한 보상을 받지 않는 일에는 익숙하지 않아 자원해서 봉사하는 데는 여전히 생소할 수밖에 없다. 가장이라고 하면서도 집안일을 남성 자신의 일이라고 생각하지 않고 고작 주부를 위해 주부의 요구에 따라 주부의 일을 도와준다는 생각 이상을 넘어 서지 못하고 있다. 아들들이 어머니가 가족을 위해 희생하는 것을 고맙게 생각하면서도 "내가 남자라서 다행"이라고 반응하며, 어머니가 "개인으로 성취하고 싶어하지 않는 것을 (은근히) 다행"이라고 여기기도 한다. 딸들은 어머니의 어려움을 동정하면서 자기는 "엄마처럼 살지는 않겠다"고 다짐하곤 하지

---

12) 가정이 자발성을 가진 관계로 움직인다는 것은 Amitai Etzioni, *The New Golden Rule: Community & Morality in a Democratic Society* (London: Profile Books, 1997), 3쪽 볼 것.

만, 결국은 "자신도 엄마처럼" 되고 말 것이라고 느끼며 현실을 받아들이고 만다.

딸을 잘 도와주고 있는 착한 사위를 일컬어 딸의 '심부름센터' 일꾼이라며 기특해하는 장모의 의식 밑바탕에는 집안일은 당연히 딸이 해야 될 것이라는 생각이 자리하고 있기 때문일 것이다. 딸이 시키는 일을 고분고분 잘해주는 사위가 고마우면서도 사돈이 보면 어쩔까 싶어 죄지은 사람인 양 들킬까 마음속으로 은근히 걱정하고 있는 것이다. 가사노동과 자녀양육, 그리고도 복잡한 가족관계에 관련된 일들 모두가 '집안일'로, 이 모든 것을 주부가 통틀어 맡아야 할 몫으로 되어 있다. 전업주부뿐 아니라 집 밖에서 일하는 주부에게도 집안일은 집안일이다. 그 일은 주부인 한 벗을 수 없는 의무로 짐 지워져 있다. 벌이가 좋은 남편을 둔 경우는 그나마 집안일이라는 짐만을 처리해내면 되지만, 형편이 나쁘게 된 경우에는 남편이 저질러놓은 부채까지도 주부가 나서서 메우고 뒤처리해야 한다. 심지어는 빚을 갚는 일에 더하여 남편이 휘둘러대는 폭력마저 소리 내지 못하고 묵묵히 견뎌가면서 집안일을 꾸려가는 주부들도 있다. 이 찌들은 슬픈 삶에서 겨우 "쉬고 싶다"거나 "좀 놀고 싶다"고 아이들에게 한숨 섞인 말을 뱉어낼 따름이다.

가정에 대한 책임, 특히 자녀에 대한 책임이 무거운 부담이기도 하지만, 거기에서 주부가 포기하지 않고 살아갈 수 있는 힘을 얻는다는 것은 참으로 역설이다.[13] "힘들 때는 삶을 포기하고 싶었지만 이 어린 것들을 누가 키우나"며 버틴다고 한다. 남편과 갈등을 빚으며 어렵게 살고 있는 이야기를 듣고 싶어하는 자녀들에게 주부는 "너희들만 아니었으면 벌써 (남편과) 헤어졌을 것이다"고 서슴없이 말하는 경우는 드물지 않다. "너희들이 대학 갈 때까지만"하고 말하다가 "너희들이 결혼할 때까지만" 남편과 헤어지지 않고 살겠다고 다짐해주기도 한다. 자식은 "애물단지"니 "걱정뿐"이라느니, 또는 "자식 가진 죄인"이라고 하면서도, "자식이 상 받고 입학하고" 하면 다른 사람들이 대리만족이니 뭐니 이야기해도 주부 자신은 자신의 성취로 생각하며 기뻐하는 것이다.

그러나 집안에 언제나 좋은 일만 있는 것은 아니다. 주부는 어머니로서 일방통행하듯 자녀를 자신의 '윤리 울타리'안에 '포함'하고 있지만 어머니를 대하는 자녀들은 그렇지 않을 수 있다. 자녀들의 관심 밖에 놓이게 되면 그는 공허와 실망과 소외, 그리고 배신감마저 느끼게 된다고 고백하기도 한다. 아이들이 "대화하려 하지 않고 자기 방문 닫고 들어갈 때"나 "엄마가 뭐 알아" 하며 자기를 제외하는 태도를 보일 때 자녀들에게 쏟은 관심과 애정이 기대한 만큼 자기에게로 되돌아오는 것은 아니

---

13) 서구사회에서도 가난한 어머니들이 어려움을 극복하는 데 자녀들이 커다란 위로가 되어 마음의 지원체제구실을 한다고 한다. C. Gowdridge / A. S. Williams / M. Wym (엮음), *Mother Courage: Letters from Mothers in Poverty at the End of the Century* (London: Penguin, 1997).

구나, 깨닫고는 아찔한 느낌을 갖게 된다는 것이다. 주부 자신이 '포함' 하고 있는 둘레와 자녀들이 관심의 영역으로 삼고 있는 '포함'의 둘레가 서로 일치하지 않기 때문에 생겨나는 갈등이다. "남자 집(시댁)에 속해서 명절에 일만 하면서 친정에는 가지 못하는" 것에 대한 안타까움 등의 심리갈등도 자신이 포함하고 있고 포함하고자 하는 윤리의 둘레와 자기에게 요구되고 있는 둘레가 어긋났기 때문에 비롯되어 나온 것이다.

나중에 하겠다고 비껴놓을 수 없이 급한 육아문제부터 눈에도 띄지 않아 칭찬의 대상이 되지도 못하면서도 하루도 빼지 않고 해야 할 일들이 하루 24시간, 한 해 열두 달, 365일을 몇 해고 해내야 하는데, 승진도 휴가도 퇴직도 없이 가치를 인정받지 못하는 처지에서 일해야 하는 것이 주부의 역할이다. 주부가 하는 이러한 일의 중요성을 주부들도 제대로 깨닫지 못하고 있다. 그들은 바깥에서 일하는 사람에 대한 열등감과 아울러 이들을 커다란 선망의 대상으로 삼기도 한다. 게다가 현대교육을 받은 여성들은 남녀구분 없이 바깥사회에서 성취해야 한다는 기대 속에서 남성들과 똑같이 훈련을 받았다. 가정의 울타리에 한정되는 주부의 행동기준과 자기 성취의 요인을 어떻게 조절해야 하는지가 주부에게 주어진 어렵고도 중요한 과제이다.[14]

---

14) 문 은희, "오늘을 사는 여성의 갈등," 「사회이론」 1995년 봄, 또는 한국사회이론학회(엮음), 「갈등과 우리 사회」(서울: 현상과인식, 1995).

사회에서 전문직을 가지고 활동하는 딸을 자랑으로 여기는 어머니도 며느리가 바깥 활동하는 것은 아들과 손자들과 집안에 두루 지장이 없어야 한다는 것을 다짐받고 확인하며 이에 제동을 걸려고 하는 모순이 주부가 부딪치는 그 같은 어려움을 말해주고 있다.

어머니세대가 살아온 대로 자신을 집안일에만 파묻고 주부역할을 재생하고 있는 마음가짐과 의미 있는 자기의 새 역할을 창출하려 하는 마음가짐, 정도의 차이는 있을지라도 누구나 이 두 마음가짐 그 어느 한편에 기울게 될 것이다. 프리단이 '전업주부형'과 '직업주부형'으로 나눈 것이[15] 서구여성의 삶을 해석하는 데는 의미 있는 분류일지 모르나, 우리도 그렇게 분명하게 나눠질까 의심하게 된다. 자기 자신을 빼놓은 채 가족들과 가정의 세계만을 바라보며 살고 있는 우리나라 주부에게 그 같은 분류는 무의미하고 무색하게 될 수밖에 없을 것이다.

스스로 판단하는 것은 모두 접어두고 자기 가족의 복지만을 위한다면 그것은 지난 세대의 어머니들이 살았던 전래의 삶의 방식과 조금도 다를 바 없는 것이다. 아무리 직업을 가지고 집 바깥에서 활동한다 하더라도 그 활동의 목표가 가정의 복지에 집중되어 있다면 그것은 '전통

---

15) Betty Friedan, "The Sexual Sell," Elizabeth Frazer / Jennifer Hornsby / Sabina Lovibond (엮음), *Ethics: A Feminist Reader* (Oxford: Blackwell, 1992), 59~83쪽.

주부'의 삶을 재생산하고 있을 뿐이다. 바깥에서 돈벌이를 위한 활동을 하고 안 하고의 차이 뿐이지 바깥활동이 무슨 큰 의미를 지니는 것은 아니라는 것이다. 뒤바꾸어, 전업주부라도 집안일에만 관심이 묶여 있지 않고 마음문을 열어 건강하게 '자신'과 '넓은 이웃' 그리고 '공동체'를 위해 할 수 있는 대로 일하며 봉사하고자 하는 사람은 그 자체로서 틀에 박힌 주부역할을 벗어나고 그 역할을 넘어서는 '새로운' 그리하여 '앞서가는' 윤리를 창출하는 것이라고 볼 수 있다. 바깥에서 아무리 넓게 활동하는 것처럼 보이는 이른바 여류명사(?)라도 그 활동의 목표가 좁은 자기 가족의 이익에 모아지고 이웃을 위한 진정한 '봉사' 같은 것은 관심의 지평 안에 넣고 있지 않다면 "가정의 궤도를 넘는다"는 프리단의 '직업주부형'과는 같을 수 없다는 말이다.[16]

가족에 대한 책임에 매몰되지 않아야 할 이런 차이는 어떤 도덕의 문화 안에서 어떤 가치관으로 자라와서 어떤 믿음과 자세를 가지게 되었는가 하는 것에 달린 것 같다. 그리고 또 우리가 살고 있는 사회문화가 어떤 도덕성을 어느 정도 가지고 있는가 하는 것이 우리나라 주부들의 윤리에 깊이 영향을 미치는 것이다. 사회가 타락했을 때 개인이 깨끗하

---

16) 우리 나라 여류 명사들의 경우 가족의 복지를 여성 운동보다 더 중요시한다는 것을 논한 문 은희, "우리 나라 여성의 행동 유형과 여성 운동," 「현상과인식」 16권 3/4호(1992년 가을/겨울).

기가 어려운 것이다. 오늘 우리 사회 안에서 주부들이 가지고 있는 윤리가 주부역할을 옛것을 그대로 재생하든 새로운 자기다움을 창출하든 그 모습을 판가름하는 것이다.

주부역할의 재생과 창출: 새로운 윤리

어머니를 존경했던 딸들은 물론이려니와 어머니가 살아온 방식을 비판하고 그렇게 살지 않겠다고 결심하던 딸들이 모전여전(母傳女傳)이듯 어머니 모습대로 사는 것을 보면 '사는 자세'를 대물림하는 것이 아닌가 생각하게 한다. 어쩌면 거의 모든 딸들이 그들의 어머니와 겉으로 보아서는 삶의 방식이 다른 듯이 느껴질지 모르나 근본에서는 삶의 자세를 닮고 있는 것이다. 어머니가 살아온 방식과 일을 처리하는 방식을 그대로 복제하듯 하며 딸들이 살아가려 하고 있는가 하면, 어머니가 보여준 일체의 방식에 반발하고 비판하고 있어 언뜻 보기에는 전혀 다른 모양새로 사는 듯싶으나 실은 어머니의 영향력에서 벗어나지 못하고 같은 논리의 틀로 살고 있기도 하다. 왜 그렇게 역할을 재생하고만 있을까. 여기 한 쌍의 모녀가 사는 모습을 보기로 적고 그 까닭을 풀어보기로 한다.

강직한 공무원 남편에게만 기대해서는 네 딸의 교육비를 충당할 수 없다는 것을 일찍이 깨달은 어머니가 계를 하든가 열심히 바깥에서 활동해서 딸들을 위해 모든 비용을 마련하여 딸 모두 번듯하게 키워서 결혼시켰다고 한다. 가족에게 보탬이 되려고 억척스럽게 사는 이 왕성한 생명력을 가진 어머니처럼 사는 어머니들을 우리 사회 곳곳에서 쉽게 볼 수 있다. 첫째딸이 가장 어머니의 말을 잘 듣고 하라는 대로 했지만 차츰 어머니의 영향력이 줄어들다가 막내에 이르러서는 어머니가 "손을 들었다"고 할 정도로 어머니를 비판하고 불평과 불만을 표시하기도 했다고 한다. 그런데 이 막내가 초등학교에 입학하여 얼마 안 되어서 어머니와 아버지 가운데 누가 더 중요한가 하고 교사가 물었을 때 다른 모든 아이들과는 반대로 자기 혼자만 "아버지"라고 대답했다는 것이다. 어머니들이 교실 뒤편에서 모두 보고 있는데 말이다. 50대 초반의 이 여성이 45년 전의 이 일을 똑똑히 기억하고 있었다. 그는 이렇게 이야기를 덧붙였다. "그 이유까지 생각나요. 아버지는 돈 벌어오고, (어머니 일인) 집안 살림하는 것은 사람을 사서 하면 되니까요." 실은 어머니가 경제력을 더 가지고 있었는데도 아버지가 바깥에서 돈 벌어온다고 했고, 어머니가 집에 늘 있지 않았다는 불만을 아직까지도 격하게 표현할 정도로 어머니가 집안에서 해야 할 역할의 중요성을 강조하고 있었다.

그런 막내딸이 나중에 주부가 되어 하는 역할을 보자. 그는 사진기자로 신문사에 취직하여 독립할 수 있었지만 오래 사귀어온 돈 많은 집

아들과 결혼했다는 것이다. 누가 뭐래서가 아니라도 시댁의 돈을 써야 한다는 것을 스스로 꺼렸기 때문에(그의 말로 "자존심 상해서"였다) 남편의 유학시절에 함께 공부할 수 있는 기회를 포기하기도 했다. 이 여성은 어머니같이 돈을 모으기 위해 바깥에 나다닐 필요는 없었으나 아들들이 "엄마가 언제 살림을 하나요?" 할 정도로 하루도 빼지 않고 바깥활동을 한다. 매주 하루씩 등산, 교회 구역예배, 야생화공부, 여성단체 활동, 시댁과 친정의 행사들을 관여하다 보면 아들 친구들이 "그 엄마는 직장 다니나 봐. 집에 늘 안 계셔" 하고 말할 만큼 바깥활동이 활발하다. 시아버지의 돈을 "자존심 상해 마음 편하게 타내서 쓰지 못하면서, 다른 동서가 시댁 돈을 아무렇지 않게 사치스럽게 쓰는 것을 보면 속상하다"고 한다.

남성은 바깥에서 경제활동을 우선으로 해야 한다는 것을 벌써 친정에서 어린 나이에 터득한 것이다. 아버지가 어머니보다 더 중요한 경제 조달자라고 생각했을 뿐 아니라 남자친구의 경제활동에 자신의 것을 선선히 귀속시켰던 사람이다. 경제력이 중요하다는 우리 사회의 흐름을 어머니와 딸에게서 같이 읽을 수 있다. 그러나 통념의 정규경제활동은 아니라도 어머니가 이룬 경제력을 그가 무시하고 있는 데서 여성의 일을 집안의 일로 등식화하고 있다는 사실을 알 수 있다. 그런가 하면 여성의 영역인 가정은 바깥세계보다 가치 없는 곳이라며 이를 가치절하 하고 있기도 하다. 어머니가 집에 계시지 않았다고 불평하면서도 자기가 "집에 있으면 괜히 억울하다"고 하는 말이 그 반증이다. 우리 사회가 높이 가치를 두는 것(남성우위, 경제위주, 바깥활동 우선 같은 것)들을 어머니와 딸이 다 같이 행동지침으로 삼고 있는 것이다. 이것은 어머니가 보여준 주부역할을 딸이 반복하고 있음을 보여주는 바다.

또 주부란 자기를 돌보기보다는 가족을 위해 어려움을 견디며 살아야 한다는 생각이 그대로 전수되고 있다. 자신도 모르는 사이에 그렇게들 하고 있는 것이다. 또 다른 수기를 보자.[17] 철도변에서 김밥장사 하면서 딸들을 키운 검게 그은 어머니의 얼굴과 늘어만 가는 아이들의 교육비를 보내기 위해, 지친 남편에게만 매달리지 않으려고 음식점에 나가 몇 푼 안 되는 하루 품삯을 위해 동동거리고 뛰는 자신의 얼굴이 겹쳐지는 것을 거울 속에서 본다는 한 주부의 수기는 우리나라 주부들의 삶의 자세를 잘 그려주고 있다. "어머니의 극성을 부끄럽게 여기기도 했었는데…" 하는 마음까지도 이해하며 어머니의 역을 반복하고 있는 것이다. 필요에 따라서는 경제활동이 될 수도 있고 하루 종일 아이들을 여기저기 과외학습장으로 끌고 다니기도 하고 때와 장소를 가리지 않고 남

---

17) 박 진남, "내 인생의 길목에서" (한국일보사 주최 제15회 여성생활수기 우수작), 「한국일보」, 1997년 4월 29일자.

편의 선거운동을 하려 쏘다닌 것일 수도 있다. 우리 사회가 여성자신의 능력과 특징을 살리는 것보다는 가족을 위해 여성이 양보하는 것을 당연하게 여기기 때문에 집안 식구가 병으로 누워 있을 때 이를 돌보고 보살피는 일은 당연히 여성이(주부가) 맡아 하는 것으로 되어 있다.[18] 여성들이 보여주고 있는 보살핌의 특성은 바람직한 윤리이다. 그러나 우리나라의 경우 주부라는 이유로 집안에서 필요한 모든 보살핌의 역할을 으레껏 자기가 할 수밖에 없다고 기대하는 데 전래의 주부역할을 반복하게 하는 요인이 내포되어 있다. 이것은 주부에게 몇 가지 문제를 낳는다. 첫째는 개인으로 자기 존재를 따로 생각하지 않게 하여 여성의 개별성을 놓치게 한다. 어머니 자신이 사회가 기대하는 것을 그대로 수행했듯이 딸에게도 독자성과 주관성을 행사할 수 있는 기회를 주지 않고 사회가 기대하는 대로 따라하게만 한다. 이처럼 개인의 특성과 차이를 인정하는 삶을 경험하지 못하게 되면 자기가 원하는 것이 무엇인지조차도 모른 채 살아가기 마련이다.

어머니가 시키는 대로 어려서부터 말 잘 듣고 음악대학을 나오고 결혼도 잘한 30대 주부가 우울증에 걸려 자살하려 한 경우가 있다. 그 주

---

18) 서구사회에서도 집안에서 보살핌이 필요한 경우에 여성들이 대체로 그 일을 떠맡는다. 그러나 사회가 공동체로 함께 해결해가야 한다고 하여 실제로 부모를 돌보는 딸의 노력을 보상하기도 한다. Gillian Dalley, *Ideologies of Caring* (London: Macmillan, 1996)[1988].

부는 어머니가 시키는 대로 사는 방식에 굳어져 있는데 자기 어머니와는 전혀 다른 시어머니 밑에서 자기 스스로 판단하지 못하고 휘둘려 살려니 헷갈리게 된 것이다. "시어머니가 다 옳고 자기는 다 틀린 것 같다"는 것이 그의 말인데, 여기에 이 주부의 심리상태가 잘 드러나 있다. 자기의 판단이 따로 없고 판단은 언제나 바깥에 어머니나 시어머니에게 있었던 것이다. 딸의 세계 속에 자기 어머니가 요구하는 뜻과 기대가 침범하여 빚어진 결과이다. 다른 나라를 침략하는 것을 제국주의의 만행이라 지탄해야 하고 다른 사람의 몸을 침범하면 폭행이라 하듯이, 다른 사람의 마음과 영혼을 침범하는 것은 마음과 영에 대한 만행이며 폭행인 것이다. 몸의 상처는 눈에 띄어 치료하여 회복시킬 수 있지만 마음과 영의 상처는 눈에 띄지 않아 무시하고 지나치게 되어 고칠 기회조차 놓치기 쉽다.[19]

어머니가 딸에게 자기의 생각과 방식을 강요하고 시키기만 하는 경우 딸은 이에 묵묵히 순종하거나 아니면 반발할 것이다. 그러나 하나 분명한 것은 순종한 경우는 물론이려니와 반발한 딸도 그 어머니의 틀에서 크게 벗어나지 못한다는 사실이다. 앞서 말한 50대 초반의 주부처럼 지

---

19) 폭행은 눈에 보이는 상처만 남기는 것이 아니라는 것은 폭력에 대한 YWCA 행사에서 발표한 나의 윗글(1996년) 볼 것.

난날 어머니가 시키는데도 이에 순복하지 않고 자기 마음대로 했다고 한 경우도, 오늘에 와서는 자기 어머니와 똑같이 생각하고 그 방식을 따르게 된다. 아들을 장가들일 때는 자기 마음에 드는 여자여야 한다고 주장하고 있는 것이다. 어떤 조건을 갖춘 여자여야 하는지 벌써부터 아들에게 주입해왔고, 이제 아들도 여자친구를 사귀려 할 때마다 "이 여자가 과연 어머니의 마음에 들까"를 먼저 생각하게 되었다고 한다.

그 보기가 많지는 않지만 어머니가 딸을 독립된 존재로 보고 그렇게 키우려고 하였던 경우도 있다. 어머니는 딸에게 자기대로 '다르게' 살 수 있다는 것을 보여주었던 것이다. 딸은 어머니와 마주해서 독립된 인격체로 어울려 이야기를 나누고, 어머니 친구들 틈에서 상대가 되곤 했다고 한다. 딸이 원하는 결혼 대상이 어머니의 마음에 차지 않은 경우를 맞기까지 두 모녀 사이에 아무 문제없이 그렇게 지냈었다. 결혼이 문제가 되었을 때는 달랐다. 어머니가 사흘을 몸져 누워 있게도 되었다. 그러나 어머니는 곧 일어나 쾌히 사위를 받아들였다. 지금은 모두 한 집에서 살고 있다 한다. 딸의 판단을 삭이는 데 사흘 밤과 낮이 필요한 만큼 결혼이 중요했던 것만은 사실이다. 그러나 이렇게 딸을 전래의 방식에 따라 키우지 않고 스스로 생각할 수 있게 키운 어머니 가운데 한 사람은 그 어머니 자신이 전통의 방식에 따라 자라지 않았던 경우였다. 외할아버지가 어머니를 어려서부터 집 바깥으로 데리고 나가 중요한 모임에도 함께 다녔으며, 상해 임시정부 청사에 가서 김구 선생을 뵌 적도 있다고 한다. 그러나 이 같은 경우는 예외에 속한다. 대부분 우리나라 여성들은 가정과 사회에서 자신만이 가지고 있는 독특함을 인정받지 못하고 그냥 다 같은 무리 가운데 하나로 자라서, 자신의 독자성을 제쳐놓고 사는 태도를 키우게 되고 이것이 반복에 반복을 거듭하여 계속 되풀이해 생겨나게 된다. 이러한 상황에서는 획일의 사회가 유지되어갈 뿐 새로운 것, 새로운 주부의 삶, 새로운 삶의 형태는 움터 나오기 어려울 것이다.

둘째, 보살핌이라는 실로 바람직한 여성의 윤리 특성이 가족 안에 갇혀 그것을 벗어나 공공의 것이 되지 않고 있다는 데 문제가 있다.[20] 주부들은 물론 제대로 가족을 보살피기에도 힘겹다. 몸이 하나인데다 24시간 하루가 늘 모자란다고 한다. 우리 어머니들이 "아프려 해도 아플 시간이 없다"거니 "죽으려 해도 죽을 시간이 없다"고 하는 말을 많이 하는 것을 모두 들었을 것이다. 내 집안일도 다하지 못하고 다른 데 눈 돌릴 수 있느냐고 하는 태도이다. 바깥일하는 여성들은 남성들 같이 자기 맡은 일을 제대로 하기도 바쁜데 무슨 소리냐고 귀 기울이려고도 하지 않는다. 바로 이러한 이유 때문에 모든 것을 좁은 가족의 울타리 안의 문제로 삼

---

20) 보살핌의 윤리를 주목케 하는 데 큰 역할을 한 길리건은 단순히 다른 사람들만을 보살피는 것보다는 보살핌의 방향이 '자신'과 '다른 사람들' 그리고 '세계'를 향해야 한다고 밝힌 적이 있다. Carol Gilligan, "Moral Orientation and Moral Development," Eva F. Kittay / Diana T. Meyers(엮음), *Women and Moral Theory* (Totowa: Rowan & Littlefield, 1987) 19~33쪽.

게 되어 그 문제는 결국 아무런 진전을 보지 못하고 마는 것이다.

모든 것을 자기 집안의 문제로 귀착시키고 자기네 해결방식을 전부라고 여겨 매우 비좁은 태도를 익히게도 된다. 이 때문에 오히려 더 중요한 것을 놓치기도 하여, 간혹 끔찍한 결과를 맺기도 한다. 하잘것없는 이유로 아내를 때리면서도 남편은 거창하게 "사람 만들려고" 그런다는 소리를 서슴없이 내뱉는다. 그 남편은 자기 어머니가 아버지에게 맞는 것을 보면서 자기는 절대로 아버지같이 하지 않겠다고 결심했던 사람이었다. 이것은 쳇바퀴 돌리는 다람쥐의 비극이다. 자기가 자란 그 가정의 울타리 안에 갇혀 폭력이라는 방식밖에 다른 방식으로 해결할 수 있다는 것을 전혀 배우지 못하여, 가족관계를 달리 꽃피울 수 있는 방법을 생각해내지 못한 채 마냥 되풀이하고 있기 때문이다. 부모에게 열한 살까지 맞으며 자랐다는 어느 목사가 자기 아이들도 그 나이까지는 때릴 것이라고 이야기하는 경우도 마찬가지이다. 예수의 가르침보다 자기의 가족문화와 거기서 배운 교훈(?)을 더 중히 여기고 거기에 매여 반복하고 있는 것이다.

내 아이만 집안에서 잘 길러서 내놓는다고 해도 그것은 물론 능사가 될 수 없다. 그 아이는 바깥사회의 영향권 안에 들게 되고 바깥 폭력문화가 집안과 직결되게 되어 있다. 그러기에 가정만의 사사로움이 이미 존재하지 않고 바깥사회와 함께 녹아 있는 것이다. 보살핌의 윤리가 사사로운 가정 속에 한정되어서는 안 된다는 까닭이 여기에 있다. 그 윤리의 관심이 사회 속으로 번져야 하고 그 윤리를 주부만이 독점하는 미덕이어서도 안 된다. 모든 가족구성원과 모든 사회구성원이 보살핌의 성숙한 삶을 살 수 있어야 한다. 아내에게 폭력을 행사하는 남편이나 아이들의 고유한 영역을 침해하는 어른들의 폭력성이 결코 사사로운 것으로 남아 있을 수 없다는 것을 공동체의 윤리정신으로 확인하고 실천해야 한다.

주부들이 '자기'라는 존재와 자신의 독자성을 빼둔 채 자신의 가족을 책임진다며 온통 거기에 빠져 사는 것이 얼마나 진척 없는 일인지 깊이 생각할 필요가 있다. 집안의 테두리 안에서 한 자리를 맴돌기만 하고 있는 한 그것은 실로 어리석은 일로 끝날 수밖에 없다. 가정의 일은 주부 한 사람의 보살핌으로 다 될 일이 아니려니와, 가정의 문제조차도 가정 안에서 모두 해결할 수 있는 것이 아니다. 그러므로 혼자 모두 떠맡는 것은 오히려 무책임한 일이다. 가정만 보살핌의 대상으로 생각하는 것이 아니라 모두 함께 서로 돌보고 아끼는 보살핌의 공동체를 세워 나가야 한다. 천사 같다는 그럴듯한 말을 들으며 자기를 무조건 희생하는 주부보다는 보살핌을 함께 실천하는 '사람다운' 윤리에 관심을 가질 수 있어야 한다.

보살핌의 윤리를 위하여

　보살핌이란 자기만을 생각하는 이기성과 편하고 즐거운 것을 추구하는 편의성, 그리고 능률과 신속한 것을 값지게 여기는 효율성의 가치를 부정할 때에만 가능하다. 여성은 자신의 심리발달과정에서 보살핌의 윤리를 가깝고 자연스럽게 경험하고 터득할 가능성이 남성에 비하여 더 많은 것이 사실이다.[21] 보기를 들면, 여성이 어린아이를 낳아 기르는 과정에서 개인의 이기성을 가지고 계약한 대로 보살핌을 주고받는 것이 아니라 자연스럽게 관심을 가지고 스스로 보살피게 되는 것이다. 편하고 즐거운 것을 추구하는 것이 아니라 어려움과 고통을 달갑게 여긴다. 어린아이를 서둘러 기를 수 없음은 두말할 필요도 없다. 이런 어려움과 비효율성을 받아들여야 하는 보살핌의 대전제는 사람은 누구나 혼자 살 수 있는 것이 아니라 서로 아끼고 존중하면서 기대어 살 수밖에 없다는 것이다. 그러기에 다른 사람들 뿐 아니라 생명을 가진 모든 동물과 식물, 그리고 이들 모두를 지탱해주는 땅과 물과 공기와도 떨어져서는 살 수

---

21) 여성들이 보살피는 공동체에 더 맞는 특성을 지녔다는 것은 Jean Bethke Elshtain, "The Communitarian Individual," Aitai Etzioni(엮음), *New Communitarian Thinking: Persons, Virtues, Institutions, and Communities* (Charlottesville: University Press of Virginia, 1955), 98쪽.

없다는 '전체의 윤리관holistic ethics'을 갖는다.[22] 그러므로 우리가 보살핌을 받으면서 또 보살펴야 할 책임의 범위는 이 전체에까지 뻗치고 있는 것이다. 남성들이 누리지 못한 보살핌을 경험할 수 있는 특전을 여성들이 가졌다 하더라도 그 보살핌의 관심영역과 책임의 범위가 자신의 가족 안에 국한되어 있다면 보살핌의 윤리를 제대로 실천했다고 할 수 없다. 반핵, 반전, 평화, 환경운동과 같은 공공의 영역에 깊은 관심과 책임의식을 가지고 적극 참여하고 있는 이른바 '정치 어머니political mothers'라는[23] 말을 듣고 있는 서구의 여성들이 우리나라의 어머니들과는 달리 진실한 뜻에서 보살핌의 윤리로 살고 있다 할 수 있다.

성숙한 보살핌은 보살피고자 하는 사람 마음대로 일방으로 보살펴야 할 대상을 대하지 않는다. 그 대상이 필요로 하는 것이 무엇인지 같이 찾아보고 자기가 도울 수 있는 능력이 또 무엇인지 살펴 그 뜻을 가지고 충실히 실천하여야 한다. 그러기에 보살펴야 할 대상도 널리 눈뜨고 살려야 하고 보살핌의 내용도 가지가지일 수 있다는 데 섬세하게 눈여겨 볼 수밖에 없다. 가정뿐 아니라 우리가 속한 모든 사회기구와 조직들 그리고 넓은 세계가 모두 '보살핌의 공동체'가 되도록 보살핌의 경험

---

22) Lawrence E. Johnson, *A Morally Deep World* (Cambridge: Cambridge University Press, 1991).

23) J. B. Elshtain, 윗글.

을 지니고 있는 주부들이 단단히 한몫할 수 있어야 한다.[24] 그렇게 되려면 주부들 스스로 이 보살핌의 가치를 인정하고 또 사회에서 널리 인정받기도 해야 한다. 뽐내기 위해서가 아니다. 눈에 띄는 것만을 중요하다고 여기고 모든 것은 돈과 힘으로 환산하려 하는 우리 사회의 기존가치를 질문하고 이를 송두리째 바꾸기 위해서는 보살핌의 가치를 실천함과 아울러 그 윤리의 의미를 널리 확산할 수 있어야 한다.

몇 날 전에 세상을 떠난 테레사 수녀는 가난하고 소외된 이들을 위하여 한 평생을 보살핌의 삶으로 산, 성스럽기까지 한 사람이다. 바로 그가 자신이 하는 일이 중요하다는 것을 널리 알리는 것이 중요하다고 여겼으며 또 그렇게 알렸다는 것을 기억할 필요가 있다. 우리 모두가 그와 같이 훌륭한 일을 다 해낼 수는 없다 하더라도 우리가 보살핌의 윤리에 따라 일하는 만큼은 스스로 과소평가하지 말아야 한다. '보리떡 다섯 덩이와 물고기 세 마리'가 결코 작지 않은 일을 해낼 수 있다는 믿음으로 스스로 주저앉아서는 안 되는 것이다.

– 「사회이론」 (16호, 1998)

---

24) 여성단체로서 여성들의 보살핌의 윤리를 펴야 할 사명에 대하여 <대한YWCA 75주년 기념 및 전국대회>(1997)에서 강연한 내용, 문 은희, "공동체 개념과 기독여성들의 삶: 보살핌의 윤리,".

08

우리의 폭력성,
우리의 해석

우리 주변에서 일어나고 있는 일들을 지켜보면서 "우리 사회에서 왜 이런 일들이 일어나고 있는 것일까?"라는 생각을 누구나 해보았을 것이다. '큰 다리'가 갑자기 무너져 내리고, 눈 깜빡할 사이에 화려하고 풍요로운 백화점이 폭삭 내려앉고, 평화스런 하루아침 예고도 없이 땅 밑에서 가스가 폭발하는, 참으로 너무나 끔찍한 일들이 일어났기 때문이다. 어디 그뿐인가. 공중전화를 쓰려고 기다리다가 통화가 길어지는 앞사람을 참지 못해 칼로 찌르고, 아들이 부모를 해치고, 부모가 자녀를 성폭행하고, 심약한 친구를 떼 지어 하루같이 괴롭히는 일, 여자라는 이유만으로 한 해에도 수만 명의 태아가 햇빛도 보기 전에 숨 한 번 못 쉬어보고 목숨을 빼앗긴다. 몸을 가누지 못하는 노모를 때려 숨지게 하고는 술 취해 기억 못한다는 아들, 최근 흥행에 성공했다고 뽐내던 폭력성 영화를 수십 차례 보고 나서 공부시간에 친구를 찔러 죽인 학생, 보험금 타내려 아내를 청부살인한 사람, 얼마 전에도 있었던 일인데 또 반복해서 유흥가의 불쌍한 여인들이 갇힌 채 불이 나서 피하지 못하고 죽음을 당한 일, 동반자살도 끔찍한데 어른이 10대 아이들을 데리고 자살한 일들이 연거푸 일어나니 기막히다. 이렇게 나열하다 보면 지옥이 따로 없고 악마가 우글거리는 무서운 악몽에서 헤어나지 못하고 헤매는 것 같다.

이 정도로 끔찍한 일들이 보통 우리 집안에서는 일어나지 않았으니 다행이라고 안심하며 가슴 쓸어내리고 있을 수 있을까? 그러나 눈에 보이지 않는 숨은 폭력이 우리 가까이에도 가려져 숨어 있지 않을까? 우리의 태도는 이런 폭력성과 전혀 관계가 없는 것일까? 나와 주변과 내 집안을 살펴보면서, 어떻게든지 폭력의 고리를 끊어야지 가만히 있을 수 없다는 절박함을 느낀다. 심한 억제라든가 잘못 다루어진 공격성에 의한 현상들 가운데 가까운 사람 사이에서나 더 큰 사회의 입장에서 여러 가지 형태의 폭력이 보일 수 있다.[1]

아마도 폭력을 좋은 일이라고 여기는 사람은 없을 것이다. 그런데도 끊임없이 폭력이 일어나고 있으니, 이러한 상황을 안타까워하면서 어떻게든지 일어나는 폭력을 막아서 모두가 평화스럽게 살기를 원하는 사람이 많다. 그러기에 폭력상황을 관찰하여 원인을 찾아보고 이렇게 저렇게들 처방을 내려보려 하고 있다. 일반으로 사회학습요인을 지적하면서 폭력가정에서 자란 사람이 다시 폭력을 행사하게 된다고도 하고, 대중매체에서 보여주는[2] 강력한 폭력장면들에서 배우고 따라하게 된다고도 주장하면서, 시정을 요구하는 소리가 높다. 그런가 하면 입시위주의 우리 교육풍토 때문에 도덕교육이 전혀 실시되고 있지 않다는 것을 격

---

1) George Bach / Herb Goldberg, *Creative Aggression: The Art of Assertive Living* (Garden City, New York : Anchor Books, 1983).

2) 폭력의 피해자들을 상담하면서 가해자들에 대한 이야기를 들으면 폭력의 피해자가 가해자가 되는 악순환을 많이 보게 된다. 아래의 연구보고서에 따르면, 많은 폭력의 피해자인 여성들이 남편이 폭력에 노출되었던 것이 원인이라고 한다. 변화순 들, "성 의식과 여성에 대한 폭력연구," 한국여성개발원, 「연구보고서 240-22 (1999).

정하는 소리도 들려온다. 모두가 근거 있는 의견임에도 불구하고 그런 이야기들을 수없이 하고 들으면서도 폭력의 고리가 끊길 기미도 보이지 않고, 인성교육, 도덕교육도 입시과목의 위력 앞에서는 저만큼 뒷전으로 밀려나 있다.

이런 상황에서 다시 한번 우리의 폭력성을 분석해보는 것은 뜻있는 일이다. 여타 문화권과 다른 우리만의 심리구조와, 거기에서 비롯되는 행동특성들을 살피면서, 우리가 관심을 갖는 폭력성에 대하여 분석해볼 필요가 있다. 정확한 진단이 치유의 지름길이기에 뿌리를 이해해보려는 노력은 그만치 값진 것이다. 거죽으로 나타나는 폭력을 피하거나 막는 것도 당장 필요한 일이나 그 속성을 바르게 아는 것은 악순환의 고리를 끊고 미리 막을 수 있는 길을 찾을 수 있게 하기 때문이다.

폭력이란 무엇인가?

사람들 사이의 힘의 균형이 기울었을 때에도 큰 힘을 가진 이가 약한 사람과 힘을 겨루지 않고 서로 '다를 뿐'이라는 마음가짐으로 서로 존중하며 생각과 뜻을 교환하고 사귐을 나눈다면 폭력은 없을 것이다. 폭력은 힘을 더 지닌 사람이 덜 가진 사람의 의사를 무시하고 자기 마음대로 할 때 생긴다. 그러기에 바람직하지 않은 폭력행위는 상대적으로 힘 있는 어른(부모나 선생)과 힘없는 아이들(자녀나 학생들) 사이에 일어날 수 있고, 일터에서 윗사람과 아랫사람 사이에도 있을 수 있다. 이런 관계들은 어른이 되거나 승진하면 일시적으로 있다가도 수정이 가능한 힘의 불균형이지만, 어쩔 수 없이 태어난 성별이 '차별의 조건'이 되어 힘이 강한 남성과 힘이 약한 여성 사이에도 많은 경우에 불행한 폭력행위가 자행되고 있다.[3]

개인들뿐 아니라 힘의 차등이 큰 집단들 사이에도 서로 존중하는 자세를 취하지 않고 다른 쪽을 이해하며 설득하지 않은 채, 강한 쪽의 논리만으로 무리하게 주도하려 할 때 전쟁이나 침략이라는 폭력을 쓰게 되고 상처를 입히게 된다. 주도하는 다수집단과 주도당하는 소수인들 사이에서 소수인의 의사가 반영되지 않고 일방으로 이끌어가다가는 언젠가 참을성의 한계를 넘었을 때 약자가 항의할 수 있다. 만약 그 항의가 받아들여지지 않을 때는 강자의 논리로 보면 맞지 않는 방식이지만 약자의 논리로 보아서는 정당하다고 믿는 방식으로 표현되는 폭력이 있는

---

3) 권력의 문제를 들여다보고 있는 푸코의 생각뿐만 아니라 여러 학문관심에 따라 여러 분야에서 폭력에 대한 다양한 견해를 내놓고 있다. 그러나 여기에서는 인간관계를 다룬 것에 기댄다. 이에 대해서는 J. B. Miller, *Toward A New Psychology of Women* (Middlesex: Penguin, 1976) 볼 것. 푸코에 대해서는 그의 여러 저작 이외에 그의 생각을 간결하게 논하고 있는 J. F. Bird, "Foucault : Power and politics," Peter Lassman(엮음) *Politics and Social Theory,* (London : Routledge, 1989) 볼 것.

데 그것이 '테러'라는 또 다른 폭력이다. 그러기에 폭력은 또 다른 폭력을 부를 수밖에 없다. 지난해 '9·11사태'부터 아프가니스탄 침공에 이르는 일련의 폭력행사와, 미국과 이스라엘과 중동의 아랍 나라들 사이에서 벌어지고 있는 폭력의 악순환은 가까운 보기이다.

평화스러운 삶을 훼방하고 괴롭게 만드는 폭력은 몸과 마음에 상처를 입히고 최악의 경우에는 몸과 마음의 죽음에까지 이르게 한다. 사람들 사이뿐 아니라 우리와 함께 살아야 하고 또 살 권리를 가진 생태계 전부가 폭력의 대상이 되기도 한다. '나'와 '다른 사람들'과 우리의 환경을 이루고 있는 '생태계'는 서로 고리를 이루고 있어서 폭력도 서로 맞물려 꼬리에 꼬리를 물고 악순환을 한다.[4] 누가 폭력을 행사하는 가해자이고 누가 당하는 피해자인가? 보기를 들면 자동차 타고 공기를 오염시킨 사람도 그 오염된 공기 때문에 다른 사람의 건강을 해친 가해자인 동시에 자신의 건강에도 해를 받게 되는 피해자인 것이다.

폭행이란 눈에 띄는 신체적인 것이 있는가 하면 보이지 않게 가려져 있는 심리적이고 영적인 것도 있다.[5] 폭행당한 흔적을 사진으로 찍어 남겨두고 누구에게나 확인받을 수 있는 경우도 있으나, 뚜렷이 보이지 않

---

4) Lawrence E. Johnson, *A Morally Deep World* (Cambridge : Cambridge University Press, 1991).

5) 우리나라 부부 사이에 일어나는 폭력 가운데 심리적인 폭력이 81.4%나 된다. 그것은 신체적인 폭력(51.4%)이나 성폭력(33.6%)보다 많은 수치다. 손 정영, "아내학대의 원인에 대한 생태학적 연구" (경희대학교 박사학위 논문, 1998).

는 심리적인 폭력은 이렇게 증거로 남길 수도 없는 어려운 경우다. 그러한 어려움 때문에 당연히 해결하기도 어려워 더욱 오래 후유증을 겪기 마련이다. 일터에서 성희롱 때문에 정신질환을 겪는 것을 인정해온 미국에서 최근 한 걸음 진전하여, 정신질환의 증상으로 나타나지 않았을지라도 일터에서 불쾌함을 경험한 것만으로도 성희롱으로 문제 삼는다는 대법원의 판단이 나와, 그 중대성을 잘 보여주고 있다.

법률로 규제되는 폭력과 사회문화적으로 용인되는 폭력은 시대와 문화에 따라 다르다. 우리가 살고 있는 사회문화적인 틀 안에서 폭력을 인식하게 된다는 말이다. 조선시대의 기준으로 지금의 우리를 볼 수 없는 것과 마찬가지로 한 사람이 살아가며 바라는 삶의 과정 안에서 폭력에 대한 개념이 달라지고, 이에 따라 참을성의 '문지방' 높이도 변화하게 된다.[6] 종교적인 신앙의 개종을 경험한 사람은 그 신앙의 기준에 따라 폭력에 대한 기준이 바뀐다. "하나님의 형상으로 지음 받은 이웃"을 향한 사랑을 믿는 사람은 자기 아내나 아이들을 자기 마음대로 할 수 없다는 것을 안다. 그런데도 우리나라의 경우 기독교가정 안에서 일어나는 폭력이 기독교가정 아닌 가정에서 일어나는 폭력만큼이나 많다고 한다. 이

---

6) 한 여성과의 상담에서 20년 동안 남편에게 심한 폭행을 당하며 살아온 여성이 어머니가 고생하며 사신 것을 기준으로 자신의 고생은 아무것도 아니라는 생각을 했다고 이야기하는 사례는 한 보기일 뿐이다.

름만 교인일 뿐 인식의 구조 자체가 뒤바뀌는 개종을 경험한 기독교인은 아니라는 것을 일러주는 한 징표이며, 신앙이 영향력을 미치지 못하는 우리의 사회문화적인 특성을 드러내고 있는 한 지표이기도 하다.[7]

'어른 남성'이 주도하는 '힘의 문화'가 폭력을 판가름하고 있다면 여성과 어린이 같은 약한 사회구성원들은 그들 남성에게 주도당하면서도 도리어 주도하는 그들 쪽의 기준에 맞추어 살아가게 된다. 특히 뚜렷하게 나타나지 않는 영적이고 심리적인 폭력은 폭력이라고 인식하지 못하도록 오랫동안 조금씩 천천히 그 뜻을 내면화하고 길들여져, 오히려 자연스러운 생활경험으로 받아들이며 살아간다.[8] 이렇듯 다양한 기준들이 공정하게 함께 서지 못하고 힘을 가진 소수집단이 주장하는 기준에 따라서만 살아갈 것을 사회구성원들 모두에게 요구하는 사회는, 그러한 기준에 맞게 살아가는 사람들에 의해 그 기준에 맞지 않는 많은 사람들이 폭행을 당하고 있는 사회라고 할 수 있다.

독재사회가 그 보기이고, 가정 안에서도 힘 있는 사람(보통 가부장)의 뜻에 따라 다른 가족들이 숨죽이고 사는 경우가 여기에 해당된다. 우리

---

7) 남녀가 하나님의 형상으로 지음 받은 귀한 존재라는 개념보다 유교전통의 남녀로 살고 있는 우리나라 기독교인들을 많이 볼 수 있다. 이러한 주제를 다루고 있는 문은희, "우리 삶에 종교가 차지하는 자리," 「사회이론」1995년 여름호.

8) 우리나라 여성들이 성의 자기결정권을 인식하고 있지 못하는 경우가 많다는 것도 한 측면이라 볼 수 있다. 변화순 들, 윗글, 76~78쪽.

사회의 큰 문제 가운데 하나인 교육도 이에서 벗어나지 못하고 있다. 우리의 교육제도와 관행이 한 가지 종류의 학습만 잘하는 것으로 잣대를 삼기 때문에, 다른 적성과 창의성을 지닌 사람들이 자부심은커녕 오히려 열등감에 사로잡히게 만들고 있다. 따라서 이들은 견디기 힘든 어려움을 겪으면서 자신의 특징을 키우지 못하고 손상을 받으면서 자기다움을 억압하며 살아간다. 어린이들과 젊은이들이 잘 자라게 돕고 키워야 하는 가정과 학교교육이 오히려 상처를 입히는 폭력의 구실을 하고 있는 것이다. 발달의 과제를 돕기 위해 교육을 실시한다는 것이 오히려 어린이의 권리를 침해하게 되기도 한다.[9]

폭력행위의 기제는 자신과 다른 사람들 사이의 경계를 침범하는 것이다. 심리적인 경계를 넘어서서 독자적인 행사와 자율성의 발달을 방해하기도 하고, 영적인 경계를 간섭해서 성숙하고 건강한 마음과 믿음을 퇴영시키거나 왜곡시키기도 한다. 때로는 남편에게 맞고 사는 것이 더 낫다고 생각하는 여성들을 만난다. 신체의 경계를 침범하는 것은 가장 원시적인 만큼 너무도 간단하여 인식하기가 쉽지만 그것 역시 심리적이고 영적인 영역으로 번지게 되기 때문에 이 같은 폭력을 인식하는 것은 매우 어렵다. 그 영역이 잘 잡히지 않을 만큼 미묘하고 깊기 때문에 이러

---

9) 김 중섭, "한국교육의 위기와 인권," 「현상과인식」 25권 4호(2001년 겨울).

한 것을 인식하려면 몇 배의 노력을 해야 한다.

　도움이 필요한 시간이 매우 짧아 거의 태어나자마자 스스로 독립할 수 있는 동물들과는 달리, 사람은 누구나 다른 사람과 깊거나 얕은 다양한 관계를 맺으면서 도움을 받으며 살아간다. 그러기에 우리는 다른 사람과의 경계를 어느 정도는 언제나 넘나들며 사는 셈이다.[10] 사랑하는 것이나 미워하는 것, 협력하는 삶이나 삐딱하게 어긋나는 삶, 이 모두가 우리들 사이의 경계를 엮어가며 겹치고 얽히고설키며 사는 형태인 것이다. 처음에는 어른이 양육해야 한다는 보살핌의 자세로 관여하고 보살핌을 받는 관계에 머물게 된다. 일방적인 관계 같으나 아이의 요구를 잘 충족시켜주도록 보살피는 어머니 역을 하는 사람은 '좋은 어머니'로 인식된다. 아이의 요구를 무시하는 엄마나 아이의 뜻을 거스르는 엄마는 아이의 마음에 '나쁜 엄마'라는 그림자를 만들게도 된다.[11] 여러 가지 농도의 그림자를 지닌 채 삶의 과정에서 경계를 넘나들며 '동시에 서로' 의사를 교환한다. 폭력이 이렇게 다양한 삶의 교섭형태와 다른 점은 타인의 의사를 무시하고 자기 뜻대로 그 사람의 경계를 넘어 침범한다는 것에 있다.

---

10) J. C. Tronto, *Moral Boundaries: A Political Argument for an Ethic of Care* (New York: Routledge, 1993).

11) 양육자와 아이의 상호교섭의 관계에서 아이가 가지게 되는 '자기개념'의 형성에 대해서는 Kurt Lewin, *Field Theory in Social Science* (New York: Harper Row, 1951).

부모가 자녀의 삶의 계획을 듣고 서로 생각을 나누는 것이 아니라 자녀들의 생각을 무시하고 자신들의 뜻을 일방으로 자녀들에게 강요하는 것은 '폭행'이다. 신체에 가한 폭행은 아닐지라도 마음에 깊이 상처를 주어 평생 그 상처에서 벗어나지 못하게 한다면 빨리 회복되는 몸의 상처보다 더 큰 피해를 안고 살아가게 한다. 부모가 자녀를 극진히 사랑해서 하는 말이라 하더라도 자신들의 판단만이 옳다고 하는 경직되고 오만한 온정의 자세로 자녀의 생각을 무시하고 강요하는 것은 '폭행'이다. 교사가 어린 학생에게 심한 말을 자제하지 않고 마구 해대는 것은 체벌이 아니니까 문제가 아니라는 생각도 그냥 넘길 수 없는 '폭력'이다. 마음이 건강하게, 아이답게 살지 못하도록 들볶는 부모 탓에 머리카락이 빠지는 원형탈모증상에 걸린 유치원생도 가정 안의 '폭력'에 시달린 경우이다.

대부분의 부모들은 아이들을 사랑해서 될 수 있는 한 빨리 많은 것을 가르쳐 어른이 되었을 때 행복하게 살 수 있도록 미리 갖추어주려 한다는 그야말로 좋은 의도에 따라 행동한다고 말한다. 억지로 시키는 것이 아니고 여러 가지를 접해보고, 나중에 자기가 하고 싶은 것, 잘하는 것을 택할 수 있게 하려고 하는 것이라 한다. 그런데 얼마 동안을 아이들이 이렇게 수동적으로 살아가야 하는 것인가. 이렇게 부모의 뜻에 따라 끌려서 살아온 아이들이 자기 스스로 하고 싶다고 하는 마음을 갖출 기회도 갖지 못한 채 그 마음을 오히려 잃게 된다면 어떻게 할 것인가.

자기가 하고 싶은 것이 무엇인지도 모르게 된 불행한 사람을 만드는 것은 얼마나 끔찍한 일인가. 이는 결코 그냥 지나쳐서는 안 될 중요한 일이다. 삶의 의욕을 죽이는 것은 목숨은 있어도 사는 재미를 잃게 하는 무서운 일이다. 말로는 아이 개인의 독자성을 키운다는 것이 교육의 기본원리라고 하면서도 우리나라 교육의 현실원리는 획일성이다.[12] 앞에서도 말했듯이 획일의 기준에 맞지 않는 대부분의 어린이들은 폭력으로 다스리는 교육의 피해자가 되고 만다. 그렇게 자기에 대한 기본적인 신뢰를 잃고 '낮아진 자존감'을 가지게 되면 자신의 삶을 하찮게 여기고 자신을 허술하게 대하게 되며 다른 사람이 자신의 영역을 침범하는 것을 크게 개의치 않고 이를 허락할 가능성이 높아진다.

여성의식이 높아진 후에 여성의 성에 대한 의식이 예민해져서 단순히 욕구를 충족시키는 수동의 자세에서부터 원하는 것을 행하는 적극의 자세로 여성들의 행동의 지표가 높아졌다고 한다.[13] 그러나 우리의 경우에 가정 안의 폭력사례들을 보면 대체로 자존감이 낮은 사람들이 폭력을 참고 견디며 살고 있으며, 그렇게 참고 사는 데서 문제가 더욱 심각하게 만성화되고 만다.[14]

---

12) 문 은희, "우리 문화현상과 행동 특성," 「현상과인식」18권 2호 (1994년 여름).

13) George Bach / Herb Goldberg, 윗글, 20쪽.

14) 부부 사이의 성폭력의 경우들을 분석해보면 여성들이 당연하게 받아들였던 관념과 습속으로 판단하고 연장해온 탓이 많음을 알 수 있다. 신 성자, "아내강간의 실태와 대책, "여성인권과 아내강간토론회>(한국여성의전화연합, 2000년 5월 30일).

자기표현을 분명하게 할 수 없는 불분명한 태도를 유지해가니 말이다.

폭력의 뿌리를 찾아서

1) 서구의 해설

　서구사회에서는 일찍부터 폭력성의 도전을 받고, 또 가정 안의 폭력을 안타깝게 지켜보면서 그 원인을 찾으려고 노력해왔다. 여성에 대한 남성의 폭력성뿐만 아니라 일반으로 폭력은 고정관념화된 '남성성' 이른바 남성의 '공격성'과 관련지어 생각하고 있다.[15] "남성으로 존재하고 살아간다는 것이 무엇을 뜻하는가?"라는 물음에 대한 답을 찾으려 하는 것과 공격성은 마치 같은 것인 양 초점이 모인다. 여성들과는 다르게, 남성들 자신이 파악하고 있는 자기 됨됨이identity를 굳히는 데 인간관계, 특히 부모와의 관계가 중요하다. 그 관계가 '부정의 애착negative attachment'의 성격을 띠게 되면 공격성이 나타난다고 하는 심리분석학적인 해석이 바로 그것이다.[16]

---

15) R. W. Connell, *Masculinities* (Berkeley: University of California Press, 1995).

16) Nancy J. Chodorow, *Reproduction of Mothering: Psychoanalysis and the Sociology of Gender* (Berkeley: University of California Press, 1978).

262

아버지에 대하여 아들이 지닌 하부의식(무의식)의 태도를 프로이트는 오이디푸스 왕의 신화에 비견되는 문제로 해석하고 있다. 아버지와 아들 사이라는 남성 사이의 긴장관계에서 만족스럽게 해소할 수 없는 본능에너지가 억제되어 무의식의 영역에 저장되고 쌓여서 파괴와 공격성의 뿌리를 깊게 내리게 된다는 것이다. 그 공격성을 문명사회에서 인정되는 활동으로 승화하거나 합리화하는 '자아기제', '방어기제'를 순조롭게 쓸 수 있는 현실원칙에 충실한 건강한 '자아^{ego}'를 갖추지 못한 경우 자신이나 다른 사람을 향해 공격적이 된다고 해석한다.

그러나 여성을 향한 남성의 공격성은 프로이트의 해석으로 개운하게 설명되지 않는다. '여성혐오증'의 바탕은 남성끼리의 문제이기보다는 여성과 남성 사이에서 근원을 찾는 것이 옳을 것이다.[17] 쵸도로우$^{N.\,Chodorow}$는 아버지와 아들 사이의 경쟁관계 보다는 서구문화의 이념이 작용한다고 생각한다. 개인의 '독자성'이 중요하다는 이념을 가지고 사는 서구인들의 사회문화에서는 아들이 어머니로부터 될 수 있는 한 일찍 분리 독립할수록 좋다고 믿는다. 어머니에게 가지고 있었던 첫사랑의 느낌을 버리고 그 애착 관계에서 떨어질 준비도 되기 전에, 너무 일찍 아들은 어머니를 떠

---

17) Adam Jukes, *Why Men Hate Women* (London: Free Association Books, 1993)과 Joan Smith, *Misogynies* (London: Farber & Farber, 1989).

나야 한다. 어머니와 동일시해서는 안 되는 아들은 모든 인간관계의 영역에서도 깊이 정서적으로 관여하지 못하는 '부정의 애착'이라는 특징을 지니게 된다. 애초에 여성 어머니에게 가지고 있었던 애착을 무리하게 지워버리기 위해 무의식으로는 어머니를 증오해야 했고 이로써 여성일반에 대한 혐오증을 가지게 되었다는 것이다. 어머니에게서 거부당해야 하는 것에 분노를 일으키고 상처받으면서 앙갚음하려는 무의식의 의도가 여성을 향한 파괴공격성으로 나타난다는 것이다.

그렇다고 남성 누구나 여성에게 폭력을 행사하는 것이 아니라 자아의 발달과정이 지나치게 무리하게 진행되어 미숙한 자아를 가지게 된 경우에만 심리적인 공격성을 띠게 된다.[18] 해독성을 띤 교섭으로 다른 사람의 삶의 영역, 그의 경계를 침범하는 '적극의 폭력active abuse'을 감행하기도 하고, 독성의 효과에 관한 한 적극적인 폭력 못지않게 무서운 무관심과 방치 같은 '수동의 폭력passive abuse'을 써서 다른 사람을 괴롭힌다. 이런 서구의 해석이 그들 자신의 여성혐오증은 얼마만큼 잘 설명할지 모르나 우리나라의 가정생활이 지닌 특성과 성장과정을 볼 때 우리의 폭력성을 설명하는 데도 적합한가 하는 것은 다시 생각해볼 일이다.

---

18) Howard Kassinove, *Anger Disorders: Definition, Diagnosis, and Treatment* (Washington : Taylor & Francis, 1995).

2) 우리의 해석

우리나라에서도 요즘 들어 시어머니에 대한 남편의 애착이 지나치다고 불평하는 젊은 여성들이 많아졌다. '마마보이'라는 말로 어머니의 영향에서 벗어나지 못한 미숙한 남편을 지칭한다. 그것은 서구인들이 내세우는 개인의 독자성의 이념을 받아들이고 그 개념을 전제로 한 견해에서 비롯된 것이다. 어른이 되어 결혼했으니 어머니의 치맛자락에 매달려서는 안 된다는 서구식 판단이 바람직하다는 견해에 바탕을 둔 생각이다. 그런데 현실에서 그 젊은 여성들도 모양새는 다를지 모르나 자신의 아들과의 애착을 유지하고 자신의 아들을 중심으로 맴돌듯 살고 있고, 또 실제로 어른인 자신도 (친정)부모의 도움과 판단에 의존해서 살고 있다. 앞 세대 여성들이 대부분 전업주부로 가정만을 온통 돌보아온 것에 비해, 요즘 젊은 여성들이 사회활동과 가정 안의 역할을 병행하면서 부모에게 의존하는 정도는 오히려 더 심해졌다.[19] 형태는 바뀌었을지 모르나 서구인들과 달리 우리 문화는 세대 간 밀착된 유대관계를 맺고 유지해온 것이 사실이다. 위에서 아래로 물 흐르듯 하는 윗세대의 사랑에 도리로 대응하는 아랫세대의 위로 향한 '효'의 관계는 부모와 자녀 사이가

---

19) 문 은희, "집안과 일터에서 기대되는 여성의 자질," 「연세여성연구」 1권 (1995년).

평생 나눌 수 없는 것이라는 것을 믿어 경험하게 하는 것이다.

어머니에게서 떨어져나가서 독자성을 가지고 홀로 서야 할 필요가 없을 뿐 아니라 사회로부터 그래야 한다는 압력을 받지 않고 자란 우리의 남성들은 서구의 남성이 가지고 있다는 '여성 혐오증'을 무의식 속에 키워야 할 처지에 있지 않다고 볼 수 있다. 그렇다고 여성에 대한 폭력행사가 없다는 것이 아니다. 불행하게도 가정 안의 폭력은 어느 나라에 뒤지지 않게 많다는 것은 이미 잘 알려진 사실이다.[20] 다만 그 원인이 '개인' 남성과 '개인' 여성 사이에 적대하는 특성을 지닌 문제가 아니라는 것일 뿐이다. 사람 사이의 경계를 침범하는 것으로 폭력을 정의한다면 우리의 사회문화에서 의미 있게 여기는 경계에 대한 개념이 서구인과 다를 수 있다는 것에 생각의 초점을 맞출 필요가 있다.

문화에 따라 자신과 다른 사람 사이를 구분하는 경계의 개념이 다르다는 것은 '행동의 단위'가 다르다는 것과 관계지어볼 수 있다. 서구인들은 독자성의 이념으로 사는 '개인'을 행동의 단위로 삼고 있어 자기와 다른 사람들 사이의 '경계'를 분명히 의식하며 행동한다. 부모와 자녀 사이, 부부 사이, 친구 사이, 낯선 사람들과의 사이에 모두 경계를 존중하며 대해야 한다. 가까운 정도에 따라 적절하게 대하는 사회적인 기술

---

20) 우리나라에서 가정폭력을 경험한 사람이 35.6%에 달한다. 변 화순 들, 윗글.

266

을 써서 감사함과 미안함을 늘 표시하는 예의를 지키기도 해야 한다.[21] 길에서 낯선 사람과 팔꿈치를 스치고 지나치게 되면 "미안하다"고 하는 것도 '개인'의 경계를 의식하는 탓이다. 아무리 부부라 할지라도 '경계'로 구분된 별개의 사람이기 때문에 늘 "사랑한다"는 말로 표현하지 않으면 사랑의 마음이 전달되지 않아 서로 모를 수밖에 없다는 것을 전제하고 있다. 공공장소에서 옆에 앉은 사람에게 말소리가 들리지 않게 이야기해야 하는 것도 사람들 사이의 뚜렷한 경계를 지켜야 한다는 것을 보여주는 바이다.[22]

앞에서 말한 대로 우리나라 사람들은 윗세대와 아랫세대가 분리되지 않고 평생을 함께 엉켜서 살아간다.[23] 우리는 서로를 '포함'하고 서로에게 '포함'되는 것을 행동의 단위로 느끼고, 생각하고, 움직이며 살고 있다. 그러기에 '포함'하는 단위가 크면 클수록 삶의 경계도 넓어진다. 또 '포함'된 사람들 사이에는 서구인들같이 '개인' 단위의 뚜렷한 경계가 없이 살게 된다. 따라서 가족이나 가까운 친지일수록 자신에게 '포함' 되어 있는 이들에게 낱낱이 고마움이나 미안함을 표시하지 않고 지낸다. '포함'의 단위 안에 있는 사람에게는 경계의식이 없기 때문이다. 그러기에 분

---

21) 그 가운데 남녀 사이의 예절에 대해서는 J. Homes, Women, *Men and Politeness* (London: Longman, 1995).

22) 문은희, "우리판 '여자의 일생': 가족관계에 얽힌 여자들 이야기," 「경제와사회」 (1993년 가을).

23) 폭력의 대물림에 관해서는 변화순 들, 윗글, 79~80쪽 볼 것.

명한 허락이나 합의 없이 넘나들며 산다.

경계가 확실하지 않기 때문에 공공장소에서도 큰 소리로 떠들면서 별로 다른 사람을 의식하지 않을 수도 있다. 자기 아내나 아이들에게 폭력을 쓰는 사람도 아내와 아이가 다른 사람으로 뚜렷이 구분되어 있지 않아서 다른 사람의 경계를 넘었다는 의식 없이 대수롭지 않게 힘(폭력)을 행사하게도 된다. 아내를 실컷 때리고 난 남편이 "때리지 않았다"고[24] 말하는 것은 (아내를 '포함'한) 자기를 두고 보면 그저 '자기 학대'라고 할 수 있겠지만, 사실 아내를 자기 바깥에 존재하는 남이라고 여기지 않았기에 "때리지 않았다"는 말로 해독해볼 수도 있다. 그렇다고 해서 그 남편을 두둔하는 것은 분명 아니다 "사람 만들려고" 그랬다거나 "사랑하니까" 매를 든다는 말은 우리네 남편이나 부모와 선생들이 흔히 하는 말이라는 것도 눈여겨 볼 일이다.

이제 우리나라에서 흔히 보는 폭력행위를 살펴 이해해보기로 한다. 남편에게 구타당하며 살아온 여성들의 수기와 그들을 돕기 위해 마련한 쉼터에서의 기록을 분석해보려는 것이다.

---

24) 한국여성의전화(엮음), 「그는 때리지 않았다고 한다」(서울: 그린비, 1993).

우리의 폭력현상과 이유

1) 포함이라는 행동단위

사랑한다고 하면서도 아내나 아이들에게 폭력을 쓰게 되는 첫 번째 이유는 자신과 다른 사람 사이의 경계가 분명하지 않다는 사실이다. 우리는 자신에게 중요한 사람을 '포함'하고 행동하기 때문에 '포함'된 중요한 사람들과의 사이에는 경계가 없이 행동한다. 다른 사람을 자신과 따로 구분하지 않고 자기 자신을 알듯이 그들을 너무나 잘 알고 있다고 믿기 때문에, 그들의 의사를 물을 필요도 느끼지 않은 채 대신 판단해주고, 또 자연스럽게 그 판단을 따라주기를 기대한다. 다른 사람이 자신과 다르게 느끼고 판단하고 행동할 수 있다는 것을 예민하게 느끼지 못하는 데서 문제가 생긴다.

가해자들이 피해자들을 자기의 일부나 소유물같이 본다는 것이 가해자에 대한 피해자들의 공통된 인식이다. 부모가 자녀에 관한 일을 자기의 일로 생각하여 죄책감을 가지는 것이나 자녀의 일을 부모가 모두 떠맡아 하는 것 따위가 이에 해당된다. 아이가 다음 날 가져갈 가방을 전날 저녁 점검하지 않으면 잠들지 못하는 엄마는 아이의 삶을 따로 인정하지 않기 때문이다. 매 맞는 여성들이 거의 대부분 바람피우는 남편의

의처증에 시달리고 있었음을 볼 수 있다. 아내를 자기의 소유물이라고 여기는데 자기처럼 바람피울 수 있다는 생각에 사로잡히게 되면 열등감 있는 남편은 견딜 수 없는 좌절을 경험하게 된다. 다른 사람과 접촉하지 못하도록 아내를 최대한도로 가두어 두듯이 소외시키려고 하나 현실적으로 완전히 조절할 수 없음을 깨닫게 되거나 엉뚱한 의혹을 가질 때 견딜 수 없게 된다. 그렇게 되면 사회적으로 용납되는 순조로운 방법으로 의사소통할 수 없게 되어 폭력을 휘두르고 만다. 그런 특징의 남성들은 아내를 외부의 모든 관계로부터 완전히 차단하여 소외시키고 남편인 자기에게만 의존하게 만들어 결국 아내는 남편이 휘두르는 폭력의 손아귀에서 벗어나지 못하게 되고 만다.[25]

다수의 마음들을 '포함'한 그 묶음 안에 매몰되어 살아온 삶들의 또 다른 특징은 누구나 남과 다른 생각을 할 수 있다는 것을 경험하지 못하고 살고 있다는 것이다. 각자 주관적인 판단을 하지 못하고 사회에서 주어지는 고정개념에서 벗어나지 못할 뿐 아니라 자신에게 포함된 사람들이 다른 생각을 할 수 있다는 것을 서로 인정하지 못하게 된다. 그러면서

---

25) 우리나라 남성들이 가지고 있는 이런 태도를 사례집에 모아 잘 보여 주고 있는 아래의 자료집 볼 것. 양 정자, 「남자가 변해야 남자가 산다」(대한가정법률복지상담원, 2001년).

자신의 느낌조차 분화해서 자신의 것으로 가지지 못하고 만다.[26] 우리나라 부모들이 자녀교육의 문제가 심각하다고 하면서도 자기 아이의 남다른 독특함을 보고 키우려는 것이 아니라 대다수 다른 사람들이 하는 방식으로 아이들을 몰고 가는 '폭력적' 처사의 뿌리도 여기에서 찾아볼 수 있다. '자신'의 남다름을 존중받은 경험도 없으며 '다른 사람'의 남다름을 귀하게 보아줄 안목도 없는 것이다. 학교 안의 폭력집단들도 자기 집단과는 다른 학생들을 용납하지 못하기 때문에 괴롭게 구는 것이다.

자신과 다른 사람을 구분하여 볼 수 있게 되면 성의 있고 정확하게 서로 알리고 또 알려고 할 것이다. 적극으로 하는 의사소통을 통해서 서로 이해하도록 노력해야만 한다는 것을 어려서부터 익히게 된다. 그런데 '포함'한 사람들은 서로의 차이를 인정하려 하지 않고 살기 때문에 서로 정확하게 알고 또 알리려는 의욕도 없이 막연하게 짐작하며 원하지 않는 오해 안에서 살게 된다. 이런 풍토에서는 효과적인 대화나 순조로운 긍정의 말싸움(토론)기술이 발달할 수 없다. 말로 해결하는 방식을 활발하게 쓸 수 없으니 참다 참다 더 못 참는 순간에 이르러 자기 조절을 잃고 폭발하게 되고 폭력을 쓰게 된다. 말없이 순종하고 미리 알아서

---

26) 부부 사이 강압에 의한 강간에 대해 남성의 20.4%가 수용적인데 여성조차 8.9%가 긍정의 입장을 보이는 것은 놀랍다. 신 성자, 윗글.

섬기는 것이 가정의 평화를 표면적으로라도 유지하는 길이라 보이는 것이다. 가정 안 폭력의 피해자들 쪽에서 쓸 수 있는 대처방안은 한결같이 가해자의 말대로 하고 그의 비위를 건드리지 않으려고 애쓰는 수밖에 없다는 생존기술의 근거도 이런 맥락에서 볼 수 있다. 그러나 실제로는 다른 사람의 비위를 맞추는 것이 불가능하다는 것을 알게 된다. 왜냐하면 그 사람과 자신은 다른 사람이고 그 다른 사람의 반응을 예측할 수 없기 때문이다. 속상할 때마다 '참을 인(忍)'자를 쓴 것이 창고 하나 가득 되도록 시집살이하면 된다는 옛이야기는 아직도 잊힌 먼 이야기가 아니다. "벙어리 3년, 귀머거리 3년, 소경 3년이면 된다"는 말도 여전히 딸을 시집보내면서 하는 친정어머니의 가르침이다. 요즘 여성들은 다르다고 하는데 말없이 실제로 진행되고 있는 습속은 아직도 별로 다르지 않다. 이런 습속을 지키지 않으려 하는 여성들 때문에 최근에 이혼율이 높고 젊은 여성들이 아예 결혼을 기피하기도 한다. 결혼의 삶을 적극으로 해결하려 하는 것이 아니라 간단하게 실패를 받아들이거나 회피하고자 하는 셈이다. 자신과 다른 사람이 서로 다르고 그 다른 점을 예리하게 알아주고 존중하는 태도가 없으면 '포함'하는 단위 안에 있는 구성원 가운데 힘 있는 사람(남편, 부모, 선생, 집단으로 힘을 기른 폭력배 같은 이들)의 판단과 이해에 따라 힘없는 사람들(아내, 자녀, 학생 같은 이들)의 운명이 결정될 수밖에 없다. 약한 자의 의사에 관계없이 힘 있는 사람이 요구하고 삶의 경계를 침해하게 되는 것이다.

2) 정신건강

두 번째로 고려할 사항은, 정신이 건강하지 않은 사람들이 폭력을 행사하고 그 폭력의 피해자도 정신이 건강하지 않으면 그 고리에서 벗어나지 못한다는 사실이다. 자기보다 약하고 어린 사람들에게 힘을 휘두르는 사람은 자기와 동등하거나 자기보다 힘 있는 사람들을 대등하게 대할 자신감이 없는 사람들이다. 자신감이 없는 사람은 다른 사람의 생각과 자세가 자신의 것과 다르다는 것을 이해하고 용납할 여유가 없기 때문에 방어적으로 자신의 생각을 경직되게 주장할 수밖에 없다. 유연성이 있는 창의적인 건강함과 반대되는 경직된 권위주의를 등에 업어야만 그나마 버틸 수 있는 못난이는 힘에 의존할 수밖에 없는 폭군이 된다. 가정 안의 폭력에 시달리는 사람들의 수기에 따르면 폭력을 휘두르는 사람들은 예외 없이 열등감을 가리고 숨기려고 더욱 스스로를 강한 듯 표현하고 있다. 자신을 두껍게 방어하고 다른 생각을 받아들일 만한 여유가 없다.

힘으로 위협하며 자기 생각만을 따르라고 요구하는 방식은 점점 더 다른 구성원들의 동기 수준을 낮추게 만든다. 학력이 중요하다는 것에만 굳게 치우쳐 아이들을 교육하는 어른들은 성적에 따라 물질적으로 보상하고 그 효과에 만족해한다. 그러나 그렇게 해서 더 중요한 것을 잃게 된다. 깨닫는 재미와 호기심을 스스로 채울 수 있어서 주관적인 만족감을 만끽하고, 보는 사람이나 칭찬해주는 사람이 달리 없어도 내면에서 혼자라도 더 배우고 싶어하는 성숙한 동기를 말살하게 된다. 천박한 물질로 동기를 끌어내리고 물질의 보상 없이는 배우려 하지 않는 수동의 학습자를 만든다는 것을 모르고 있는 것이다. 매로 아내를 다스리는 남편은 아내의 자신감을 깡그리 지워 아내 혼자 스스로 서지 못하게 만든다. 폭력은 자신만 건강하지 못하게 하는 것이 아니라 감염시키듯 가까운 구성원 모두를 함께 정신적으로 건강하지 못하게 만든다.

폭행하는 남편들의 공통특성 가운데 한 가지는 책임감이 없다는 점이다. 술, 여자, 노름에 빠져 있고 직업에 대한 책임감도 없다는 것이다. 한마디로 경직돼 고정된 남성개념에 사로잡혀 있는, 건강하지 못하고 성숙하지 못한 남자이다. 많은 경우 결혼한 뒤에도 부모에게 의존하고 일을 벌여놓았다가도 스스로 수습하지 못하곤 한다. 아내를 때리는 것도 "처음부터 아내를 휘어잡아야 한다"는 자기 어머니의 지시를 따르거나 친구들의 충고를 따라서 하는 행동이기 십상이다. 우리나라 남자들은 몸으로는 혼자 아내를 때리지만 마음은 집안(시댁) 식구들이 모두 힘을 합해서 집단적으로 때린다고 볼 수 있다. 맞는 여성은 아이들과 친정의 체면을 생각하고 친정 식구들이 받을 타격을 생각하며 버틸 수 있는 한

한껏 버텨내기 때문에 친정에 알려 도움을 청하려 하지 않고 계속 참는다. 남편은 자기의 식구들 단위로 폭행하고, 아내는 아이들과 더불어 친정 식구들 단위로 맞고 사는 셈이다.

말없는 자연을 사람들 중심의 욕심대로 사용하고 파괴하는 것은 우리 모두와 뒤에 올 세대들을 위해 지켜야 할 본분을 저버리는 극히 무책임한 태도임은 두말할 것도 없다. 아이들을 위한다면서 그 아이의 특성보다는 가족 전체의 이해관계에서 일방적으로 일을 처리하는 것도 그 아이의 긴 앞날을 생각할 때 무책임한 처사이다.

사람들은 누구나 자기가 보는 안목으로 다른 사람을 이해하고 그 이해에 따라 판단하며 교류를 통해서 영향을 주고받는데, 가지고 있는 안목이 경직되고 좁을 때 다른 사람을 제대로 바르게 이해하지 못한다.[27] 가정 안에서 폭력을 휘두르는 사람들은 거의 예외 없이 경직된 생각을 가지고 있으며, 대처할 줄 모르는 피해자는 이에 대응할 융통성 있는 능력을 갖추고 있지 못한 것을 볼 수 있다. 대학교육은 반드시 받아야 한다고 강요하는 부모나 진학지도라는 이름으로 학생의 뜻을 거슬러 마음대로 결정하는 교사, 모두 경직된 생각 때문에 '폭력'을 휘두르고 있는 것이다.

---

[27] 열등감을 실제로 가지고 있는 것이 아니라 열등감을 가지고 있으리라고 믿는 잘못된 인식이 폭력의 더 큰 요인이 되고 있다는 것을 보여준다. 윗글, 74쪽.

3) 사회문화적 가치관

세 번째 이유로는 문화적인 습속과 관련된 가치관을 들 수 있다. 남아선호라는 가치관 때문에 태아의 성을 알아내려 하고 여아일 경우 인공중절수술로 제거하는 경우가 많다는 것은 공공연한 비밀이다. 아들을 낳을 때까지 어머니의 건강이 상하는 것은 생각하지도 않고 계속 아이를 낳게 하는 경우에도 피해자는 아이와 여성이다. 인도에서는 여자 어린이가 아픈 경우에는 제대로 치료해주지 않아 여아의 사망률이 남아의 경우보다 훨씬 높다고 하며, 중국의 영아살해나 여아유기도 사회문화적인 가치관 때문에 생긴 폭력이라고 볼 수 있다.

남성과 어른중심문화, 권위주의문화, 군사문화, 경제주의문화들이 복합해서 여성과 어린이가 자신의 삶의 영역에서 주인으로 설 자리를 잃고 있다. 권위와 힘으로 사람의 가치를 재서 한눈에 볼 수 있게 한 줄로 세워 서열화하는 습속 아래에서는 여성과 어린이들의 인권이 뒤로 밀릴 뿐 존중받을 수 없다.[28] 눈에 보이는 결과, 손에 잡히는 결과로 생산해내기를 요구하는 문화 속에서는 경제성으로 계산할 수 없는 사랑과 보

---

28) 차이를 인정한다는 것이 얼마나 중요한 것인가를 보여주는 Chris Weedon, *Feminism, Theory and the Politics of Difference* (Oxford: Blackwell, 1999).

살림의 역할을 감당하는 여성의 가치는 인정받기 어렵고 아직 힘과 영향력을 갖추지 못한 어린이는 그 가치를 인정받을 수 없다.

여성들조차 한결같이 남성·권위·경제주의 문화의 기준에 따라 경쟁하게 되면 폭력 문화는 남성만의 전유물이 아니라 여성 속으로 스며든 문제로 변화한다. 그러기에 우리 사회의 여러 가지 문제를 수많은 어머니들이 힘을 모아 해결하지 못하고 있는 것이다. 폭력의 씨를 뿌리는 문화를 거부하지 않을 뿐 아니라 "아이들을 위한다"는 명분 아래 혈안이 되어 경쟁적으로 그 문화를 추종하고 실행하고 있으니 말이다.

맺음말

우리 특유의 폭력성을 보면서 평화스럽고 착한 사회를 만들기 위해 노력해야 할 점들을 생각하지 않을 수 없다.[29] '포함'의 단위 안에서도 주체적인 판단을 하는 '자기개념'을 확실하게 유지하도록 하는 교육과 훈련이 필요하다. 그래야만 품위 있게 자신의 경계를 지키고 또 다른 사

---

29) E. Frazer / N. Lacey, *The Politics of Community : A Feminist Critique of the Liberal–Communitarian Debate* (New York: Harvester, 1993).

람의 경계를 존중하게 되는 것이다. 우리의 경우 더욱 주체성을 가져야 함과 동시에 서로 이해하고 자기표현을 적합하게 할 수 있는 사회성의 능력을 키워야 한다. 그래야만 있을 수밖에 없는 갈등을 순조롭게 풀어갈 수 있을 뿐 아니라 적극으로 사랑하고 보살피는 관계도 키울 수 있는 것이다.

자신의 주체성과 함께 타인의 독자성도 인정하는 유연성과 창의성이 있으면서 책임질 줄 아는 정신건강을 키우고 지켜야 한다. 몸의 건강만을 위해 영양을 섭취하고 운동하는 것은 폭력을 휘두를 육체의 조건만 더 잘 갖추는 셈이다. 정신이 건강하게 살기 위해서도 적합한 자극이 필요하고 쉼 없는 노력이 필요한 것이다. 자신과 폭력과 관련된 배경을 넘어서는 다양한 삶의 경험과 활발하게 접하고 받아들일 만남의 기회를 가질 필요가 있다. 먼저 바뀌어야 할 것이 우리의 인간관, 우리의 습속이다. 통계치로만 평균해서 사람을 보는 것이 아니라 각기 '다름'을 존중하는 마음을 가지고 살도록 사회문화의 틀과 그 가치관을 바꿔야 한다. 모든 삶의 영역에서 서로 사람대접하고 사람대접 받는 '좋은 사회'가 되도록, 포기하지 않고 우리 스스로 성찰하며 힘써야 한다.

이 일들은 행사 치레로 할 수 있는 간단하고 손쉬운 일이 아니다. 사회운동단체들과 교육기관과 종교계가 힘을 모아 지속해서 적극으로 해내야 한다. 우리는 '오래 참는 사랑'의 끈기를 가지고 '세상 끝날 때까지'

밑바탕부터 깡그리 '새 사람'으로 바뀌어 '나 혼자만이라도' 이웃을 위한 '누룩'으로 살 각오로 함께 살아야 한다.

— 「현상과인식」 (26권 1-2호, 2002)

09

우리의 문화현상과
행동특성

요즘 들어 우리들을 슬프게 하는 일들이 부쩍 자주 일어나고 있는 느낌이다. 이른바 '패륜'이라고 도장 찍히는 사건들이다.[1] 그들에게 쉽사리 정죄하는 돌을 던질 만큼 간단히 속편하게 분노할 수 있을 것인지 망설이게 되는 것은 어느 한 사람만 경험하는 것이 아닌 듯하다. 부모 된 다른 사람들도 남의 일이 아닌 듯해하는 어정쩡한 표정이고, 젊은이들도 그냥 넘겨버릴 수 없는 마음들을 나타낸다. 우리가 유난스레 예(禮)에 관해서 어느 문화권의 사람들보다 우월하다고 자랑해온 처지이고 보니 더욱 가슴 아픈 것일 게다. 우리의 문화에 대한 착각과 오해로 살아온 것이 아닌가 싶기 때문이다.

그러니 너나 할 것 없이 그 원인을 찾아보고 자신들의 마음을 정리하려 한다. 왜냐하면 사람은 누구나 무슨 일이 일어날 때마다 자기 나름의 해석을 해서 정리하려는 경향을 보이기 때문이다.[2] 그러기에 주변에서 그 '패륜'의 이유를 두고 대화를 많이 나누게 되는 것이 어쩌면 너무나 자연스러운 일인지 모르겠다. 그뿐 아니라 대중매체들에서도 이른바 '전문가'들로 일컬어지는 이들에 의해 문제의 진단과 처방이 내려지고 있

---

1) "10건 중 하나가 패륜사건," 「한겨레21」 1994년 6월 9일 30~34쪽.

2) 원인 추구의 경향을 거론한 최초의 심리학적 글 가운데 Fritz Helder, *The Psychology of International Relations* (New York: Wiley 1958), 이후에 나온 J. Rotter, "Generalized Expectancies for Internal vs External Control of Reinforcement," *Psychological Monographs* 80권(1996)과 B Weiner, *An Attributional Theory of Motivation and Emotion* (New York Springer—Verlag, 1986)을 볼 것.

다. 선량한 시민들은 이들의 말에 귀 기울이고 소수인 권위자들의 의견을 어수룩하게 그대로 좇게 되기 쉽다. 이제까지 여러 가지 비슷하게 어려운 문제상황을 맞을 때마다 우리는 언제나 이런 방식으로 진단을 내리고 처방을 받는 과정을 거쳐왔다. 최근 일어난 일본뇌염 예방주사사고를 보며 전문가의 손에서 힘없이 사라져간 소중한 어린 생명을 안타까워한다. 소수 전문가들의 판단에 따라 진단, 예방, 치유라는 이름 아래 우리가 이제까지 얼마나 보이지 않은 피해를 받아왔을까 다시 한번 생각하며 소름이 끼친다.

이들 전문가들이 '패륜'에 대해서 내리는 진단은 조기유학이니 '입시위주의 교육'이니 '부모의 과잉보호,' '경제위주의 생활' 같은 주로 외적인 요인들이다. 이것이 틀린 이야기도 아니고 전혀 관련이 없다고는 생각하지 않는다. 그러나 생각해봐야 할 것은 우리의 문제해석의 자세가 수동적이고 환경으로부터 피해받는다는 생각에 언제나 젖어 있다는 점이다. 보기를 들어 우리는 어떤 문제의 원인을 찾으려 할 때 걸핏하면 "전쟁을 겪었기 때문"이라거나 "강대국의 식민지적 제국주의적 정책에 희생되었기 때문"이라는 말을 곧잘 한다. 너무 많이 들어서 우리의 귀에 아주 익숙한 것들이다.

대체로 문화환경과 그 속에 살고 있는 인간행동의 관계를 논할 때 문화가 개인의 발달과 행동특성에 미치는 영향을 더 많이 다루고 있는 것이 사실이다.[3] 그러나 문화의 바뀜에 영향을 미칠 수 있는 구성원들의 행동특성이나 심리구조에 대해서는 별로 논의하고 있지 않다. 문화와 인간의 특성간의 "역사적 대화"[4]에 대하여 사회학적 관심을 보이는 경우가 있다. 역사적 대화를 강조하는 벨라는 그의 관심사인 미국의 경우에도, 그들의 역사 속에 의식하지 않은 채 개인과 역사적 전통 사이에 대화가 진행되어 미국인의 특징이 생기고 유지된다고 말한다. 그런데 우리의 경우 이러한 역사적 대화에 관한 심각한 논의도 하지 않은 채 불쑥 "우리나라 사람은 독하다"던가 "우리나라 사람이 가장 우수하다"는 따위의 근거 없는 말을 수월하게 하곤 한다. 그것은 오늘에 이르는 우리의 긴 역사와 우리 사이의 관계와 대화과정에 대한 연구의 필요성을 불러일으킨다. 그러나 이 짧은 글에서 이 모두를 다루기는 적합하지 않으므로 문제를 좁혀서 오늘 우리 앞에 나타나는 특별한 문화적인 현상과 관련 있는 것으로 보이는 우리의 행동특성에 초점을 맞추려 한다. 그리고 그 행동특성이 우리의 여러 가지 문화현상과 어떻게 서로 교섭하는지 그 기제를 아래에서 살피려 한다.

---

3) Ashley Montagu, *Culture and Human Development Insights into Growing Human* (Englewood Cliffs: N J Prentice—Hall 1974).

4) Robert N. Bellah, *Habits of the Heart* (New York: Harper & Row 1985), 2장.

우리의 행동특성

　다른 문화권에서 지내본 경험이 있는 사람이면 누구나 우리나라 사람의 공통된 특징이 다른 문화권 사람들의 행동과 대비되어 더욱 뚜렷하게 느껴지는 경험을 했을 것이다. 우리나라를 떠나보지 않은 사람들도 서구의 문학, 영화 등의 매체를 접하면서 그들의 행동이 우리와 다르다는 것을 간접적으로 경험하고 놀라기도 하고 때로는 감탄하기도 한다. 그런데 그들의 행동방식을 어느덧 우리의 기준으로 삼고 우리보다 더 정상적이라는 듯이 느끼고 우리를 비정상이나 덜 개발된 것으로 비하하는 판단을 내리는 것을 볼 수 있다. 보기를 들어, 영상매체를 통한 문화의 이해를 추구하는 모임에서 토론해보면 전통적인 우리의 행동보다는 서구의 것이 더 자연스럽다든지 또는 더 바람직한 것이라든지 하는 반응이 지배적이다. 우리의 가족관계를 그린 영화에 깊이 동감하면서도 서구의 가족관계를 묘사한 것을 더 바람직하다고 느끼고 한결같이 그들의 것을 배워야 한다고 생각한다. 우리의 것에 대한 성찰적 이해가 아직 없기 때문에 우리의 행동을 서구의 기준에 견주어보면서 우리 스스로의 행동을 부끄럽게 여기거나 자신감을 잃은 것이라 할 수 있다.

　그러나 아직까지 이렇게도 다른 우리 행동의 특징을 제대로 해석한 심리학적인 연구를 별로 찾아볼 수 없다. 비교연구에 관심 있는 사람들이 서구인들과 비서구인의 차이를 연구하고 논의한 것이 많이 있으나, 대부분 서구의 안목과 기준으로 보고 해석한 것들이다. 비서구인에 의해서 진행된 연구라고 할지라도 서구의 학문적 훈련을 받아 서구의 기준으로 자신들을 보고 있기 때문에 자칫 불공평하거나 잘못 해석하고 설명하게 되는 경우가 많다는 것이다. 서구인은 독자적이고 비서구인은 의존적이라는 결론을 내린 연구는 그런 연구들 가운데 하나일 뿐이다.[5] 사실상 서구인들이 독자성에 더 높은 가치를 두고 있음을 감안할 때 우리가 서구인의 결론을 그대로 받아들여 인정한다는 것은 우리를 스스로 비하하는 것밖에 되지 않는다. 그러기에 우리가 해야 할 일은 우리의 행동을 공평하게 제대로 볼 수 있는 안경이자 거울인 '개념의 틀'을 찾아야 한다. 바로 그 개념의 틀로 보아야 우열의 가림이 없이 우리와 서구인의 차이를 동등하게 볼 수 있게 될 것이다. 반대로 우리가 그들보다 '낫다'고 주장한다면 이것 역시 서구인들이 우리에게 범한 잘못을 우리도 거꾸로 그들에게 반복하는 것밖에 되지 않는다. 따라서 그 개념의 틀은 우리와 그들의 차이를 '공동의 눈'으로 보고 '공동의 말'로 공평히 서술하는 것이어야 한다.

---

5) J. W. Berry / P. R. Dasen / H. A. Witkin, "Developmental Theories in Cross-cultural Perspective," L. L. Adler(엮음), *Crosss-cultural Research at Issue* (New York Academic Press, 1980).

이런 문제성을 지적하고 도전하려는 연구로 '행동단위'가 문화권에 따라 다른 것이 아닌가 하는 질문을 하고 연구한 것이 있다.[6] 서구심리학 이론에서 인간의 행동단위는 '개인'이라는 것에 대해 아직까지 이견을 낸 사람이 없다. 관찰가능한 행동이거나 관찰이 불가능한 생각과 인식 그리고 느낌 모두가 '개인'을 단위로 하여 진행된다고 하는 것이다. 혼자 하는 행동이나 대립과 경쟁, 협력과 사랑의 인간관계의 사회적 행동 어느 것이나 모두 개인이 수행한다고 하는 것을 의심하지 않고 믿어 보편적인 것으로 삼아왔다. 그런데 우리의 경우에는 행동의 단위가 '개인'이 아니라 자신에게 의미 있고 중요한 사람들을 자신 안에 '포함'하고 행동하는 단위를 가지고 있다는 것을 위 연구는 찾아낸 것이다. 언뜻 보기에는 우리나라 사람들도 혼자 움직이는 것 같으나 실상은 혼자 하는 것이 아니라 가족이나 그밖에도 우리에게 중요한 사람들을 포함하고 있어서 서구인들보다 심리적인 몸무게가 무겁다. 위 연구는 우리나라 어머니들은 자녀들의 문제를 어머니 자신의 책임으로 돌리는 경향성이 서구의 어머니들과 대조되게 다르다는 것을 보여준다. 우리와 달리 서구의 어머니들은 자녀에 관한 일의 원인을 어머니 자신에게서 찾지 않는다는 경

---

6) Eun—He Moon Park, *A Comparative study of Depression Between Korean and Scottish Mothers at Their Two Important Life Stages* (University of Glasgow, Ph.D. Dissertation, 1990).

향성의 차이를 볼 수 있었던 것이다.

사람마다 삶의 폭에 따라서 '포함'의 정도가 다를 수는 있으나 우리 나라의 경우 모두 누군가를 포함하고 있다. 어릴 적에는 '포함'의 단위가 좁으나 삶의 영역이 분화되어 복잡해지면서 '포함'하는 사람의 수가 늘어난다. 갓 태어나 자기밖에 아무도 모르고 자기 이외에는 관심을 두고 있지 않은 상태에서 부모에게 '포함'되어 살았지만, 자신이 부모가 되어서는 자기 자녀를 자기 속에 '포함'한다. 우리 사회의 뿌리 깊은 학연, 혈연, 지연 같은 것도 '포함'의 단위를 보여주는 것이다.[7] 우리 문화는 이렇게 포함하고 포함되어 사는 것을 당연하게 여길 뿐만 아니라 이를 부추기고 있다. 아마도 서구의 영향 때문에 서구인들같이 우리도 독자적으로 자라게 하는 것을 교육의 목표라고 내세우기는 하지만 실제로는 독자성을 기를 생각이 전혀 없는 것같이 보인다. 자녀를 심리적으로 분리하고 독립시키려 하기보다는 자녀를 떠나지 못하게 할 뿐 아니라 이른바 우리 식의 사랑으로 서로 엉켜서 평생을 살고 있다고 할 수 있다. 자녀도 부모의 '포함'으로부터 벗어나지 않고 부모에 대해 효도함으로 부모와 '포함'의 관계를 유지한다. 깨끗한 사회와 정치를 이룩하기 위해서 정

---

[7] 우리 사회를 사회학적으로 해석한 '가족주의'의 개념도 심리학적으로는 가족이나 유사가족까지를 '포함'하고 있는 행동의 단위로 설명할 수 있다. 사회학적 '가족주의' 개념에 대해서는 그의 여러 글 가운데 특히 박 영신, 「역사와 사회변동」(서울: 한국사회학연구소/ 민영사, 1987) 8장을 볼 것.

의로움을 추구한다고 할 때, 우리의 혈연, 지연, 학연의 고리가 거추장거

리고 있다는 것을 확인하고 안타까워하는데 실상 그것도 '개인'의 단위

로 정의로움을 실천할 수 없는 이렇게 저렇게 얽혀있는 '포함'의 단위 때

문에 생기는 우리다운 삶의 표현으로 보아야 할 것이다.

우리의 심리적인 특성들 가운데 '포함'이라는 행동단위 때문에 생기는

행동의 특성이 있다. 우선 '포함'의 행동단위 때문에 판단의 주관자가 여

럿일 수밖에 없다는 특성을 가지게 된다. "혼자만을 위해서, 혼자만의,

혼자에 의한" 판단이 불가능하다는 것이다. 때에 따라서 '포함'된 여러

사람 가운데 누군가의 판단이 번갈아가며 채택되어 그 자신에 의해 판

단하듯 한다. 우리 교육의 문제 가운데 부모의 압력과 자녀들의 수동적

인 자세를 논할 때마다 많이 쓰는 표현으로 '부모의 대리만족'이나 '부모

의 욕심' 같은 것이 있다. 부모가 자기 속에 '포함'된 자녀의 몫을 '포함'

된 자녀의 머리로 판단하듯 대신하는 것을 '개인' 단위의 판단기준으로

보아서 부모의 잘못이라는 듯이 '개인' 단위의 낱말로 표현한 것일 뿐이

다. 그러나 실상 부모 안에 있는 자녀의 '머리'가 판단한 것이라서 '포함'

의 단위로는 자연스러운 것이다. 가정 안에서 일어나는 폭력의 피해자

들이 가진 판단의 형태를 보면 '포함'의 단위 때문에 생긴 심리적인 특성

곧, 판단주관자의 '복수성'을 잘 드러내볼 수 있다. 남편에게 구타당하는

아내나, 부모에게 말로나 신체적으로 폭행을 당한 자녀들이 폭행을 당

한 뒤에 "맞을 짓을 했기 때문에 맞았다"고 생각하는 경우가 있다. 교육적으로 벌이라는 이름 아래 선생에게 폭행당한 학생 가운데 "그 선생이 그래도 제일 기억에 남는다"고 미화하는 것을 보기도 한다. 이것도 폭행을 가한 남편, 부모, 선생을 자기에게 '포함'하고 있어서 자신의 판단을 접어두고 남편, 부모, 선생의 판단을 채택했기 때문에 하는 소리이다.

부정적인 문제만 아니라 모든 삶의 영역에서 우리는 이렇게 부모와 그밖에도 많은 사람들에 포함되어서 사랑의 배려를 받으며 살고 있으며, 또 우리에게 포함된 사람을 대신해서 배려하며 살고 있는 것이다. 자신이 내세우는 원칙과 어울리지 않는 일을 해야 할 때도 그것이 남편의 출세와 성공에 필요한 것이라는 남편의 판단을 무리없이 받아 자신의 판단으로 삼아서 해낸다. 폭행당한 아내의 경우나 이렇게 배려 깊은 내조자의 경우도 남편의 판단을 채택하는 주관의 복수성이라는 심리구조상으로는 차이가 없다. 우리는 머리 여럿을 가진(서구인으로 보면 괴물같이 보일) 얼굴을 가지고 있는 셈이다.

다음으로 우리는 '포함'의 단위로 해서 언제나 누구인가 하고 심리적으로 밀착된 상태로 살아왔기 때문에 다른 사람의 도움이나 배려를 당연하게 받고 무감각하게 된다. 내가 나에게 고마움의 표시를 하지 않는 것이 당연하듯이 나에게 '포함'된 이들에게 고마움과 미안함을 표시하지 않게 되며, 또 미안함도 가까운 사람일수록 표시하지 않고 지나치게 된다. 서구인들이 제일 가깝다고 여기는 가족관계에서도 고마움과 미안함을 표시하는 기본적인 예의를 깍듯이 지키는 것은 우리와 달리 '개인'이라는 행동단위의 속성 탓이라 할 수 있다. 그들은 개인적으로 서로 존중해야 하는 사회적인 예의가 기본적인 필수조건이므로 어려서부터 사회적 기술을 익히도록 훈련받게 된다. 부부도 각자 '개인'이므로 서로 사랑을 표시하고 확인해야 서로를 잘 알게 되어 두 사람의 관계를 유지할 수 있다고 믿는 것이다. 그렇다고 해서 그들이 모두 성공적인 인간관계를 언제나 갖고 있다는 것은 물론 아니다. 그만치 강조하는 정서적인 표현이 언제나 순조롭지만은 않기 때문에 가족상담이나 심리상담이 이를 심각하게 여기고 해결하는 것을 도우려 하고 있다는 것이다. '포함'하고 있어서 우리에게는 너무나 편안하고 자연스러운 모녀관계도 그들 서구인에게는 좋은 모녀관계를 만들기 귀하여 예민하게 서로를 파악하고 항상 노력해야 하는 긴장관계로 이해된다. 그들 나름대로 성공적인 모녀관계가 성립되지 않으면 "내 딸은 내게 외계인 같은 존재"라고 하는 경우가 될 수 있고, 또 모녀의 관계가 바람직하게 되면 "자연스러운 동지"가 될 수도 있다.[8]

---

8) V. Secunda, *When You and Your Mother Can't Be Friends* (London: CEDAR 1990)와 Sophie Freud, *My Three Mothers and Other Passions* (New York: New York University Press, 1991).

우리는 말없이도 서로 알아서 해주는 행동양식에 익숙해져있어 어쩌다 표시하려 하면 어색해지고 그러다 보니 사회활동에 필요한 표현력과 예의가 발달하지 못하게 된다. 다른 사람의 마음을 상하지 않게 하면서도 자신의 다른 의견을 적극적으로 알릴 수 있는 방법을 익힐 기회를 잃게 된 셈이다. 그러니까 어려운 인간관계일수록 이미 정해져있고 틀 지어진 인간관계 내 의무목록들을 묵묵히 수행하며 참는 것을 미덕으로 여긴다. 인간 대 인간으로 개별적으로 대하는 것이 아니라 서로에게 주어진 역할과 기능만을 수행한다. 고정되다시피 정해져 있는 의무적 도리의 수행에 매여있느라 자기다운 인간관계를 맺기가 어렵다는 것이다. 스스로의 판단에 따라 같은 역할도 달리 행사할 수 있는 자율성을 찾기 어렵고 누구나 정해져 있는 틀을 따르며 '평준화'를 소망하는 특성을 안게 된다. 이런 특성들은 우리의 문화현상과 깊은 관련이 있다.

우리 문화 현상과 행동 특성의 이음새

우리의 문화 현상을 다 다룰 수는 없으나 최근들어 우리의 관심이 되고 있는 몇몇 문제적인 사회현상에 대해서 위에 지적한 '포함'단위로 생긴 행동 특성과의 관계를 검토해보려 한다.

1) 우리 문화의 정체감 문제

우리는 아직까지 우리 문화의 정체를 스스로 파악하지 못한 상태에 있다. 서구문화가 주도하는 세계의 문화가 우리의 행동에 영향을 미치는 것은 시간과 거리를 단축해준 대중매체를 통해서만이 아니다. 학계에 있는 사람들도 심각하게 지배적 문화의 문화제국주의를 들먹이고 있다.[9] 그러나 서구가 주도하는 문화의 의미를 거부한다고 해서 우리의 것을 자동적으로 갖게 되는 것도 아니다. 심지어 '한심스럽게도' 서구와 다른 우리 문화의 정체를 찾으려 시도하는 그 의지조차도 우리 스스로에게서 비롯되지 않는 경우가 있을 정도다. 우리에 대하여 서구인이 관심을 가져준 다음에야 비로소, 그들의 설명에 따라, 겨우 그들 방식으로, 우리 자신을 이해하고 우리의 소중함을 일깨움받는 경우가 그러하다. 이는 우리가 우리를 스스로 볼 줄 모른다는 표시밖에 아무것도 아니다. 서구인이 그려준 우리의 모습을 보고 진짜 우리를 찾은 줄로 여긴다면 이는 더없이 어리석은 처사라 아니할 수 없다. 그들에 의해 그려진 우리는 우리의 정체이기보다 우리를 소재로 한 그들의 작품일 뿐이다. 그것은 그

---

9) 김 승현, "매스미디어와 세계문화," 「현상과인식」 18권 1호 (1994년 봄)과 조 혜정, 「탈식민지 시대 지식인의 글 읽기와 삶읽기」 (서울 또하나의문화, 1994).

들의 문화에 속한 것이지 우리의 문화는 아니라는 것이다.

그러면 왜 우리는 우리 문화를 제대로 파악하지 못할까? 우리의 행동단위가 개인이 아니라 '포함'하는 단위라는 데에서 그 이유를 찾을 수 있을 것 같다. 한 개체인 개인에게는 그가 포함한 사람의 머릿수만큼이나 생각하고 판단할 주체가 많다. 따라서 그 개인 나름의 뚜렷한 주관적인 판단능력이 발달하지 못했다. 자신의 정체감을 갖게 되는 것이 인간의 성숙에서 필수적인 것이라고 보는 서구인들은 부모로부터 떨어져 나와 독립하는 과정이 아무리 어렵다고 하더라도 개인의 독자성을 위해 누구나 그 발달과업을 수행해야 한다.[10] 그러므로 그들은 스스로 판단하는 훈련과 기회를 어려서부터 가지게 되고 또 그런 능력을 갖추게도 된다. 그와는 달리 우리는 부모로부터 분리되어 독립하는 것을 바람직한 것으로 여기지 않는다. 그리하여 죽을 때까지 부모에게 포함되어 있을수록 효(孝)를 실천하고 있다고 이해된다. 부모를 대신해 생각하고 판단하여 그 뜻을 헤아려 그대로 할 수 있다면 그것이 바로 제대로 효도하는 것이다. 자신이 원하는 것을 바라서는 안 된다는 모범을 실천한 사람들을 우리는 너무나 많이 보고 있다. 공부하고 싶지 않은 젊은이들이

---

10) Erik H. Erikson, *Identity: Youth and Crisis* (New York: W W Norton, 1968)과 Nancy Chodorow, *The Reproduction of Mothering Psychoanalysis and the Sociology of gender* (Berkeley: University of California Press, 1978).

그러한 그들 스스로의 소망과 판단을 제쳐두고 부모의 뜻을 받들어 부모의 생각을 채택하여 살고 있는 것 같은 이야기 말이다.

부모도 역시 자녀를 대신해서 생각하고 판단한다. 우리 사회에서는 좋은 부모라고 일컬어지는 부모일수록 자녀를 대신해서 더 많이 생각해주는 사람들이다. 아이가 먹고 싶어하는 것을 말하기도 전에 어른이 미리 알아서 제공한다. 좋은 일뿐만 아니라 궂은 일도 대신 알아서 해준다. 자녀의 입시부정에 개입했던 어머니, 이것을 몰랐지만 그에 대해 책임지고 공직에서 물러났던 아버지는 자녀를 '포함'하고 있어서 대신 판단해준 우리식 부모의 한 보기일 뿐이다. 우리가 최선을 다해서 부모역할을 한다는 것은 이렇게 끊임없이 '대신' 생각하고 판단해주는 일의 연속이다. 그러다 보니 자녀에게 스스로 판단할 기회를 주지 않게 되어, 자녀는 자신을 위한, 자신에 의한, 자신의 생각과 판단을 하기 어렵게 된다. 또 부모가 자신의 독립된 세계를 갖고 있으면서 온통 자녀에게 매달려있지 않은 경우에는 자녀에게 무심하다고 하며 마치 부모의 책임을 다하고 있지 않다는 듯이 비난의 대상이 되기도 한다.

부모와 자녀 사이만 아니라 부부와 친구들 사이, 그밖에도 자기에게 포함된 모든 중요한 사람들 사이에도 같은 현상이 일어난다. 자신이 한 일들이 자신의 판단으로 옳은 것이었을지라도 포함된 타인들의 판단을 채택하여 그쪽에서 보면 전혀 달라질 수밖에 없다. 이런 경험이 쌓이다

보면 차츰 스스로 판단하는 것에 전혀 자신감을 잃게 된다. 자신의 기호나 느낌에 무감각해지게 되는 것이다. 무엇을 선택할 수 있는 자리에 가서도 "아무거나 상관없다"는 반응을 낳게 되고 자신이 누릴 수 있는 최소한의 권리도 포기하게 된다. 특히 권위 있는 사람 앞에서는 자신의 의사를 표시하기 어렵게 되어 어른을 따르는 아이 같은 관계를 맺게 된다.[11] 서구식의 교육을 받고 나서 서구의 문화의 권위주의에 주눅이 드는 것도 이와 관계가 깊다. 그러니 우리의 것을 찾는다는 것이 고작 농악이나 굿거리와 먹을거리 그리고 놀이문화에 머물 수밖에 없다. 신토불이(身土不二)의 구호를 외치면서 피자와 햄버거를 맥주와 코카콜라에 어울려 먹는 젊은 세대는 내적 갈등조차 느끼지 않게 겉도는 삶을 산다. 개인이 판단의 임자가 되어 사는 경험을 제대로 해본 적이 없으니, 거죽으로 똑같은 짓은 무리지어 할 수 있으나 눈에 보이지 않는 우리 문화의 정체감을 찾는 것은 불가능하다. 비싼 값을 치르면서 외국의 전문가를 모셔다가 우리 문제의 진단과 처방을 맡기는 짓거리를 반복할 것이다. 우리 문제를 논할 때마다 외국인을 불러와서 그의 의견을 신문의 한두 쪽씩을 가득 다 채우는 일은 어제 오늘만 있었던 것이 아니다. 텔레비전 방송에서도 외국인과의 특집대담은 그 권위를 높이 자랑해오고 있다. 여성의 문제에 관하

---

11) 문 은희, "우리의 '어른—아이' 관계," 「현상과인식」 17권 4호 (1993년 겨울).

여 여타 수많은 여성들이 과거 수십 년을 두고 말해온 주제에 대해 남성으로부터 한 번 듣고 나서 비로소 감명 깊게 깨달았다고 감격하는 여성들도 그런 맥락에서 비판해볼 수 있다. 버젓이 문화적 열등주의에 빠져 있는 것이다. 우리가 살아가면서 스스로 겪어 문제가 있다고 항의하고 고쳐야 한다고 할 때는 들은 척도 하지 않다가, 외국의 전문가가 외서 똑같은 이야기를 하면 심각하게 받아들여 곧바로 정책에 반영해야 된다고 떠들어대는 현상은 자기 문화에 대한 정체감이 없기 때문이다.

2) 도덕성의 문제

도덕성이란 어떤 행위결과보다 행위의 의도를 묻는다.[12] 갈등적인 문제적 사태에 부딪쳐 결단을 내려야 할 때 개인은 자기 도덕성의 수준에 따라 이기적이거나, 사회중심적이거나, 더 나아가서 보편적인 잣대로 판단하게 된다. 그 판단의 기준은 공평성이거나 사람들 사이의 보살핌과 아낌의 마음일 수 있다.[13] 그런데 우리네 교육에서는 행위의 의도보다

---

12) Lawrence Kohlberg, *The Philosophy of Moral Development* (Cambridge Harper & Row, 1981).

13) 도덕적인 판단기준이 '정의'라고 하는 생각은 윗글을 볼 것이며 '아낌'과 '보살핌'이라 하는 생각은 Carol Gilligan, *In a Different Voice: Psychological Theory and Women's Development* (Cambridge: Mass Harvard University Press, 1982) 볼 것.

는 결과로 나타나는 행위를 강조하여 경직되게 교화하려 하고 있을 뿐 스스로 생각하고 판단할 수 있는 사고력과 판단력을 기르려 하지 않는다. 도덕교육을 한다고 하면서도 도덕성의 발달에 관심을 두지 않고 있다. 부모나 교사가 요구하는 정답을 어린이가 찾도록 하는 것으로 우리는 도덕교육을 수행했다고 생각한다. 이는 포함된 사람들이 모두 한 가지로 일치될 것을 기대하고 요구하여 자신에게 포함된 사람들이 전혀 다른 생각을 하고 판단을 각자 달리 할 수 있다는 것을 인정하지 못하는 데서 비롯된다. 스스로 판단하는 과정을 거치지 않은 채 어른의 말을 잘 들어서 그대로 따르는 아이를 착한 아이라고 하는 생각이 우리에게는 자연스럽다. 그러니 스스로 판단할 수 있는 독자적인 도덕성의 발달은 기대하기 어려울 수밖에 없다. 남편이 판단한 그 판단의 의도를 묻지 않고 그대로 따르고 고발할 줄 모른다. 지연과 학연에 따라 한 집단이 움직이고 있고 "그 집단에게 이익이 되는 일"이면 옳고 그른지를 묻지 않은 채 그 일을 그대로 좇는 것에 아무런 무리 없이 동조한다. 이러한 의미에서 우리 식 전통이 깊은 학교일수록 선배의 명령에 한 마디 질문도 없이 따르는 체계가 잘 갖추어 있기도 하다. 두말할 필요 없이 다른 학교 출신에 대한 이들의 태도는 전혀 달라진다.

　자신에게 '포함'된 사람이거나 자신에게 '포함'되지 않은 사람 누구에게나 고르게 적용되는 보편적인 공평성을 우리의 판단세계에서는 찾아

보기 어렵다. '포함'된 사람들과 '포함'의 울타리 밖에 있는 사람들에게 원칙의 적용을 일관성 있게 하지 못하고 있다는 말이다. 병원에 가서 제대로 치료받는 것이 당연한 것임에도 불구하고 제대로 치료받기 위해서는 누군가의 소개가 필요하다든가, 때에 맞게 입원을 하려면 대단한 뒷배경이 필수라는 소리들을 한다. 사회보장제도가 되어 있는 나라에 유학 간 학생의 부인이 그 나라에서 출산했는데 병원에 있는 동안뿐 아니라 퇴원한 뒤에도 공중보건간호사가 집에 와서까지 친절하게 '무료로' 도와주는 것에 놀라서 그 학생이 한 말이 우리의 심성을 잘 나타내고 있다. "우리를 언제 다시 보겠다고 생판 모르는 외국인인 우리에게 저렇게 친절할까?" 우리 같으면 당연히 '포함'하지 않을 외국인에게 친절한 것이 그 마음에 혼동을 불러일으켰던 것이다. 우리나라의 병원 경험에서 보면 이해되지 않는다. 병원에서 일하는 사람들뿐 아니라 어떤 전문직을 가진 사람에게서도 '모르는 사람'이라도 차별하지 않고 보편적으로 봉사를 실천하는 태도를 찾아보기 어렵다는 말이다.

우리가 손해 보게 된다고 해서 강대국들을 향해서 경제적 정치적 제국주의성을 소리 높여 규탄하며 우리의 이익을 챙기려 하면서, 우리보다 뒤진 곳에 가서는 우리도 같은 짓을 하려는 뻔뻔스러움을 보이는 것도 규모가 다를 뿐 같은 현상이다. 우리의 인권만큼이나 다른 나라에서 온 노동자들의 인권도 공평하고 소중하게 다루어야 한다고 하면 "너는 어느

나라 사람이냐? 한국 사람이 아니구나?"하는 식의 배타성을 보이고 있
다.[14] 포함된 사람을 제외하고는 우리의 관심 밖으로 내몰아버리는 배타
성이 우리에게 보편성 결여증을 낳게 한다. 보편적인 사랑으로 인류 모두
를 구원의 대상으로 삼는 기독교도 우리나라에 와서는 그 보편성을 잃
는 것을 간간히 볼 수 있다. 아무리 먼 곳에 사는 사람에게 전도했어도
자기 교회로 데려와야 한다는 목사는 (공해의 주범인 자동차 매연을 줄
이자는 운동 차원에서 집 근처 교회의 참석을 권하지 않고) 주차장을 늘리
는 것을 기도제목으로 정하고, 교인들을 실어나를 버스를 구입할 예산
을 책정하기에 용의주도하다. 각기 자기 교회만을 크게 늘리려 하고 독
립적으로 선교사를 보내어 그 실적을 과시하며 개교회의 이름을 드높이
려 하는 사업들을 키우기에 여념이 없다. 이런 교회에 모인 교인들도 대
부분 자기 가족이나 자기에게 포함된 사람들만을 위해 신앙생활을 하고
있고 목회자는 이를 또 부추긴다. 자기 교회 교인들의 대학입학을 위해
'40일 기도회'를 연다든가 새해 첫 예배 때 헌금봉투에 소원을 적어내라
고 제시하든가 하는 것들에서 이런 특징들이 분명하게 나타난다. 소원
을 적어내는 헌금봉투에 "하나님 뜻대로 살게 도와주십시오"라고 적은

---

14) 연세대학교 외국인노동자문제연구소, "국제적 노동력 이동과 한국 내 외국인 노동문제: 필리핀 노동자에 대
한 현장조사를 중심으로," (1993년 12월 7일 / 손 승영 지도).

한 교인에게 목사가 "좀더 구체적으로 적어라"고 했다는 사례를 심각하게 들은 적이 있다. 그 사람은 구체적인 것이 무엇인지 이해할 수 없었는데, 소원헌금봉투에 적힌 다른 사람들의 것을 읽는 예배순서에서 "아하, 바로 이것이었구나!" 하고 깨달을 수 있었다고 했다. 한결같이 자기 가족의 건강과 성공과 물질적인 부를 졸라대듯이 요구하는 많은 이들의 소원항목들이 바로 이른바 '구체적인 것'이었음을…. 이것이 바로 우리의 도덕성이 가장 원시적인 단계에 놓여있음을 보여준다.

3) 예의의 문제

우리나라 사람들에게 예의가 부족하다는 것을 지적하면 듣는 이들이 한결같이 의외라는 듯한 표정을 짓는다. 다른 나라 사람들에 비해 우리는 뛰어난 예의범절을 갖추고 있다고 뽐내왔기 때문에 어떻게 그렇게 말하나 싶어 눈을 동그랗게 뜨고 눈썹을 치켜 올린다.

예의란 인간관계의 올바른 규범이라 할 수 있는데 우리가 자랑스레 내세웠던 유교의 전통에서는 인간관계에서 지켜야 할 도리라고 여기고 이를 자세하게 율법화하듯이 의식으로 만들어 실천하고자 하였다. 인간관계는 자연스럽게 서로 사랑하고 존중하는 원칙을 가지는 것만으로 도리가 지켜지지 않는다고 생각한 것이다. 보기를 들어 우리의 예의는 아주 세세하게 구체적으로 항목화되어 있으며 엄격하다. 「내훈(內訓)」을 읽어오라고 딸에게 권한 어느 어머니가 "하지 말라는 것뿐이어서 무엇을 해야 할지 모르겠다"는 딸의 불평을 먼저 들었어야 했을 정도로, 우리는 모든 것을 '예의'라는 이름으로 규제해왔다.

그렇게 예의범절이 경직되게 된 것과 우리의 행동특성 사이에는 의미 있는 관련성이 있다. 우리는 모두 누구인가를 '포함'하고 또 누구인가에 '포함'되어 살고 있기 때문에 홀로 살기보다는 언제나 심리적으로 '포함'된 사람들과 밀착된 관계에서 살고 있다. 그렇기 때문에 다른 사람과의 교섭에서 받은 사랑과 배려에 감사하는 느낌이 둔해지고 감사하는 표시도 제대로 하지 않고 당연하다는 듯이 무감각하게 지나쳐왔다. 그렇게 포함하고 있는 가까운 이들에게 사랑과 고마움을 표시하지 않다 보니 새삼스레 이런 것들을 표시하려 하면 오히려 부자연스럽고 어색하게 느껴진다. 그리하여 즉각적으로 자연스럽게 표현하는 능력을 잃게 된 것이다. 공적인 사회생활에서 기능상 필요한 윗사람에 대한 예의는 어느 정도 갖추었을지언정 자신에게 '포함'된 사람들과의 사적인 관계라든가 가정 안에서는 자연스럽게 자신의 뜻과 느낌을 알리고 다른 사람을 존중하는 방식을 우리는 무시해왔으며, 따라서 자연스럽게 익히지 못하게 된 것이다. 그렇기 때문에 가정의 질서를 지키고 가족관계를 제대로 유지하기 위해서 세세한 규범이 완전하게 갖추어져야 했고 그것을 엄격하게 강화할 필요성이 있었던 것이다.

이러한 형식적인 규범이 그대로 존속되어올 수 있었던 것도 '포함'의 특성 때문에 독자적인 판단을 보류하고 권위자의 판단에 순종해온 덕분이라 볼 수 있다. 규범의 정수는 바꾸지 않더라도 사회의 변화에 따라 그 정수를 실천할 수 있는 새로운 규범을 만들어낼 수 있어야 하는데, 그럴 만큼 독자적인 판단력을 행사하지 못하게 되어 있던 것이다. 전통과 문화의 정수를 창의적으로 표현하고 지켜 발전시키는 것보다는 경직되게 형식적인 의식에 매달려 있어야 했다. 그러다가 그것을 지킬 수 없는 피치 못할 입장에 서게 되면 불효나 배은망덕의 도장이 찍히게 된다.

인간관계의 형식화된 규범은 필연적으로 가시적인 표현으로 나타나게 되고 내면의 인간정서를 무시할 가능성이 많다. 벨라의 말로 하면, 우리는 '유용성'이 높은 인간관계를 귀하게 여기고 '정서적 표현성'의 가치를 무시하는 셈이 된 것이다. 그보다 한 발 더 앞서는 더 나은 사회를 위한 "도덕적인 공동의 참여관계"[15]를 흘려버릴 가능성이 여기에 자리잡고 있다 할 수 있다. "잘해준다"는 말로 우리는 자신의 인간관계가 순조롭다는 표현을 대신하는 것을 많이 본다. 좋은 시어머니로 묘사할 때 "어머님께서 잘해주신다"고 하며, 좋은 며느리로 칭찬할 때도 "우리 새아기가

---

15) Robert N. Bellah, 윗글, 115–116쪽.

나한테 잘한다"고 한다. 자기답게 최선을 다해 부모역할을 한다는 것을 현실적으로 필요한 실제적인 것을 마련해주고 돌보아 실제로 쓸모 있는 유용한 존재가 되어 임무수행을 다했다고 여긴다. 자녀에게 사랑과 이해의 표현을 하는 것이 필수라고 여기지 않고, 오히려 나에게 포함된 자녀라는 생각과 자세를 가졌기 때문에 무감각한 질책의 표현을 마구 하곤 한다. 자녀를 부모 자신과 분리할 수 없기 때문에 우리나라의 부모들은 자녀가 (당연히 자신보다) 잘되어야 한다는 욕구가 클 수밖에 없고, 자기를 조정하듯 자녀를 조정하려 하고, 그럴 수밖에 없다는 어쩔 수 없는 절박함으로 직설적인 표현을 하게 된다. 한약상 부부 살해용의자인 아들을 가슴 아프게 한 부모의 말이 "너는 아무짝에도 못 쓸 아이다"라는 것이었다. 그 부모로서는 아들의 장래에 대해서 걱정하는 마음에서 한 말이다. 물론 '포함'의 표현이다. 그런데 바로 그 표현이 그렇게 사랑하는 아들의 마음을 상하게 한 것이다. 서구 심리학이론에 터해 배워온 대로 서구인들은 자녀를 자신과 분리된 독자적인 존재로 보기 때문에 별개의 인물로 존중할 수 있는, 어느 정도 "숨 쉴 수 있게 여유 있는 거리"를 두고 관계를 유지하려 한다. 인간관계의 성공비결로 여기고 있는 교과서적인 가르침이 바로 이 '사람과 사람 사이의 적당한 거리'에 있다. 이렇게 할 수 있으면 자신의 감정을 조절해가며 훨씬 세련된 표현으로 관계를 진행시킬 수 있고 불꽃 튀는 열띤 충돌을 막고 합리적이며 교육

적으로 효과적인 관계를 유지할 수 있으나, 우리로서는 그렇게 하기 어

려운 행동특성을 가지고 있는 것이다.

4) 믿음에 이르고 지키는 동기의 문제

우리 사회의 종교적인 신앙양태에 대해서는 다른 문화권에서도 대단

한 관심을 보이고 있다. 특히 서구에서 선교 받은 기독교의 경우 서구의

교회가 침체되어가는 듯이 보이는데, 우리가 오히려 수적으로 번창되고

있다고 하는 이유가 무엇인지 궁금히 여기게 된 것이다. 신앙을 갖게 된

동기를 사례 조사한 결과를 보면,[16] 신구교를 막론하고 거의 예외 없이

가족관계를 인연으로 해서 비롯되었거나 강화되었다. 언니가 구교도 가

정으로 시집간 것이 기회가 되어, 친정어머니가 믿음을 갖게 되고, 어머

니가 세상을 떠나신 것을 계기로 믿음의 불이 당겨진 것을 간증한 중년

여인은, 남편과 자녀들을 모두 신도로 만들었을 뿐 아니라 주변의 가까

운 친구들이 신앙을 갖게 하는 데 적극적으로 나서고 있다. 서구에서 만

난 한 목사의 딸이 교인이 아니라고 한 것과, 또 어느 목사 부인이 공개

적으로 무신론자라고 한 것은 우리들의 경우와 대조가 된다. 물론 서구

---

16) 문 은희, "우리의 삶에 종교가 차지하는 자리," 「사회이론」 13권 (1995년).

에서는 부부가 각기 다른 교파에 속한 것은 그리 놀라운 일이 아니다. 서구의 신앙이 개인의 결단을 요구하고 각자 자신의 신앙을 독자적인 판단과 경험의 결과라고 존중하는 데 비해서, 우리가 신앙을 가지는 것은 '포함'된 구성원의 신앙 상태에 따라서 스스로 뚜렷한 개종의 거듭남을 경험하지 않았더라도 교인이 될 수 있다는 것이다. 우리는 자신의 행동 조절을 자기만 할 수 있다고 하는 개인단위의 행동특성을 가지고 있지 않기 때문에 자신에게 중요한 누군가 다른 사람의 결정에 따를 가능성이 더 많다. 어느 여성의 경우 자신은 중등교육만 받았는데 대학원까지 마친 오빠가 신앙을 가진 것을 보고, "배운 사람이 믿는 것을 보니 나도 믿어야겠다"고 해서 시작된 자신의 신앙역사를 간증한다. 독자적인 판단을 거치지 않고 가족이나 권위자가 인정하는 것에 따라서 행위의 준거를 삼고 있는 행동특성의 한 보기이다.

그뿐 아니라 개인단위로 자기 조절을 철저하게 하지 않아도 되는 습성에 따라서, 자기 이외의 존재에 대하여 더 쉽게 개입하고 관여와 신뢰를 줄 수도 있다는 특성 때문에 우리는 신앙도 더 수월하게 가질 수 있는 면이 있다. 다른 사람과의 관계에서 장벽을 두텁게 쌓지 않고 서로 간섭하며 지내는 것에 익숙하여 다른 존재의 용납이 더욱 용이하다. 또 하나님을 믿는 동기가 자신에게 '포함'된 가족의 문제와 직결된다. 다른 신앙을 가진 사람과 혼인을 한 경우에 "집안의 평화를 위해 한 가지 종교로 통일한다”는 것을 당연하게 받아들이는 사람이 적지 않다. 딸을 기독교인 가정에 시집보내면서 불교도인 부모는 “남편 따라서 기독교 교회에 가라”고 한다. 물론 결혼하기 전과 후의 종교의 차이로 갈등을 겪는 사람도 많지만, 애초부터 자신이나 배우자의 개종을 계획하면서 타종교 신앙인과 혼인하는 사람들을 우리는 적지 않게 본다.

자신에게 가장 중요한 ‘포함’의 단위, 그 중심에 있을 배우자를 신앙보다 중요하게 느끼는 것은 우리에게는 당연한 것인지 모른다. ‘포함’하고 있는 가족을 위해 종교가 부속물이 되고 있는 것을 종파와 관계없이 종교를 가진 모든 사람에게서 다 골고루 찾아 볼 수 있다. 신앙의 형태가 비슷해서 우리의 전통종교와 기독교의 혼합성을 지적하기도 하지만,[17] 무속신앙이나 불교를 믿거나 기독교를 믿는 우리의 신앙자세가 모두 가족의 현세적인 복을 기구하는 것으로 공통의 특징을 가지고 있기 때문이기도 할 것이다. “부처고 하나님이고 좋은 것이 좋다”는 식이고 어느 종교나 “좋은 이야기하는데 가릴 것 없이 아무 종교에나 참여하는 것이 손해될 것 없다”는 태도는, 외국에 이민 가서 살고 있는 사람 가운데서나 연속 방송극에 나오는 우리 젊은이의 대사 속에서도 심심찮게 들을 수 있는 바이다. 서구인이 보면 신앙을 대하는 우리가 심각하지도 않고 철

---

17) David Chung, *Religious Syncretism in Korean Society* (Yale University, Ph.D. Dissertation, 1959).

저하지도 않아 보일 것이고, '포함'한 가족의 복지를 위한 '유용성'의 잣대로 저울질한 결과로 보일 수도 있다. 신앙을 가지는 태도가 "뼈가 부러지도록 밤새워 천사와 씨름하는 것"도 아니고, '포함'한 가족의 평안을 위한 편리에 기대어 있으니, "불붙는 기독교의 확장"이 쉽게 되는 원인이기도 할 것이다. 목회직을 더 배우고 싶어 떠나고 싶어도 가정에 재앙이 올까 두려워 그렇게 할 수 없다는 목사의 태도도 마찬가지이다.

5) 개성 부재의 문제

우리나라에서 유수하다는 어느 여자대학교 길목에 즐비하게 늘어선 옷집에 진열된 옷을 보면 너무나 비슷한 것들뿐이어서 어느 집인지를 구분하려면 서양식의 생소한 이름이 붙은 간판을 따로 확인해두어야만 할 정도이다. 그 앞을 지나다니는 사람들도 비슷한 얼굴에 비슷한 화장술, 비슷한 몸매와 차림새, 비슷한 콧소리로 유행어 쓰는 말투에 그만 어리둥절해진다. 신혼여행 갈 때 오죽하면 짝을 헷갈릴까 싶어 쌍쌍이 제복 입듯 같은 옷차림(커플룩)하는 것의 이유가 이해됨 직할 정도다. 인기 있는 신혼여행지에 비슷한 나이 또래의 신혼부부들이 수학여행 가듯이 몰려가는 데다가, 사진사 역할까지 겸하는 택시기사의 지시에 따라 줄을 서서 대기했다가 같은 자리에서 똑같은 몸짓으로 사진을 찍을 테니 그

때 짝이 뒤바뀌어서는 안 되니까 말이다. 길일(吉日)이라고 되어 있는 날
이면 비디오와 결혼기념사진 찍는 고궁에서의 정경은 이제 너무나 흔해
져서 사람들의 눈길을 끌지도 못할 정도다. 이런 현상은 오직 여자들 때
문에 생겨나는 문제는 아니다. 함께하는 신랑의 차림과 화장술도 개성
이 없기는 마찬가지다. 그렇다면 우리는 왜 남하는 대로 해야 한다는 강박
에 사로잡혀 있는 것일까? 스스로 판단하여 자기가 좋아하는 것, 자신에게
어울린다는 것을 새롭게 실험해보려는 마음가짐과 용기가 없기 때문이다.[18]
아니 자기가 남달리 좋아하는 것이 무엇인지도 모르고 있다는 것이 더 옳을
것이다. 이는 스스로 생각하고 판단하는 습관이 생겨나지 않도록 '포함'되어
서 살아온 탓이다. 이른바 아름다운 것이라고 주어진 기준에 가까운 얼굴로
성형수술하여 원래의 자기모습을 지워버리고, 얼굴의 주름제거와 머리염색
으로 자신의 나이도 부정하는 '바깥모습 바꾸기'는 주체적인 자기를 상실하
고 마침내 '객체화'하는 것이기 때문이다. 그뿐 아니라 남들이 하는 것을 따
라 술과 담배를 해서 자신과 주변인들의 건강을 해하는 것도 자기를 부정하
는 어리석음의 표현인 것이다. 누구이고 숨 쉬지 않고는 살 수 없다는 것을
알면서도 남들 다 있다는 자동차를(공기를 망치거나 말거나) 소유하려 하고,
즐거운 시간을 가지기 위해서는 어디론가 집 밖으로 나가야만 한다는 일률

---

18) Victor Frankle, *The Unheard Cry for Meaning psychotherapy and Humanism* (New York: Touchstone, 1978).

적인 판단에 따라 가족공동의 삶을 키워도 될 시간에 휴가기간의 많은 부분을 고속도로 위에서 보내는 것도 모두 자기의 판단을 포기한 데서 나온 것이다. 한평생을 남이 만들어준 탈을 쓰고, 남이 하라는 대로 따라하면서 정신없이 시간을 보내고 삶을 낭비하고 있다는 말이다.

한편 우리나라 교육의 문제를 들여다보면서 한심해하는 젊은이들이 "어른들이 우리의 모든 것을 결정해버리고 그대로 실행해주기를 바라고 있다"고 비판하는 것은 당연해 보인다. 그런데 이 말에 이어서 어른들의 이러한 부당한 요구에 대해 오히려 "우리를 사랑하는 표시이므로 그대로 해드리고 싶다"고 '반동작용' 같은 생각을 표현하는데, 바로 여기에 더 심각한 문제가 있다. 자신들이 비판하고 있는 어른들의 처사에 따라 자신을 상실한 결과로 철저히 기성세대인 어른의 소망을 수동적으로 그대로 내면화한 것이다. 다음세대가 이 사회를 이끌어갈 때 여전히 독자적인 판단을 할 수 없기 때문에 우리는 과거의 반복만을 문화의 전통이라고 생각하거나 세계화의 물결에서 남의 것을 그대로 받아들여 흉내 내는 꼭두각시 노릇하는 것을 면하지 못하게 될 것이다. 제자리에서 자기를 발견하는 경험이 있어야 자발적으로 떳떳하게 행동하게 된다. 영국에서 생겨난 써머힐 학교에 대해 우리나라 젊은이들이 거북해하는 것 가운데 하나가 어린이나 교장의 발언권이 똑같이 취급되는 그 학교의 자치회라고 하는 것은 이러한 맥락에서 시사하는 바가 크다고 여겨진다.[19] "틀에 박힌 가치와 목표를 향해 부모들의 억압과 강요를 받는 우리 아이들의 현실"을 어린이 편에서 가슴 아프게 지적하면서도, 어른과 아이가 동등한 발언권을 갖는다는 것에는 주저함을 보이는 것이다.

이슈를 가지고 보도하는 프로그램마다 맺음말이 언제나 "한결같은 지적입니다"이거나 "…라고 모두 입을 모읍니다"라는 것임을 눈여겨보고 귀담아 들은 이가 있으리라 짐작된다. 다른 생각을 하는 사람들도 있을 수 있는데 자기가 맺으려는 결론과 다른 의견은 도통 들으려 하지 않기 때문은 아닐까? 각자 모두 스스로 생각한다면 각기 다른 생각을 하게 될 것임에 틀림없다. 그러나 우리는 권위 있는 다른 사람이 주는 대답이 하나이기를 기대하고 그대로 스스로의 판단을 보류한다. 다양한 해석이 나오면 그 가운데에서라도 선택하기 위해서 머리를 써야 하는데 그 정도의 노고도 피하고 편하게 지내려 한다. 스스로 알 권리를 포기한 이런 사람들이 모인 집단일수록 힘을 가진 사람이 마음대로 하기 안성맞춤이 된다. 그러니 과거부터 수십 년 동안 권력자들이 주장하는 정책을 그대로 박수쳐올 수밖에 없었을 것이다.

---

19) 대학생들에게 써머힐 교육에 대한 생각을 보고하게 했을 때 많은 이들이 이 점을 지적했다.

맺음: 지성인이 없음에

사회의 문화적 바탕의 중요성과 인간의 문화적 본성을 강조하면서 문화를 창출하고 해석할 지성인의 중요성을 강조한다.[20] 우리 사회의 강점이라고 믿고 있는 것은 뜨거운 교육열과 교육받은 이에 대한 존경 때문에 정규교육을 받은 사람의 숫자가 많다는 것이라고들 한다. 이제까지 논한 우리나라의 문화현상과 행동특성의 관련성은 지성인이 존재하는지 하는 물음과도 깊은 관계가 있을 수밖에 없다. 자신의 문화적 정체감을 제대로 갖추지 못하는 것은 지성인이 지성인의 사명을 저버린 것이다. 독자적인 판단을 요하는 도덕성의 문제나 책임 있는 믿음의 문제 또한 지성인이 갖추어야 할 필수적인 요건이다. 그런데 교육받은 '우리네 인물들'은 출세할 가능성을 십분 살려서 힘 있는 곳과 늘 친화관계를 맺으려 한다. 따라서 지식이라는 자격증을 가지게 된 '새 계급'이 되었고 자신이 속한 새 계급의 이익을 위해 용의주도하게 지식을 이용하여 어리석은 일반인들이 원하는 판단을 건방지게 대신해주는 힘을 행사하고 그들로부터 깊은 존경을 받기를 요구한다. 자신의 기득권을 지키

---

20) Friedrich H. Tenbruck "The Cultural Foundations of Society," *Social Structure and Culture* (Hans Haferkamp 엮음) (Berlin: Walter de Gruyter, 1989).

느라, 이들은 우리 사회의 방향과 문화의 흐름을 비판하는 '선지자적 지성인'의 역할을 하려고 하지 않는다. 집권자가 듣고 싶어하는 말로 비위를 맞추어서 자신들의 지위를 유지하려 하는 예로부터 궁중 안에서 서식해온 사이비 선지자 노릇만을 되풀이한다. '참'지성인이라면 권력자의 귀에 듣기 싫은 쓴소리를 할 줄 알아야 하고 또 다수의 지원을 받지 못하는 외로운 자리에 설 의지와 용기도 갖추어야 한다. 역사적으로 우리 문화에 그런 인물이 부족하다는 것을 지적하고 있기는 하나,[21] 왜 그런가에 대한 물음은 별로 크고 분명하게 들리지 않는다. 우리 사회의 맥없는 지식인들은 우리 사회의 역사적 구조적 산물이라 하는 수동적인 해석도 있고, 우리나라의 전통에서 지식의 탐구를 벼슬의 방편으로 삼아온 양반들이 문제라는 진단도 있다.[22] 그러나 우리나라 사람의 행동특성과 연관된 설명은 찾아보기 어렵다. 행동특성으로 보자면 역시 독자적으로 판단하는 훈련의 부족과 권위에 의존하는 특성 때문에 지성인이 되는 것을 아예 막고 있다고 할 수 있다. 지식과 권력이 부착해서 입신출세를 바라며 교육받은 우리나라의 수많은 지식의 소유자들이 고고한 '유배자'의 자격을 갖출 수 없는 것은 너무나 당연하다. 주변인이 되

---

21) 조 혜정, 윗글과 <특집 지식인의 사회학> 「현상과인식」 17권 2/3호, (1993년 여름/가을)의 여러 글 볼 것.

22) 이러한 일반적 주제에 관해서는, 박 영신, "한국사회의 구조와 불평등의 제도화," 한국사회학이론학회(엮음), 「평등문제와 우리 사회」(서울 현상과인식, 1989), 133~171쪽 볼 것.

는 것을 외면하지 않고 도덕적 판단과 비판적 성찰을 감행하는 지성인이 될 그러한 특성을 불행히도 우리는 갖추고 있지 않다. 그러니까 권력자의 방침에 따르는 무리에 모두 줄지어 앞서거니 뒤서거니 하며 써먹힐 것을 기대하고 대기하며, 가진 지식을 총동원해서 권력자의 판단을 효과적으로 합리화해주기에 급급해온 것이다. 어쩌다가 개인의 판단이 전체 다수의 것과 차질이 있으면 거의 맹목에 가까운 '애국심'에 호소하여 일사분란하게 한 목소리를 만들곤 한다.

그렇다고 포기해서 주저앉아 있을 수만은 없다는 자각이 있어야 한다. '포함'의 행동단위를 가진 우리의 가능성과 제한점을 바로 보고, 우리가 다 함께 적극적으로 극복하고 개발해야 한다. '포함'의 단위 때문에 갖춘 좋은 특성을 발견하여 서로 격려하여 자신감을 가지고 주관적으로 판단하는 힘을 기르고, 서로 존중하는 관계를 순수하고 깊게 하며 그 깊은 마음을 제대로 표현하는 방도를 익혀야 한다. 그리하여 우리의 판단으로 우리의 문화를 만들고 키워야 한다. 보기를 들어, 산적한 교육문제를 근본적으로 해결하는 데에 이제까지의 경험으로 교육전문가에게 맡겨봐야 소용없었다는 것을 우리는 너무도 잘 알고 있다. 교육뿐 아니라 우리 각자가 책임져야 할 삶의 문제에 대해 이제부터는 전문가라고 나서는 이들의 발언을 그대로 받아들여 넘겨버리지 않는 버릇을 가져야 한다. 그리고 나서는 우리 모두가 신중하게 서로의 말에 귀 기울여 생각을 주고받아, 죽는 날까지 성숙을 향해 건강한 삶을 영위할 때, 우리의 문화도 성숙한 건강을 누릴 수 있게 만들 수 있을 것이다. 포함되지 않은 이일지라도 오다가다 길에서 "옷깃을 스친" 누구이건 우리의 관심대상이 되어야 한다. 곁에 앉은 사람의 아픔을 보지 않으려 눈을 질끈 감고 기도하지 말아야 한다. 그리하여 각자는 우주적으로 "내 형제자매를 지키는 사람"이 되어야 할 것이다. 그럴 때만이 우리를 괴롭히는 문제, 곧 환경과 인권 같은 문제들이 비로소 의미 있게 감지되고, 개선되고, 해결될 수 있을 것이다.

- 「현상과인식」 (18권 2호, 1994)

10

우리의 삶에 종교가 차지하는 자리

사람의 힘으로 어쩔 수 없는 자연의 힘으로 재해를 입는 것이 아니라 사람들의 악함과 방심 그리고 게으름으로 인해서 지난 얼마 안 되는 사이에 엄청난 일들을 우리는 너무나 많이 겪었다. 하여 "왜 이런 일들이 자꾸 우리 주변에서 일어나는 것일까?" 하고 많은 사람들이 마음을 쓰게 되었다. 이 같은 걱정을 하던 참에 어느 선배가 "모든 종교적 신앙을 가지면 해결된다"는 의견을 확신 있게 꺼냈다. 종교적인 신앙을 가짐으로 새사람이 되어 책임 있게 살고 이웃을 사랑하고 사회를 위하여 제대로 공헌하게 되면 그런 엄청난 일들은 일어나지 않게 된다는 것이다. 그런데 정말 그렇다고 쉽게 선선히 받아들일 수 없었다. 우리 사회는 신앙생활을 하는 사람들의 수가 많은 편이고, 이런 사건들의 장본인들 가운데 많은 이들이 신앙생활을 하고 있다는 사실에 접하면서, 이에 직접 관련된 사람이건 아니건 대부분의 사람들이 참으로 거듭난 사람으로 살고 있는 것인가 묻지 않을 수 없기 때문이다. 어떤 종교이거나 신앙을 가지고 있다고 하는 사람의 숫자가 그렇게 많은데 그들 모두가 뿌리째 몽땅 바뀌어 참으로 새사람이 된다면 앞에 말한 그 선배의 말대로 될 것이나, 우리 주변에는 신앙을 가지고 나서 그 종교의 뜻에 맞게 아주 딴 사람으로 바뀌어 새롭게 사는 경우를 보기 힘든 것 같다.

그래서 우리의 삶에서 종교적 신앙을 가진다는 것이 뜻하는 바가 무엇인지 생각해봐야 할 것 같다. 우리가 자신의 신앙생활에 얼마나 순수하고 철저하며 우리의 신앙에 얼마나 큰 비중을 두고 있는지 스스로에게 물어보게 된다. 애초에 신앙을 갖게 된 동기가 순수하지 않은 것이 아닐까? 우리가 신앙을 갖게 되는 계기와 동기가 무엇인지, 그리고 그 동기가 신앙생활과 밀접하게 관련되어 있지는 않은가 묻게 되는 것이다. 중요하다고 느끼며 생각하는 삶의 철학 같은 것이 신앙을 갖게 하는 동기와 관련되지 않을까 생각할 수 있다. 신앙이 바탕이 되어 삶의 모든 면이 신앙으로 해서 깊게 영향을 받고 철저히 자신을 바꾸도록 하는 것인지, 자신은 그대로 둔 채 종교가 허울 좋은 겉치레로 쓰이는가 하는 데에 주목하고자 한다. 신앙으로 해서 자신의 삶이 새로워지는가, 아니면 이제까지 중요하다고 여겨온 목표를 이루려 하며 그 욕심을 채우기 위해서 종교를 이용하려 하는가에 따라, 결과적으로 나타날 신앙생활과정은 크게 다를 것이라고 기대할 수 있다.

신앙보다 더 우선되는 것이 있으면 제대로 신앙생활하기를 아예 미뤄둘 것이다. 보기를 들면, '호국신앙'과 같이 나라의 이익이 신앙을 앞서는 것이다. 우리네 역사에서 왕조가 바뀔 때마다 종교를 바꿔서 정권의 목표달성에 예속시켜왔는데, 그때마다 백성들이 철저히 개종하여 새로 채택한 종교에서 진정으로 그 종교가 추구하는 이상에 따라 새사람들이 되었던 것일까 하는 질문하듯이, 오늘날 우리가 가진 신앙의 위치를 질문해볼 필요가 있다.

자신의 모습을 더 잘 보고 이해하려면 자신을 비추어볼 거울이 있어야 하듯 우리와는 전혀 다른 사람들의 종교생활을 봄으로써 우리를 새삼스레 살펴 깨달아 알 수 있다. 다른 문화권 사람들이 지닌 신앙자세를 관찰하는 것에서 우리 스스로가 무심히 지나쳤던 우리의 모습이 어떻게 다른가를 더 뚜렷하게 보게 되고 그 연유를 생각해볼 수 있기를 바란다.

서구에서 만난 사람들에게서 볼 수 있는 신앙에 대한 태도 가운데 우리와 사뭇 다른 것 가운데 하나는 그들이 신앙의 결단을 완전히 개인에게 맡긴다는 것이다. 목사의 아내와 목사의 자녀가 자기 스스로를 무신론자라고 거침없이 말하는 것도 보았고, 부부가 제각기 다른 교파에 속한 것도 자주 볼 수 있었다. 자녀의 신앙적인 판단을 존중해 주는 것이 부모들의 일반적인 태도이다. 스스로 선택하고 결단해야 하므로 철저하여야 한다. 확신이 없으면 부부, 부모 자녀 사이라도 결코 어정쩡하게 따라하지 않는다. 그런데 우리의 경우는 다른 모든 행동에서와 같이 '개인' 단위로 행동하지 않고 우리 특유의 '포함'의 단위로 신앙적 결단도 내리는 것이 아닌가 한다.[1] 자신에게 '포함'된 이에게 자신과 같은 신앙을 가질 것을 기대하고 요구하기도 하는 것을 주변에서 본다.

---

1) 문 은희, "우리의 문화 현상과 행동 특성," 「현상과인식」 18권 2호 (1994년 여름).

이 글에서는 신앙을 가지게 된 계기가 개인의 판단에 따른 것인지 '포함'된 다른 이들의 판단에 따른 것인지를 살펴보고, 또 종교에서 바라는 것이 어떤 것인지를 찾아보아 우리가 신앙을 가지는 결단을 어떻게 내리고 있는지를 뜯어보고 신앙생활의 특징을 해석하려 한다.

종교적 신앙을 가지게 된 계기

무엇이 계기가 되고 또 누구의 영향으로 신앙을 가지게 되었는지를 찾아보아 우리나라 사람들이 신앙의 대상인 절대자와 자신의 관계를 어떻게 설정하고 있는지를 미루어 짐작해볼 수 있을 것이다. 개인이 신앙적인 결단을 내리고 있는지 아니면 자신에게 가깝고 중요한 사람들을 '포함'한 단위에 따라 결단하고 있는지를 구분하여 볼 수 있을 것이다. 비교적 활발하고 심각하게 신앙생활을 하는 중년층 사람들(20여 명)을 대화형식으로 조사했고, 대학생(164명)의 경우에는 그들이 신앙을 가지게 된 계기를 적어내게 했다. 예상한 것은 신앙의 계기가 우리에게는 가족관계나 그 밖에 밀접한 인간관계에서 비롯되리라는 것이었다.

예상대로 젊은이들의 경우, 불교도나 기독교인들 모두가 부모나 가족관계(80% 이상), 그리고 그보다 훨씬 적은 수가 친구의 영향으로 신앙을 가지게 되었다(14%)고 했다. 스스로 선택했다는 사람은 겨우 5%밖에 되지 않았다. 가까운 친구를 '포함'한 경우까지 더한다면 거의 모두가 혼자의 결단으로 신앙을 가지게 된 것이 아니라고 볼 수 있다. 신앙을 가지는 데 가족이 얼마나 중요한지를 잘 보여주는 보기가 있다. 스무 살 된 한 여학생이 불교도가 된 계기가 흥미롭다.

원래 우리 집안은 모두 불교를 믿는다(여기서 모두란 대부분 집안어른을 말함). 하지만 나는 유치원을 동네친구들하고 같이 다니려고 선교원(교회에 딸린 유치원)에 가게 되었고, 어린 나이엔 절에서 주는 떡이나 잡다한 나물보다는, 때 되면 교회에서 주는 선물이나 알사탕에 더 관심이 있었던지라 교회를 중학교 들어가기까지 열심히 다녔다. 성가대에서 노래도 부르고, 성경퀴즈대회에 나가면 단연 1등일 정도로…. 유난히 점을 좋아하시는 외할머니께서 어느 날 나를 붙들고 이런 말씀을 하셨다. 만약 내가 계속 교회를 나간다면 아빠에게 화가 돌아온다는 거다…. 이런 이야기를 듣고 아무리 신앙이 깊은 자라도 갈등하지 않을 수 없었을 텐데, 나는 그런 신앙조차도 가지지 못했었다…. 그래서 그 후에는 부모님을 따라 일요일에는 등산 가듯이 절에서 공양도 자주 받게 되고 자연스레 절집 분위기에 휩싸였다…. 그 이후 여태껏 내가 불교도라는 사실을 부정한 일이 없다. 하지만 이 종교 역시 절대적이진 않다.

여기서 종교가 바탕이 되어 가족관계가 일구어지고 그밖에 모든 삶이 빚어지는 것이 아니라 가족구성원의 복지가 우선되고 있다. 종교를 선택하는 것도 그 이유 때문이다. 가정이 종교보다 중요하다는 것을 뚜렷하게 보여주는 보기이다. 어린이들을 위한 교회교육도 종교의 정수를 가르치기 위해 그에 적합한 접근방법을 쓰기보다는 '선물과 알사탕'이라는 물질로 보상하고 강화하는 행동주의적 접근으로 '사람 끌어모으기'에 열을 올리고 있다는 것도 볼 수 있다. 기독교의 가르침이 물질을 강조하는 것이 아닐진대 교회교육의 결과로 가르쳐진 메시지는 전혀 반대되는 엉뚱한 것이 되어 있는 셈이다. 사회조차 물질주의를 한탄하는 처지에 사회가 문제 삼고 있는 것을 수정하려는 생각은 하지도 않고, 종교가 오히려 동조하고 강화하고 있는 셈이다. 사람들이 자신들을 위해서 이기적으로 바라는 것 때문에 종교를 찾아다니니까 자기의 이익에 도움이 되는 매력적인 조건이 나서면 쉽게 종교를 바꿀 수도 있다. 단연 '아버지'는 '알사탕'과는 비교도 안 될 정도로 중요한 존재이므로 "아버지에게 화가 돌아온다"는 점쟁이의 말로 아무런 갈등 없이 종교를 바꾸는 것이다.

이 여학생이 암시했듯이 경우에 따라서는 다시 개종할 수 있다는 여운을 남긴다. 훗날 긴 인생의 경로를 거치면서 더 중요한 동기제공자가 있으면 또다시 종교를 바꿀 수 있다는 말이다. 그 여학생이 결혼하게 될 때 종교가 어떤 위치에 있게 될 것인지 궁금해진다. 왜냐하면 40대 중년

불교도의 경우가 생각나기 때문이다. 결혼 전에는 기독교인으로 청년회와 성가대에서 활발하게 교회생활을 했던 사람이었다. 종교문제는 결혼 후 생활에 별 문제가 되지 않으리라는 생각으로 남편 될 사람과 사귀었고, 결혼할 것을 결정하는 과정에서도 전혀 신앙문제를 거론하지 않았다고 한다. 결혼한 뒤에 주일이면 울리는 집 근처 교회 종소리를 들으면서도 불교도인 시어머니에게 눈치가 보여서 교회에 가겠다는 말도 못하고 일 년을 지나면서 너무 괴로웠다고 했다. 교회 종소리가 마치 "지옥에 가게 될 것을 알리는 소리 같았다"고 했다. 참을 수 없어서 남편에게 교회에 가도 되겠느냐를 넌지시 물었더니 예상 밖으로 강한 반대에 부딪혔다. 펄쩍 뛰면서 어머님이 살아계시는 한 안 된다는 것이었다. 가정의 평화를 위해서 별 도리 없이 차츰 수동적으로나마 절에 따라 다니게 되고 워낙 불심이 깊고 절에 실제적인 기여도가 높았던 시어머니의 영향으로 점진적으로 끌려들어 마침내 스스로 빠져들기 시작했다. 이왕이면 교리를 배우는 것도 제대로 해야 하겠다는 생각을 하게 되고, 그러다 보니 진리란 어디나 공통적으로 있다는 생각도 들게 되었다. 처음에는 시어머니가 세상 뜨시면 기독교로 되돌아가려 했던 것이 정작 그때가 되고 보니 생각이 달라졌다고 한다. 시어머님의 불심 덕에 자녀들도 잘되고 가정도 풍성하게 되었다는 생각을 하게 되니 만일 자신이 불교를 떠날 경우 집안의 재앙을 부를까 걱정되더라는 것이다. 아이들이 모두 건강하고 말썽 없이 일류대학에 가고 남편이 출세하는 것도 다 돌아가신 시어머니의 적선 때문이라고 믿기에, 자기의 대에 이르러 그것을 깬다는 말을 듣게 할 수 없을 뿐 아니라 그렇게 했다가 혹시라도 가정에 재앙이 내릴지도 모른다는 생각을 벗어날 수 없었다고 한다. 기독교에만 남다른 진리가 있으므로 그리고 꼭 되돌아가야 한다는 확신도 없었다는 것이다.

이쯤 되면 종교는 결혼에 비해 중요한 것이 아닐 정도가 아니라 결혼할 때 따져보는 여러 가지 구차스러운 조건들 가운데 한 가지로도 치부되지 못할 정도의 위치에 자리하고 있다. 또 개인으로 신앙을 선택하여 주관적인 판단을 하는 것이 아니라는 것도 잘 볼 수 있다. 어떤 신앙을 가지게 되느냐 하는 결정도 자기의 실제 삶에서 뗄 수 없이 가깝고 중요한 사람 때문에 정해졌을 뿐 아니라 신앙생활의 목표도 가족구성원같이 자기에게 중요한 사람들이 받을 혜택이 중심이 되었던 것이다. 따라서 어떤 종교든 구분 없이 대하게 되고 가정이 축복받아야 한다는 목표 앞에서 종교 사이의 차이가 의미를 잃었다. 진리에는 종교들 사이에 차이가 없다는 말로 표현했지만, 그것은 종교에 기대하는 것이 가정의 축복이므로 (우리나라의 경우) 어느 종교에서나 받을 수 있는 것이어서 차이가 없다는 의미일 것이다. 자기들이 종교에서 얻기를 기대하는 구체적인 혜택만 생각해서 선택적으로 좁게 보면 여러 종교가 별 차이가 없다고 판단하게 될 수 있을 것이고, 엄연히 있을 종교 사이의 근본적인 차이에는 관심을 두지 않기에 그 구별을 얼버무려 흐려놓아 "좋은 것이 좋다"는 둔탁한 판단을 하고 있는 것 같다.

기독교에서 불교로 바꾸든 불교에서 기독교로 바꾸든 종교적인 이유보다는 가정의 평화를 위한 생각으로 할 수 없이 간 경우도 있지만 자발적으로 신념을 가지고 그렇게 하는 경우도 볼 수 있었다. 각기 대학교수와 고등학교교사인 부부의 종교에 대한 생각을 들어보았다. 그 부인은 대학 때 여학생회 회장을 했던 남달리 주관이 뚜렷한 신교도였는데 남편 따라 구교도가 된 이유를 이렇게 말했다. "친정어머니께서 가정의 종교는 같아야 한다"고 가르쳐왔고 자기도 그렇게 믿기 때문에 스스로(저항 없이) 바꾸었다고 했다. "가정의 평화가 제일 중요한 것이 아니겠어요?"라며 나의 동의를 유도하려는 질문을 해올 정도였다. 자신이 가지고 있는 신앙을 고집하는 것 때문에 집안에 분쟁을 가져오는 며느리는 지혜롭지 못하다거나 나쁜 사람 취급을 받게 되는 것이 오늘의 우리의 삶이다. 또 다른 경우에는, 남편 쪽에서 결혼할 욕심으로 부인의 종교를 따르는 경우도 있다. 장로의 딸인 자기와 결혼하려면 기독교인이 되어야 한다는 조건을 내세웠기 때문에 남편이 교회에 나가게 되었다고 했다. 결과적으로 결혼해서 한 사람을 구했다고 여기는 그 부인은 다행스럽게 여기지만 자기가 믿는 신앙이 가볍게 취급된 것이라는 생각을 하지 않고 있었다. 또 종교와 관련된 대학교에 취직하기 위해서 그 종교에 입교하는 것도 보았고, 그런 줄 알면서도 교적증명을 해주는 교직자도 있다. 이 모두는 개인의 세속적인 목적을 위해 종교를 이용하는 점에서 공통적이라 볼 수 있다.

가정생활에 실패했을 때 종교를 찾는 경우도 있다. 폭행을 일삼는 남편과 헤어지기로 하면서 마치 대치할 것을 찾듯 종교를 찾는 여성들이 있다.[2] "이제는 종교라도 갖고 내 일을 찾아야 한다고 생각한다. 그러나 모든 게 끝나고 폐인이 된 기분이다."[3] "나는 혼자서 친정으로 갔다. 살아야겠다는 생각뿐이었다. 친정에 한 달쯤 있었다. 아침마다 코피를 쏟았고, 앉았다 일어나면 어지러웠다. 그동안에 친구의 권유로 기도원에도 다녔기 때문에 그때 이후 본격적으로 교회에 다니게 되었다."[4] 가정생활이 행복했었더라면 종교를 찾지 않았을 경우들이다. 불행하지 않기 위해 축복을 비는 사람들은 종교를 예방제로 생각하고 있다면, 이들은 병이 난 후에 구제가 필요해 종교를 찾는 사람들이라고 할 수 있다. 모두가 가정이 우선이고 종교는 그에 필요한 도구이다.

젊은이들의 경우, 부모의 신앙을 자동적으로 수용하는 경우가 많다.

---

2) 한국여성의전화(엮음), 「그는 때리지 않았다고 한다」(서울: 그린비, 1993).

3) 윗글, 122쪽.

4) 윗글, 154쪽.

부모의 도덕성보다 더 이상적이고 비판적인 때가 젊은 시절이라고 흔히 말한다.[5] 그런데 모든 면에서 아주 특출하게 똑똑하고 열심히 자기의 일을 해내는 성실한 한 여학생의 경우도 다를 바 없었다. "종교를 갖게 된 동기는 흔히 말하는 모태신앙이라 할 수 있다. 특히 부모님에 의해서 가족 전체가 기독교라는 신앙을 무조건적으로, 개인적인 성향을 배제하고 수용하여야만 했다"고 한다. 또 다른 남학생의 경우에는 "내가 믿는 종교라고 하기에는 뭐하지만 집안 대대로 믿어온 것이 불교(도)이기 때문에 다른 종교보다는 불교를 믿는다. 불교가 무엇이라는 것을 알려고 하지도 않았고 알지도 못하지만 대부분의 사람이 그렇듯 기복적인 신앙을 가지고 있다. 그래서 시험 때라든가, 어려운 때가 있으면 평소 잘 믿지도 않는 부처님을 찾곤 한다." 종교가 없는 경우에도 스스로 생각해서 종교를 갖지 않기로 한 것이 아니라 부모의 판단에 따라 종교를 갖지 않은 것이다. "종교를 갖지 않았습니다. 아버지께서 무신론을 펴시기 때문입니다"라고 한 여대생의 경우이다.

국내에 있는 젊은이뿐 아니라 외국에 이민 간 젊은이에게서도 비슷한 경우를 볼 수 있다. 유치원에 들어가기 전인 어린 시절부터 어른이 되기까지 오

---

5) 서구의 심리학자들의 견해인데 Erik H. Erikson, *Identity: Youth and Crisis* (New York: W. W. Norton, 1968)과 Lawrence Kohlberg, *The Philosophy of Moral Development* (Cambridge: Harper & Row, 1981) 볼 것.

래 서구에서 살아온 한국 젊은이가 자기 아버지와 함께 세례받으면서 신앙고백하는 것을 들은 일이 있다. "자기가 존경하는 아버지가 설복당한 신앙이니 자기도 받아들이게 되었다"는 뜻으로 이야기했는데, 그 신앙고백의 이야기를 서구인들이 어떻게 이해했을까 의문이 들었던 적이 있다. 서구의 교육을 오래 받고 그 문화 속에서 자랐을지라도 우리나라의 가족관계를 유지하고 같은 생각의 틀을 갖도록 양육된 결과일 것이다. 이 젊은이들이 기도하는 내용들이 모두 자신과 가정의 평화를 위한 것들임은 두말할 나위도 없다.

우리의 신앙특성

앞에 적은 사례에서 공통점을 찾아 우리의 신앙특성을 찾아본다. 첫째로, 순수하게 종교적 가르침을 찾아 신앙을 선택하는 것이 아니라 종교를 가정의 평화나 축복 같은 실제적인 자기 소망을 추구하는 방도로 삼고 있다는 것이다. 가족의 재앙을 피하려는 것도 방어적이고 소극적인 것이라는 점에서 같은 경우라고 할 수 있다. 종교는 어린이 때부터 어른에 이르기까지 각 시기에 필요로 하는 욕구충족의 방편으로 삼고 있는 셈이다. 이기적인 교회주의와 교회의 세속화 같은 문제를 논할 때에도[6] 우리나라 사람들이 기본적으로 종교에 기대하는 것이 여기서 말하는 '현실적인 것'이라는 이러한 특징과 관련해서 해석해볼 수 있을 것이다.

서구인들과 견주어보면, 비서구인들은 대체로 보이지 않는 정서적인 면을 인정하지 않는 경향을 띄고 있다.[7] 정신적인 영향도 신체적인 반응으로 나타내 보인다. 우울증의 여러 가지 증상을 비교하면, 서구인에 비해서 우리는 신체적인 증상을 훨씬 더 많이 호소하고 있다는 것도 '실제적인 것'을 더 많이 표현하는 현상 가운데 한 가지다.[8] 수술바늘로 꿰매고 붕대로 감을 수 없는 보이지 않는 마음의 상처를 제대로 인정하지 않으려 하는 것이다. 실제적인 것, 보이는 것이 보이지 않는 정서적인 것보다 더욱 강조되고 있으며 그것이 우리 행동내역을 이루고 심리목록에 올라 있다고 할 수 있다. 그러므로 보이지 않는 세계가 무시되는 문화적 행동동기를 가지게 되는 것이다.

또한 그 구체적인 것이 대부분 가족관계와 관련되어 있다는 것 또한

---

6) 노 치준, 「한국의 교회조직」(서울: 민영사, 1995).

7) 여러 비교 심리학자들의 연구 결과는 비슷한 결론에 이르고 있다. 그 가운데 A. J. Marsella, "Depressive Affect and Disorder Across Cultures," H. Triandis / J. Dragnuns(엮음), *Handbook of Cross-cultural Psychology*, 6권 (Boston: Allyn & Bacon, 1980).

8) Eun-He Moon Park, *A Comparative Study of Depression Between Korean and Scottish Mothers at Their Two Important Life Stages* (University of Glasgow, Ph.D. Dissertation, 1990).

극복대상으로 눈여겨보아야 할 것이다. 가족주의로 우리 사회를 분석한 사회학적인 연구들이[9] 이 해석의 기반을 마련해줄 수 있을 것이다. 그러나 심리학적으로는 우리의 '포함'이라는 행동단위로 설명해볼 수 있다. 서구인이 '개인'으로 신과 마주 서는 결단을 내리고 그리하여 '개인'으로 심판을 기다리는 종교적인 행동을 취하는 데 반하여, 우리는 '포함'의 단위로 신을 대한다고 볼 수 있다. 그러므로 서구인들이 보이지 않는 개인의 '죄의식' 같은 것을 강조하는 데 반하여, 우리는 눈에 보이는 가족 안에 '포함'하고 있는 구성원들의 실제적인 것들을 신앙의 과녁으로 삼고 있는 것이라 할 수 있다. 이는 '포함'된 사람이 가진 보이지 않는 내면세계를 인지하고 느끼기가 어렵기 때문이다.[10] '포함'의 단위로 행동하는 것에 익숙할수록 '포함'된 사람들끼리 의사소통하지 않고 서로 알아서 해주기만 바라는 버릇을 갖게 된다. 그러다 보니 '사회적인 기술social skill'이 덜 발달하게 되고, 내면적인 것을 표현하는 능력이 서구인들보다 덜 세분되기도 한다고 볼 수 있다. 자주 표현하지 않으면 표현할 내용도 잊히고 멀어져서 의식 선상으로부터 사라지게 된다. "진지 드셨습니까?"라고 서로 인사하던 것이 반드시 먹을 것이 없을 정도로 가난했기 때문이었

---

9) 박 영신, 「역사와 사회변동」(서울: 한국사회학연구소/민영사, 1987), 3부.

10) Theodor Reik, "Free Floating Attention," D. Golman / K. R. Speeth(엮음), *The Essential Psychotherapies* (New York: Mentor, 1982), 21쪽.

을까? 먹을 것이 풍부해진 오늘도 집 바깥에서 전화하거나 집에 들어온 아이에게 "밥 먹었니?"하는 어머니의 첫마디 말에 바뀜이 없다. 구체적인 것 말고 다른 것으로 가족들과 대화할 것을 권하면 어머니들은 당황하는 얼굴로 "어떻게 무엇을 가지고 해야죠?" 하고 되묻는다.

보이는 구체적인 일로만 이야기하고 보이지 않는 일로는 거의 이야기를 나누지 않는 가족관계는 절대자와 나누는 대화, 기도에도 나타난다. 개인으로 기도할 때에도 실제로 바라는 것을 쏟아놓듯 하고, 교회에서 예배드리는 시간에 하는 공중기도내용을 보아도 목사는 "우리 교회 교인들 부자 되게 해달라"고 하는 것이 아주 흔해져서 듣기에도 전혀 생소하지 않을 정도가 되어버렸다. 신이 창조한 세계의 평화와 자연의 보존이 목사의 기도제목이 아니라, 대기오염 원흉인 자동차 세울 자리를 자기 교회에 갖추려는 것이 그의 기도라고 한다면, 그것은 자기 교회만을 '포함'하고 그 밖의 것은 모두 '포함'에서 제외해버리고 물질을 섬기는 실로 '반기독교적'인 신앙의 표현이 아닐 수 없다. 기독교뿐만 아니다. 다른 종교들도 앞다투어 경쟁하듯이 실제적인 것을 위한 '가족' 단위의 이기성을 조장하고 있다. 감사기도의 제목을 보면 사업에서의 성공이라거나 직장에서 승진한 것, 자동차 구입한 것, 목사는 한 술 더 떠서 "그 차에 사고 없게 해주기를" 고사라도 지내듯이 기도한다. 더 큰 집으로 옮긴 것, 가족들의 건강, 자녀의 학업 같은 것이 거의 모두를 차지한다. 입시

철이 될 때마다 40일 기도(제)를 올리는 것도 종교마다 다투어 한다. 올림픽경기에 나간 선수들을 위해 기도원과 사찰에서 열심히 기도하던 선수의 어머니들이 새소식에 등장했었는데, 불교도가 금메달을 타고 기독교도는 은메달을 타서 "부처가 예수를 이겼다"는 웃지 못할 우스갯소리를 만들기도 했었다. 부처와 예수가 일류대학 입학하기를 바라거나 올림픽경기에서 메달 따는 경쟁에서 이길 것을 바라는 '이기적'인 소망을 들어주는 대상이 되는 것이 참으로 종교가 뜻하는 바일까 묻게 되는 것이다. 그러니까 사업이 잘되면 감사하고, 사업이 망하면 신앙의 의미를 잃게 된다. 성경에 나오는 욥을 전할 때 어떤 처지에 있더라도 절대자와의 바른 관계를 놓치지 않아야 한다는 근본원리보다는 자녀와 재산의 축복을 두 배로 받은 것을 강조하는 것이 우리 사회의 즐비한 교회가 강조하여 외치고 있는 듯하다. 세속의 조건과 상관없는 초월적인 신앙의 경지를 우리 교회는 놓치고 있는 것이 아닌가 싶다.

둘째는, 신앙에 들어서는 첫 순간부터 계속해가는 신앙생활을 '개인'단위로 하고 있지 않다는 것이다. 다음과 같은 성경구절을 읽을 때 우리는 하나님이 '개인'인 나를 향해 '너'라고 부른다고 듣기보다는 '너'라는 것이 내 자녀와 배우자, 부모를 '포함'하고 있는 것으로 듣거나 자기가 속한 집단의 단위로 듣는 것 같다. 보기로서, 아래와 같은 구절을 읽어보자.

"너의 하나님 여호와가 너의 가운데 계시니 그는 구원을 베푸실 전

능자시라. 그가 너로 인하여 기쁨을 이기지 못하여 하시며 너를 잠잠히 사랑하시며 너를 인하여 즐거이 부르며 기뻐하시리라 하리라.” (스바냐 3:17)

여기에서 ‘나의’ 하나님이 ‘나’의 가운데 계시고, 그에게 ‘내가’ 사랑받고 또 ‘내가’ 그를 기쁘게 한다는 의미 깊은 관계를 우리는 독자적 ‘개인’으로 자기 자신을 체험하지 못한다. 성경구절을 가지고 자신의 삶을 성찰하는 성경공부모임에서 늘 보고 느끼는 것은 가정에서 자신을 떼어내서 자기를 생각하지 못한다는 것이다. 우리 문화는 자신을 분리해서 독립적인 생각을 하는 것을 긍정적으로 좋게 여기지 않는다고 볼 수 있다. 서구인들의 경우에는 될 수 있는 한 빨리 독립해서 어른의 권위와 보호로부터 떠나는 것을 높이 보고 이를 추구하는[11] 데 반하여, 인도와 같은 동양권에서는 우리와 비슷하게 어른의 지도를 받으려 부모 곁을 떠나지 않는 것을 오히려 좋게 생각한다.[12] 우리의 효가 뜻하는 바도 부모와 자녀 사이에 서로 ‘포함’하는 관계를 언제까지나 유지하는 것이다. 그러기에 부모가 다니는 종교집단에 같이 참여하는 것은 아주 당연한 일이며 효의 한 모습이다. 부모와 다른 신앙을 가지는 것이 용납되지 않아

---

11) Robert N. Bellah, *Habits of the Heart* (New York: Harper & Row, 1985).

12) Steve Deme, “Cultural Conceptions of Human Motivation and their Significance for Culture Theory,” D. Crane(엮음), *The Sociology of Cultur*e (Oxford: Blackwell, 1994).

서 아들이 억지로 '개종각서'까지 쓰게 된 경우는 극단적인 사례이나,[13] 보통은 오랜 '포함'의 경로를 거쳐 무리하지 않게 받아들인다. "저는 어릴 때 외가에서 자라 외가의 종교인 천주교를 자연스럽게 받아들이게 됐습니다. 그렇다고 해서 집안의 강요로 억지로 갖게 된 신앙이 아니라 스스로 선택으로 가지게 됐습니다"라는 여대생이 있다. 또 한 여학생은 "모태신앙이기 때문에 자연스럽게 교회를 다니게 되었습니다. 어렸을 때는 잘 몰랐지만 점점 나름대로 신앙이 성숙하여간다는 느낌이 들면서 정말 하나님을 섬겨야겠구나 하는 생각이 듭니다"라고 한다.

신앙생활도 함께 집단적으로 하는 행사 치레가 많다. 교회에서는 정기적으로 주일과 수요일 집회를 갖는 것은 보통이지만 주중에도 전도회(신도회 혹은 선교회) 별로 기도원에 가서 함께 집회를 갖거나 함께 몰려다니는 일이 많다. 하루에 세 번 일정한 시간에 온 교인들이 기도하고 또 기도한 것은 기록해서 교회로 제출하라는 '공동과제'를 요구하기도 한다. 어려서부터 새벽기도회를 당연한 것으로 알고 자랐는데 우리나라에 처음 기독교를 전한 미국에 가서야 그것이 예외적인 예배형식임을 처음 안 이들이 한둘이 아닐 것이다. 그뿐 아니라 마음껏 소리 지르며 하

---

13) 한겨레신문 민권사회부 기자인 오철우의 "죽음에 이르는 '벽': 아버지와 그를 살해한 교수 아들의 비극적 관계," 「한겨레21」, 1995년 4월 6일, 16~17쪽 볼 것.

는 '통성기도'는 서구 기독교인들이 이해하지 못하는 우리 식의 단체활동이다. 옆 사람을 방해하면서 내 목소리를 돋우는 것을 어떻게 설명할 것인가? 게다가 목사는 마이크 앞에서 기도하니 개인기도인지 공동기도인지 알 수 없는 일이기도 하다. 소리를 마구 질러대어 일종의 심리적인 긴장을 풀어버리는 집단의례 이외에는 어떤 사회적 기능이 있을까 의심되는 관행이다. 아무도 하지 않을지언정 나 혼자라도 하나님 앞에서 철저하겠다는 것이 아니라 다른 사람과 다 함께 해야 한다는 것이 바람직한 것이고 정상적인 것이 되고 있는 것이다. 그러니 혼자의 양심이나 스스로의 판단은 오히려 바람직하지 않은 것으로 되어버린다. 사회의 법질서나 윤리와 도덕을 지키는 것도 남들이 지키지 않으면 나 혼자서는 제대로 지킬 필요가 없다는 생각으로 행동한다. "나 혼자라도 제대로 바르게 살아야지" 하는 생각은, "바위를 달걀로 치는 것"이나 "흐르는 물을 거슬러 오르려는 것"과 같이 어리석고 괴팍한 것으로 오히려 바보스럽다고 핀잔이나 받고 만다. 다수가 하는 것을 곧 '현실'이라고 받아들이고, '이상적'이라는 것은 언제나 실천 불가능한 것이라는 태도이다. 다른 사람들이 무엇이라 하든지 자신이 옳다고 믿는 것을 실천하려는 마음자세는 아예 없다. 초월적인 신을 믿는 사람들이라면 다른 사람들이 보지 않아도 절대자 앞에서 철저해지려는 자세를 가지고 있어야 한다. 사람들 사이의 관계를 중요하게 의식하는 우리의 유교적 전통 안에서는 기존에 있는 것을 바꾸기 어렵다. 팰레이는 인간관계를 넘어서는 기준이 이 전통에는 없기 때문이라고 그 이유를 밝혀내고 있다.[14] 우리는 이런 유교적인 전통을 벗어나지 못했을 뿐 아니라 초월적인 신을 믿으려는 신앙인들조차도 '포함'한 사람들 수만큼이나 많은 판단주체의 복수성 때문에 다른 사람을 의식하지 않는 '혼자만'의 생각과 판단의 자세를 가지기가 어렵다. 혼자의 판단에 확신이 없으니, 평신도뿐 아니라 교직자들도 다른 사람들이 하는 것을 따라서 함께 하기 때문에 교회는 특징이 없다. 이른바 성공적이라는 교회와 비슷하게 만들기에 교직자들 모두 혈안이 되어 있는 것이다. 장로교든 감리교든 교파가 어찌되었건 대형교회를 세우려 하고 세속사업체 경영하듯이 운영하려고 한다.

셋째는 손쉽게 신앙을 받아들이기도 하고, 또 다른 종교로 쉽게 바꾸기도 한다는 것이다. 한국의 기독교 신도 수의 급증현상은 한동안 세계의 관심거리였다. 서구인들이 '개인'으로서의 자신의 경계를 지키려는 특성을 가지고 있는 것과는 달리, 우리들은 다른 사람들을 '포함'해서 살고 또 다른 사람들에게 '포함'되어 살기 때문에 자기만의 울타리를 뚜렷이 가지고 있지 않다. 어려서부터 부모에게 '포함'되어 자신을 부모로부

---

14) 유교 전통에 개혁이 제한되어 있다는 논의에 대해서는 제임스 버너드 팰레이(James.B.Palais), 「傳統韓國의 政治와 政策」(이 훈상 옮김) (서울:신원문화사, 1993) 볼 것. 원제 *Politics and Policy in Traditional Korea* (Cambridge, Massachussetts: Harvard University Press, 1975)이다.

터 분리하지 않고 살아왔고 그 뒤로도 계속 '포함'의 단위를 넓혀가면서 융통성 있는 관계를 가져온 것이다. 서구인들이 자기 경계를 '개인' 단위로 하여 자신을 지키고 자신을 스스로 조절하는 것이 이상적이라고 생각하기 때문에, 자신과 다른 사람의 관계에서 서로 존중하며 간섭하지 않는다. 그러기에 스스로 깨달아 알고 확신을 가질 때까지는 다른 사람이 가진 신앙의 문에 들어서지 않는다. 그런데 우리는 자신의 경계를 두텁게 쌓고 사는 것이 아니기에 다른 사람의 신앙에 쉽게 영향을 주고받는다. 영향의 문지방 높이가 낮은 것이다.

저항 없이 쉽게 신앙을 갖는 특성은 이보다 앞서 지적한 두 가지 신앙의 특성과 서로 관련이 있다. 자기에게 가깝고 중요한 사람을 위해서 신앙을 갖는다든지, 또 한 사람이 가진 신앙에 집안 모두가 동참하는 것 같은 현상은 이런 우리의 특징들을 복합적으로 보여주는 바다. 그 집안에서 가장 사회적으로 힘 있는 아들을 사로잡은 며느리가 자신의 신앙으로 온 가족을 다 이끈 경우가 있다. 군대에서 상사의 종교를 쉽게 따라가는 부하 장병들도 이런 우리의 특성을 보여주는 보기이다. 신앙을 가지고 그 신앙이 요구하는 것을 따라 철저하게 지키며 사는 것이 얼마나 어려운 일이라는 것을 스스로 생각하고 깨달아 아는 과정을 제쳐두고 있기 때문에, 쉽게 특정종교에 집단으로 다가서게 되는 것이다. 귀에 솔깃한 설교를 듣는 것을 휴일을 즐기는 여흥 정도로 여기고 교회 다니는 사람들도 있으니 신도 수는 불어날 수 있다. 스트레스를 해소하려 하는 인간적인 욕구에 그 설교가 쓸모 있는 소임을 다하고 있기 때문이다. 비슷한 사회경제적인 계층에 속한 사람들 사이의 사교적인 폭을 넓힐 목적으로 몰리는 것도 교회의 힘을 확장한다. 건강, 학력, 재산, 성격 같은 혼인조건보다도 어떤 종교를 가지고 있는가 하는 것이 덜 중요한 부수적인 자리에 있으니 종교를 바꾸는 것은 그만큼 쉬울 수밖에 없다.

'포함'하고 있는 가족이나 '포함'하고 있는 다른 사람들이 소중한 만큼 그들에게 복을 약속해주는 종교에 함께 참여하려 하는 것은 너무나 당연하다. '포함'의 단위로 하나님 앞에 서는 것이므로, '포함'된 이들이 소중하여 '내가' 천국 가는 것만큼 '내 자식'이 천국 가는 것이 중요하고, 눈에 보이는 일로도 '내가' 출세하는 것보다 '자녀나 남편'이 출세하는 것을 바라는 우리네 여성들의 신앙을 설명할 수 있을 것이다. 중산층의 종교생활에 대하여 한 관찰자는 다음과 같이 적고 있다. "그들은 신앙생활이 세속적 이익으로 현실화되기를 기대하고 있는데 그것은 대개 사업의 성공이나 식구들의 안전과 영달, 그리고 자녀의 교육적 성공과 건강이 신의 보살핌으로 이루어지기를 기대하는 것이다."[15] 그러나 이것은

---

15) 김 광억, "도시중산층의 종교생활." 문 옥표 (엮음), 「도시중산층의 생활문화」(서울: 한국정신문화연구원, 1992), 221쪽.

중산층 이상에만 해당되는 것이 아니라는 것도 같이 지적하고 있다. 그는 성문 밖 교회의 가난한 사람을 이렇게 표현하고 있다. "그들은 가난과 소외를 극복하기 위한 열망으로 교회를 찾는다. (…) 그들은 교회의 연계망을 통하여 사회의 주도세력과 한 가족임을 간접적으로 경험하려 한다. (…) 그러나 그들이 궁극적으로 교회를 통하여 추구하고자 하는 바는 혁명이 아니라 그들도 사회의 중심세력의 일원이 되는 것이다."[16] 종교가 이런 목적을 성취하기 위한 도구이므로 수월하게 택하기도 하고 이 목적에 더 맞는 종교가 있으면 쉽게 버리고 바꾸기도 한다.

내일을 맞아: 반성적인 살핌

어떤 종교적 신앙을 가지든지 그로 해서 '새사람' 되는 것이 중요한 일이라면, '포함'으로 해서 방해받는 것을 극복해야 할 것이다. 눈에 보이는 것에만 급급한 그러한 수준에 신앙을 머물게 하는 것이 바람직한 것이 아니라면, 신앙을 가지게 된 뒤로는 새로운 깨달음을 경험하여 신앙을 가지기 전과 전혀 다른 가치의 세계를 갖고 삶의 방향을 바꾸어 살아야

---

16) 윗글, 219–220쪽.

한다. 우리가 가지가 있는 세속적인 욕심을 신앙의 근본인 종교의 참가르침에 비추어 깨달아 알고 바로 판단하고 실천하는 방향으로 돌아서는 참회의 계기가 있어야 한다. 종교지도자들에서부터 평신도 모두가 이렇게 신앙적으로 '똑똑한' 신자가 되어, 스스로 가르침의 말씀을 읽고 초월자를 만나는 경험을 해야 한다. 장로부인으로 남편에게 의존하여 스스로 판단을 보류하는 권사보다 사리판단을 더 분명하게 하는 과부 권사는 스스로 판단하는 기독교인의 모습을 더 잘 보여줄 수 있다.

스스로 생각하고 판단하는 것은 자기 자신만이 아니라 다른 사람도 그 같은 태도를 가질 수 있도록 격려하고 존중해야 한다. 종교지도자라고 해서 평신도의 신앙적인 결단을 무시하고 자기를 무조건 따르라는 식으로는 원숙한 신앙을 자극할 수 없다. 감정적인 것을 '성령'의 이름으로 부추기고 스스로의 판단의 겨를을 주지 않으려는 들뜬 집회 방식이 평신도의 신앙적 성숙을 방해하고 있는 것이다. 자기 조절을 이상으로 삼는 서구인들에게는 자기의 울타리를 벗어나게 하는 경험이 우리보다 필요할지 모른다. 그러나 우리에게는 스스로 깨달아 이해하고 판단하며 실천하는 훈련이 필요할 것이다.

행동이 '포함'의 단위로 이루어지기 때문에 스스로 판단하는 것을 보류하는 우리의 한계를 극복하려면 자신의 느낌, 생각, 직관 같은 것을 놓치지 않도록 예민하게 눈여겨보고 귀 기울여야 한다. 작은 일도 무심히 넘기지 말고 적합하게 의사소통하는 방식을 익혀야 한다. 아주 작은 것도 정확하게 포착하는 예리한 눈과 섬세한 마음으로 자신과 다른 사람을 보고 느끼고 의사소통하는 것이 필요하다. 오클라호마 시에 있었던 사건에서 가장 가슴 아프게 한 것은 커다란 몸집의 소방대원의 품에 안긴 한 살 하루 된 아기의 보잘것없이 작은 시신이었다. 누구의 눈에나 쉽게 보이는 크고 거창한 것에 모든 가치를 걸고 있으면 눈에 띄지 않는 작은 것을 무시하게 된다. 그러므로 세상의 누구 하나 중요하지 않은 사람이 없다는 자세로 서로를 지켜보며 귀 기울여야 한다. 거창한 법과 정치적인 문제로만 인권문제를 치부해둘 것이 아니라 "지극히 작은 어린 아이"에게 잘못하는 것이 용납되지 않는다는 섬세한 감수성이 존중되어야 한다.[17]

스스로 생각하고 판단하고 실천하되 종교적 가르침에 따라 철저하게 삶을 이끌어가야 한다. 사람들이 모두 세속적인 것을 목표로 하더라도 종교의 세계는 철저하게 그러한 목표를 돌파할 수 있어야 한다. 자기 어머니에게도 과속하면 벌금을 물리는 순경이어야 하듯이, 아니 그보다 더 철저하게 종교의 가르침에 따라야 한다. 그런 마음가짐이 바로 절대자 앞에서 바로 서려는 자세로 살아가게 하는 것이다. 그런 사람들은 신

---

17) 문 은희, "작은 일의 무게," 「현상과인식」 19권 1호 (1995년 봄).

도시 아파트와 성수대교를 눈가리개 식으로 지을 수 없을 것이고, 안전 수칙을 무시한 가스공사도 없을 것이고, 세금도둑질도 할 수 없을 것이며, 시험문제를 팔지도 않고 제대로 연구하며 교육할 것이고, 그리하여 두루 착한 이웃이 될 것이다. 시장에 내다파는 것과 구분해서 공해 없는 곡식을 따로 경작해 자기들만 먹지도 않을 것이고, 전문적인 지식으로 알아낸 공해 없는 곳으로 자기만 가서 살려고도 하지 않을 것이다.

'포함'의 행동단위가 가지고 있는 특성을 이해하여 우리를 제대로 보고 우리 나름의 문제를 파악하고 우리 나름으로 해결해가려는 인식의 전제가 있어야 한다. 앞에 지적한 문제점들이 긍정의 차원으로 전환될 수도 있다. 가족단위의 '포함'에 멈추지 않고 그 단위를 확장한다면 가족 이기주의를 벗어나서 확대된 종교로서 그 영향력이 힘을 발휘할 수 있을 것이다. '개인'을 행동단위로 삼고 있는 서구인들은 그들대로 문제가 있기 때문에 그것을 해결하려고 노력해왔다. 그들이 이제까지 해온 세계 선교에 문제가 있다고 스스로 비판하고 다른 문화권에 눈을 돌리고도 있다.[18] 우리가 그들 스스로 내린 문제의 진단과 처방을 그대로 받아들일 필요가 없음은 너무나 자명하다. 또다시 그들이 추어올리거나 비하

---

18) Lamin Sanneh, "World Christianity and the Study of History: Framing the Issues, Exploring the Heritage," *Reflections* (1995년 겨울/봄), 1-9쪽 볼 것

하는 그들 식으로 그려진 우리의 모습을 어리석게 우리의 '참모습'으로 서둘러 채택할 수는 없다는 말이다. 이제껏 우리가 저질러온 바 우리 참모습의 내용과 정의조차도 전문가라는 외국인에게 맡겨온 것처럼,[19] 신앙의 문제까지도 그렇게 내맡길 수는 없다. 우리 자신의 신앙의 자세를 점검하기 위해 이 글에서는 '포함'이라는 개념으로 극히 작은 한 모퉁이를 건드렸을 뿐이다. 앞으로 신앙을 갖는 우리의 자세에 대해 우리들 스스로 여러 가지 접근방식으로 함께 탐색해야 할 것이다.

– 「사회이론」 (13권, 1995)

---

19) 문 은희, 윗글(1994).

11

민주주의와 우리 사회

민주스러운 심리구조

민주주의의 이념으로 사회를 이루어 살아가기를 원하면서도 현실에서 제대로 실천하는 경우는 거의 찾기 어렵다. 오랫동안 꽤 민주스럽게 정치하고 있는 나라 가운데 하나인 영국에서도 자기 나라의 정치현실을 봉건적이라고 공공연히 창피해하는 원로국회의원을 보았으니 말이다. 누구나 자신이 속한 사회의 주인으로 권리를 가지고 책임을 다하며 산다는 것이 왜 어려울까?

이 글에서는 다른 나라의 이야기를 하기보다는 우리 사회를 들여다보려 한다. 민주시민이 되기 위해서 우리가 어떤 자격과 태도와 특성을 갖추어야 하는가. 우리의 마음 갖춤의 상태는 어떤가. 우리는 말로는 민주주의를 내세우면서 민주시민과 정반대 방향으로 살려 하고 있지는 않은가. 이런 물음을 가지고 우리의 마음자리를 그려보려 한다.

사회구성원들로 하여금 사회행동을 하게 하는 마음 틀은 자신과 동떨어져 있으면서 밖으로부터 주어지는 것이 아니라 자신만의 사사로운 개인의 마음 틀과 나뉠 수 없이 연결되어 있는 것이 아닐까 하는 물음으로 비롯하려 한다. 다른 사람에게 가르쳐주거나 보고 배울 수 있는 것이 아니라고 생각한다. 우리보다 민주주의로는 앞섰다는 사회에 가서 오래 교육받고 살아온 사람들도 자기의 마음 바탕이 민주스럽지 않으면, 거죽으로 배워 내세우는 말과 다른 민주스럽지 못한 행동을 하는 경우를 너무나 많이 본다. 민주주의에 맞게 법과 제도의 틀을 바꾸어도, 아무리 구호를 외쳐대도, 우리의 마음 바탕이 민주주의를 실현하는 데 맞지 않으면 그 구실을 다하지 못하게 된다. 이 글에서는 우리의 마음 틀을 살펴보면서 민주주의를 실행하는 데 필요한 마음 갖춤을 함께 미루어보려 한다.

우리 마음의 틀은 민주스러운가

우리나라를 민주공화국으로 세우기로 하고 법과 제도를 만들어 반세기 넘게 역사를 이루어왔다. 짧지 않은 그 기간 동안 다듬어져온 우리의 민주역량을 되돌아보자. 민주공화국 이전 오랫동안 우리가 어떤 모양새로 살고 있었는지는 또 다른 성찰과 논의가 필요하지만 이른바 우리의 새 나라가 세워진 뒤로도 변화를 가져오고 다질 만한 시간을 거치고 웬만큼 경험도 했다고 볼 수 있다. 힘센 외부의 뜻과 세력에 따라 나라를 반으로 토막내고, 끔찍하게 길다고 생각했던 일제강점기보다 더 오랜 기간을 거치면서도 우리 스스로 해결하지 못하고 남만을 탓하며 주저앉아 있는 것이 우리의 특성을 뚜렷하게 보여주는 것 같다. 공자가 죽어야 우리가 산다든가, 다른 나라 글쟁이가 목숨 걸고 썼다는 우리 사회 관찰의 이야기가 불티나게 팔리는 것을 보면서 우리의 문제를 바깥에서 찾고 남에게서 지적되는 것을 멈칫 부끄러워하지도 않는 것 같다.

수 세기 전에 죽은 공자를 병의 원인제공자로 보는 것도 타당성이 아주 없는 것이 아니지만 오늘을 살고 있는 우리가 자기다움의 주체를 그 정도밖에 안 되게 갖추고 있어 아직도 수백 년 전 공자를 탓해야 한다면 어떻게 스스로 멀쩡하다고 여기며 살 수 있을까. 현상으로 눈에 쉽게 드러나 보이는 우리의 문제까지도 다른 나라 사람의 눈으로 본 것에 이같이 감탄해 베스트셀러를 만들 만큼 쓸개 없는 인간일 수 있을까. 우리는 왜 우리를 깊이 성찰하고 아프게 자기를 찾으려 하지 않을까. 왜 한 번밖에 못 사는 자기 자신의 삶을 어떻게 살아야 할 것인가를 스스로 결정하려 하지 않을까. 겉모습이 남다르듯이 속마음도 남다르고 소질도 남다르다는 생각에서 자신을 자기답게 지켜야 한다는 것을 왜 아예 포기할까. 자기만 그런 것이 아니라 다른 사람들이 남다른 것도 참지 못하고 똑같아질 것만을 기대할까. 남다른 자기 아이를 왜 이웃 아이와 비교하며 그 아이 같아지기를 바랄까.

독자성의 문제

이렇게 묻다 보면 우리의 특성 가운데 제일 뿌리 깊은 것이 바로 스스로 자신만의 특징을 살려 살지 않고 바깥에서 주어지는 기준으로 살려 하는 '독자성 부족'으로 보인다. 서구인들이 동양인들의 이런 특성을 '환경의존 field-dependent'이라 이름 한다.[1] 서구인들과 비교해서 우리가 다른 점은 그들이 각 사람의 차이를 강조하여 그 차이를 더욱 크게 키우려고 하는 데 비해 우리는 남다른 것을 될 수 있는 한 누르고 유별나지 않게 남과 어울리는 것을 강조한다는 것이다. 환경에서 튀어나는 것이 아니라 환경에 섞여서 보이지 않게 하는 것을 미덕으로 삼는다. 우리는 스스로 자기가 남달리 느끼고 생각하여 판단하려 하는 것이 아니라 다른 사람의 말을 잘 듣는 것에서 비롯해서 느낌, 생각, 판단의 뿌리를 다른 사람에게 두고 있다. 우리에게 떠오른 느낌이 있어도 우리의 머리에는 언제나 먼저 '이런 감정을 가져도 되는 것인가?'라는 내면화된 바깥기준으로 검열하는 데 먼저 걸리게 되어있다. 우리 사회가 용납하는 정서가 굳게 정해져있어서 그 밖에 위치한 정서는 스스로도 인정할 수 없고 표현할 수 없으며 진전시키거나 발달시킬 수 없다.[2]

개인의 존재는 다른 사람과 떨어져 있는 몸의 구분으로 경계를 삼지

---

1) H. A. Witkin, "Stability of cognitive style from childhood to young adulthood," *Journal of Personality and Social Psychology*, 7권(1967), 297–300쪽.

2) 우 남희의 "한국전통교육 속에 나타난 정서지능", 한국아동학회 추계학술대회발표(1998)에 대한 필자의 토론내용.

만 마음으로 개인은 구분되어 존재하지 않는 듯하다. 우리의 전통문화가 부과하는 역할을 잘 해나가면서 자신과 환경 사이에 구분된 경계가 없이 환경인 다른 사람들에 매몰되어 살아가는 것이 도리라고 믿고 의심 없이 살아간다. 〈비싼 옷 청문회〉[3]를 보면서 거기 나온 여성들이 우리나라 여성들의 얼굴이라는 생각을 하게 되었다. 남편을 위해서는 감히 "성경에 손을 얹고 맹세할 수 있다"고 거짓된 말을 하나님과 사람들 앞에서 하고 있는 것이다. 청문회는 하나님 앞에서 한 점 부끄러움 없는 자기 양심의 지시대로 이야기하는 데 민주스런 가치가 있는 것인데도.

그들은 분명히 거짓말을 하고 있는데 그것이 우리의 뿌리 되는 원칙에는 거슬리지 않는다는 것이 문제이다. 은퇴를 앞둔 어느 기독교인 여교수가 "남편을 위해서 한 일이니 뭐라 할 수 없다"며 자기도 그런 입장이면 그럴 수 있다고 이야기하는 것을 들으며 우리 시민 모두가 같은 생각을 하고 같은 자리에 있었으면 그렇게 똑같이 거짓말을 했으리라고 보인다. 다만 보통사람들을 화나고 속상하게 하는 것은 이런 어려운 시절에 옷값이 지나치게 비싸다는 것일 뿐이지 그들의 자세를 근본으로 문제 삼지는 않는다. 한 장관부인도 증언하면서 "이렇게 문제가 되고 보

---

3) 신동아그룹 최 순영 회장의 부인 이 형자가 남편의 구명을 위해 고위층인사의 부인에게 고가의 옷 로비를 한 사건의 진상을 밝히기 위해 개최된 국회청문회(1999년)다. 이 '옷 로비'사건에 관련된 사람들은 이 형자, 연 정희, 정 일순(라스포사 사장), 배 정숙(강 인덕 전 통일부 장관부인) 등 상류층 부인들이어서 더욱더 관심을 끌었다.

니” 죄송하다고, 물의를 일으키는 일이 일어나지 않았더라면 아무 문제
가 될 것이 없었을 것이라는 말을 하고 있었다.

 개인으로 살아가고 있다고 착각하고 있으면서 우리는 자신의 원래 모
습을 알지 못한 채 살아가고 있기 때문에 드러나지 않는 한 자신의 판단
과 행동에 엄격하게 책임을 지려 하지 않는다. 언론인이나 정치가가 ‘민
심’이니 국민의 ‘정서’니 하며 많이 들먹이는 것도 자기의 올바른 판단에
따라 행동하기보다는 인기를 생각하며 눈치보고 있기 때문에 생기는 것
이다. 그러기에 힘을 가진 자들이 자기에게 편리한 ‘정서’를 조장하고 호
도하려 하며 자기 판단에 자신이 없는 어린 백성들은 주어진 그 ‘정서’
가 마치 자기 주관에 따라 생긴 ‘정서’라도 되는 듯 목에 핏줄을 세우며
선동되어 소리를 높이게 된다. 그러기에 보통시민 모두가 자신의 뚜렷한
판단력을 가져야 하고, 힘 가진 사람들도 자기의 분명한 견해와 정책을
가지고 있어서 그 정책에 따라 시민들에게 평가받고 선택될 수 있어야만
민주주의라 할 수 있는데 그렇지 않은 데 우리의 문제가 있다.

 큰 국가뿐 아니라 작은 사회기구들과 가정에서도 같은 현상을 볼 수
있다. 짐짓 시민단체라고 하는 단체들을 보아도 다양한 특징을 지닌 사
람들이 같은 뜻을 펴기 위해 자기 특징대로 활동을 해야 할 것인데 실
제로 머리 되는 특정인의 뜻을 거스르지 못하고 따라하거나 모임의 본
래 뜻과는 상관없이 자금을 조달하는 쪽의 뜻에 따라 사업을 추진한다.

본뜻을 상기시키려 하기라도 하면 머리 되는 이에 대한 반발로 보거나 현실론으로 입을 막으려 한다. 경제력 같은 바깥조건들이 중요하다고 하는 현실론은 도구인 물질과 목적인 사람의 뜻을 맞바꾸는 것을 마치 현명하다는 듯이 주장하는 입장에서 나온 것이다. 학교를 살리기 위해 학생교육을 포기해서는 안 되는 것이며, 교회의 확장을 위해 기독교의 정신을 어긋나게 가르쳐서도 안 되는 것인데 우리는 이런 일을 저지르고 있다. 단순히 살아남기 위해서 민주정신에 대한 자신의 신념을 뒤로 제쳐두고 미루어두는 우리는, 자신의 믿는 바를 살아남는다는 것을 위해 쉽게 포기하려 한다.

결국 우리는 우리 스스로 자신이나, 자기가 속한 조직의 본질을 파악하고 지키는 데 약하다는 것을 고백해야 할 것 같다. 자신의 믿는 바를 지키기 위해서 목숨을 버리기를 주저하기 않는 이들이 근본을 깨달아 지키고 개혁을 가져온 것이지 적당히 살아남았던 이들이 세상을 바꾼 것이 아니다. 강대국 때문에 우리가 스스로 뜻을 펴지 못했다고 하며, 민주교육문제를 논할 때면 일제강점기 때문에 되지 않는다 하고, 교회의 물질주의를 걱정하면 한국전쟁 때문에 가난에 질려서 그렇게 되었다고 하며, 언제나 바깥세력과 사건에서 이유를 찾으려고만 하지 우리의 내면세계와 자질은 반성하지 않는다. 크나 작으나 어떤 규모의 조직을 움직이거나 개인으로 살아갈 때 목표로 삼고 있는 본뜻과 의미를 스스로 찾아 지키는 것을 포기하지 말아야 할 것인데 우리는 현실이라는 이름 아래에서 너무나 쉽게 이를 저버리고 있다. 바깥현실에서 살아남는 것에 연연하여 그것만을 판단의 기준으로 삼느라 각 사람 자신의 내면의 형상과 뜻을 소중하게 지키고 키우려 하지 않는다.

자신의 남다름을 자기가 존중하려 하지 않고 바깥에서 주어지는 기준에 따라 덩달아 춤추듯 '정신없이' 살아가는 우리이기에 우리가 속한 가정, 단체나 지역사회, 국가사회에서 자기다운 특성을 제대로 파악하지 못하고 살게 되는 것이다. 얼마 전에 한 젊은 여성을 만났는데 너무나 답답해하며 줄곧 울면서 자신의 삶을 털어놓고 있었다. 우리 사회에서 누구나 겪고 있는 문제 때문이었다. 어떤 이들은 자기를 죽이고 살면서도 이 사회에서 성공했다고 뻐기거나 자기보다 못한 사람을 무시하며 자신의 그만큼의 성공을 다행이라고 여기고 무감각하게 살아갈 것이다. 그런데 그 여인은 우리 사회가 성공이라고 생각하는 외곬로만 몰아가는 부모의 요구에 언니나 동생같이 그대로 따라하기에는 적합하지 않게 남다르게 태어나 고비마다 상처를 입은 것이다. 이른바 일류대학 나온 극성부모가 큰딸같이 예술중학교에 보내려고 보결(補缺)입학은 죽어도 싫다는 그녀를 억지로 입학시키고 3년을 열등감에서 벗어나지 못하게 만든 것이다. 전문학교를 거쳐 대학에 입학해서 부모님을 위해 다행이라 여기지만 그래도 일류대학 못 갔다는 부모님의 불만이 시도 때도 없이 불쑥 튀어나올 때마다 자신의 열등감에 더욱 불을 지핀다고 한다. 자녀들이 바깥기준에 얼마나 더 잘 맞는가에 따라 사랑하는 것이 우리들 부모의 자세이기 때문에 부모의 사랑이 필요한 자녀들로 하여금 자신만이 가지고 있는 특징을 살리지 못하게 하는 것이다.

아마도 그 여성의 부모도 그들의 부모와 사회의 요구에 따라서 그것이 전부라고 알고 외곬으로 살아왔을 수 있다. 어쩌다가 자신들은 우리 사회의 요구에 걸맞게 살면서 그렇지 못한 사람인 자신들의 딸이 '욕심대로 되지 않는' 것이 불만일 뿐이지 그 딸의 느낌과 소망은 안중에도 없었을 것이다. 한 번밖에 살지 못하며 누구에게도 양도할 수 없는 소중한 자신의 삶을 자신의 뜻대로 살지 못하고 주어진 기준으로 살아왔다는 점에서는 부모나 자녀 모두 같은 처지이다. 그 딸에게 희망이 있다면 자신의 불행을 알고 있기 때문에 제대로 살 길을 찾으려는 절실한 눈물이 있다는 것이다. 그 부모는 아직도 자기들이 잘 살아왔다고 헛되게 알고 있는 동안에 그 딸은 자신을 사랑하는 눈으로 볼 수 있는 가능성을 가지고 있다는 것이다.

우리는 일방으로 환경의 영향 아래 힘없이 놓여 있는 수동적인 존재로 보는 인간관을 가지고 있다. 하나님의 형상으로 지음 받은 사람들을 믿는다는 기독인들도 우리의 이런 인간관을 벗어나지 못하고 있다. 우리 사회문화가 경제주의로 몰아가면 교인들도 바늘귀를 통과 못할 게

뻔한 낙타가 되려 하고, 구원을 받으려면 어린아이들 같아야 한다는 가르침을 저버리고 우리 문화가 강조하는 것을 따라 공부 못하는 아들을 사람취급도 하지 않는 부모가 된다. 우리의 환경결정론적인 인간관 아래에서 기독인들이 자기다운 신앙을 주장하지 않고 우리 식으로 적응해가는 것도 하나님 앞에 홀로 서는 독자성 없음에 기인한다. 신학자들도 자신의 신학의 견해를 펴지 못하고 움츠린 자세로 자기가 속한 교단의 정책 안에서 제한받고 있다. 행동주의 교육이념을 그대로 채택하고 실천하고 있는 것도 우리의 인간관에 어울리기 때문이다. 창의성을 살리고 토론문화를 살리고 논리성을 키우려 한다는 논술시험조차도 일정한 틀로 짜고 있으니 말이다.

공공성의 동기

우리나라 사람들이 전통으로 가져온 생각 가운데 사사로운 가정의 영역과 집 바깥의 일을 엄격하게 구분하는 것이다. 책임지고 돌보는 윤리의 영역을 공간의 개념으로 집안과 바깥을 구분하는 울타리로 경계를 삼아온 것이다. 소시민이라고 하면 집안일에 관심을 두고 책임지며 바깥일은 이른바 정치하는 사람들에게 맡기고 그들을 통치자라고 여기는 것이다. 보통사람들은 해도 해도 끝없는 자기 몸 다스리기와 집안 일 해결하는 것으로도 힘이 모자란다고 생각하며 바깥일에는 전혀 마음 쓸 수 없다고 여긴다. 수신(修身)과 제가(齊家)는 사사로운 윤리의 울타리 안에 두고 철저히 처리하려 하지만 치국(治國)과 평천하(平天下)는 소수인에게 맡기고 관여하지 않는다는 태도이다. 시민이 없는 시민사회라고 할 수 있다.

우선 자기 부모에게 효도해야지 그렇게 하지 않고 다른 노인들을 위해서 사회운동에 참여한다는 것은 웃음거리가 된다. 이혼한 사람, 특히 여성인 경우에 사회활동하는 것을 마땅치 않게 보는 것도 가정일도 제대로 처리하지 못하면서 공적인 활동을 할 자격이 있는가 하는 물음을 가지고 있기 때문이다. 자기 자식을 제대로 우리 사회에서 원하는 기준으로 번듯하게 기르지 못한 사람은 우리나라 교육을 논할 자격이 없다고 생각한다.[4] 민주사회에서 공공의 일을 함께 토론하고 해결하는 것이 시민의 권리이자 의무이다. 이를 행하지 않은 사람을 옛 그리스에서는 '천치idiot'라고 했다. 그만큼 중요한 민주사회구성원의 자질인데 우리를 돌아보면 부끄럽다.

집 안팎으로 나누는 공간영역의 개념으로 생각하여 집 바깥을 공공

---

4) 문 은희 "우리나라 여성의 행동 유형과 여성운동", 「현상과인식」 16권 3/4호(1992년 가을/겨울).

으로 보는 개념도 문제이나, 우리의 경우 행동을 하는 동기로의 영역, 이른바 순수하게 바깥을 위해서 일하고 있는가 하는 면에서 행동동기의 공공개념을 보면 더욱 심각하다. 집을 지키는 전업주부가 자기 집안일에만 몰두하여 해결하려고 하는 사사로운 동기만을 가지고 있는 것도 문제이나, 바깥활동을 하는 사람들도 똑같은 사사로운 의도만으로 바깥일을 하려 한다면 공간으로의 영역문제보다 동기로의 문제가 더욱 구제불능의 혼란과 부패를 낳게 한다.

대기업들이 편법으로 주가를 올리고 자기 회사의 이윤만을 생각하든지, 정치가가 자기 자리 지키기에만 매여 있든지, 종교인이 자기 교회의 확장만을 추구하든지, 대학교수가 진리를 찾으려 하지는 않고 취직을 위해 나무를 심든지, 어린이들을 위한 캠프장 시설을 규정조차 따르지 않고 돼지우리만도 못하게 허술하게 지어 자기 잇속만을 채우려 하는 것, 고위공직자 아내들이 비싼 옷으로 자기 가족 지키기만을 노려 거짓증언을 하는 것들, 그밖에도 말도 안 되는 일들이 수도 없이 일어나고 있다. 집 바깥에서 공공의 일을 하고 있는 이들이 자기와 자기 가족, 집단만을 생각하며 올바른 공공정신을 갖추지 않고 있기 때문에 일어나는 일들이다. 부정을 저지르지 못하게 법과 제도를 만들어도 그들은 교묘하게 틀어가며 방법을 찾아 사사로운 이익을 찾곤 한다.

엄청나게 높이 존경받은 봉사정신으로 자원봉사단체를 만든 분들도 평생 그 자리에 눌러앉아 있으려 하고, 사립학교는 설립자의 아들, 손자, 며느리의 일자리로 독점되는 것을 볼 수 있다. 우리는 자신의 것을 공공에 내놓아 바치는 태도보다는 자기 것으로 계속 유지하는 데 공공의 명분을 빌리고 있을 뿐이다. 집에서 어머니들도 똑같이 공공개념으로 자녀를 기르지 않고 이웃을 제치고 자기 자녀만을 생각하고 길러 그 자녀들도 자신만을 위하는 사람들로 자라게 한다. 자기 몸을 다스리고 자기 가정을 지키는 것만으로 사람 된 본분을 다 한다는 사적인 영역의 동기는 우리 사회를 서로 존중하고 아끼는 좋은 사회로 만드는 것을 막고 있는 것이다.

우리 각자의 인권을 생각하면서 서로의 인권을 존중하는 것이 공공의 기본일 것이다. 다른 사람을 제외하고 자신이 속한 가족과 집단의 권리만을 위한다면 공평한 민주성을 찾을 수 없다. 우리 사회에서 법이 사람에 따라 불공정하게 적용되는 현상은 문제 삼으면서도 바르게 해결하지 못하고 있는 것도 문제의 뿌리에서 나온 것이다. 힘 있는 사람에게는 법이 느슨하게 적용되고 약한 사람에게는 엄격하다는 것을 모두 알면서도 고쳐 바로잡지 못하고 있다. 법에 가까운 사람들이 자신이 속한 집단을 우선으로 생각하고 그 집단에 속하지 못한 약한 사람은 그들 힘센 사람들 틈에 끼우지 않고 제외하기 때문이다. 모두가 시민권이나 정치의 권한을 동등하게 누리지 못하고는 민주사회의 시민으로 살고 있다고 할 수 없다.

우리의 행동단위인 '포함'과 독자성

이렇게 독자성의 부족이나 공공성이 모자라게 된 한 이유는 우리의 행동단위가 개인이 아니라 자기에게 가까운 사람들을 포함하는 것이라는 데에서 찾을 수 있다.[5] 부모가 주신 몸이므로 자기(개인) 마음대로 할 수 없다고 하여 머리카락 자르는 것이 문제가 되었듯이 우리는 개인으로 존재하는 것이 아니라 부모에게 포함되고 우리도 자신에게 중요한 사람들을 포함하여 행동하며 살고 있다. 따라서 포함된 사람들만큼이나 주격(主格)이 많아 독자성을 분명하게 갖추기가 어렵다. 혈연(血緣), 학연(學緣), 지연(地緣)으로 자신과 연관된 사람들을 포함하고 다른 사람을 제외하는 행동특성으로 나타나는, 공평한 공공성의 결여도 여기에 관련 있는 것으로 볼 수 있다.

포함되어 있는 사람의 머리 수가 많은 만큼이나 자신의 주관은 제자리를 찾을 기회가 적어진다.[6] 포함된 사람들 가운데 자기 위치의 중요성이 어떠한가에 따라 주관을 펼 기회가 주어질 것이다. 우리 사회에서 어

---

5) Eun—He Moon Park, *A Comparative Study of Depression between Korean and Scottish Mothers at Their Two Important Life Stages* (University of Glasgow, Ph.D. Dissertation, 1990)와 그 밖의 '포함'의 개념으로 여러 현상을 해석하려 한 논문들을 볼 것.

6) 문 은희 "우리판 여자의 일생—가족관계에 얽힌 여자들 이야기," 「경제와사회」 19호 (1993), 224—256쪽, 그 밖의 여러 논문들 볼 것.

른과 남성이 우선한다는 가치가 아이나 여성들의 포함하는 행동단위에 내면화되어 아이나 여성들이 어른과 남성에게 주관적 판단의 기회를 양보하여 어른과 남성이 느끼고 판단하는 데 따라 행동하는 습성을 가지게 된다. 힘 가진 사람이 앞선다는 생각이 내면화되면 힘없는 사람들도 힘 가진 사람에게 주관을 양보하고 만다. 말로는 직업의 귀천이 없다고 하면서도 이른바 세상에서 귀하다는 사람에게 판단의 기준을 두어왔다면 자기보다 힘 있는 이에게 자신의 주관을 파묻어버릴 것이다.

이렇게 되는 과정은 아주 어린 나이에 비롯되어 이런 자신이 가진 태도를 마치 자연스러운 것인 양 생각하게 된다는 것이 바로잡기 더 어렵게 한다. 말을 배워서 자기 의사를 표현하고 경험을 머릿속에 분류해서 정리할 나이보다 더 어린 시절에 겪은 어른과의 관계에서 어른의 기준으로 살아야 할 것을 익히면 자신의 뜻을 분별하여 깨닫지 못하도록 하기 때문이다. '엄마 말 잘 듣는 아이'가 바로 '착한 아이'로 인정받는다는 공식을 갓난아이 때부터 반복하면 아이는 자기 느낌이나 뜻을 분류하여 구분할 도구인 말을 가지지 못해서 아예 살릴 수 없게 된다. 아이는 언제나 어른의 느낌과 판단기준을 자기 느낌과 판단의 자리에 함께 포함해서 지니고 살게 된다. 사회에서 인정받는 일을 해낸 젊은이들, 보기를 들면 입시철마다 나오는 수석합격자들에게 느낌을 물으면 "이제야 부모에게 효도했다"고 부모의 기쁨으로 자신의 느낌을 대신하는 것을 볼 수 있다. 앞에서 말한 젊은 여성도 전문학교를 벗어나 대학에 들어가서 행복하냐고 묻는데 자신이 기쁘다는 말은 하지 않고 "어머니가 좋아하신다"는 것으로 자신의 느낌을 표현하였다.

어른기준에 따라 어른이 되기 위한 준비기간으로 어린이 시절을 볼 뿐이지 어린이를 따로 구분해서 어린이만의 삶의 특징을 인정하려 하지 않으며 따라서 어린이의 독자성을 키우려 하지 않는 것이 우리의 전통개념이다.[7] 어린이가 가진 정서를 알아내서 기르면서, 다른 사람과의 관계에서 용납되지 않는 것을 조절하도록 하는 것을 익힐 수 있게 하는 것을 마지막 단계에서 하는 것이 아니라 우리의 전통은 처음부터 감정은 표현하지 않도록 억제하고 조절하는 것으로부터 출발하고 있다.[8] 그러다 보니 자신보다 어른의 뜻을 헤아리게 되고 눈치 보아 그 뜻에 맞추어 사는 습관에 젖어 자기의 정서를 잃고도 잃고 있다는 사실조차 모르고 다른 사람의 정서에 장단 맞추어 살게 된다. 환경인 다른 사람들과 바깥 문화와 습속이 자신의 느낌, 생각, 판단보다 앞선 행동의 기준이 된다는 것이다.

여성들의 활동영역이 늘고 교육의 기회가 동등하다 해도 어려서부터

---

7) Eun—He Moon Park, "A Historical examination of changes in the Korean concept of the child," *Korea Journal*, 19권 5호(1979), 10—18쪽.

8) 우 남희, "한국전통교육 속에 나타난 정서지능," 한국 아동학회 추계 학술대회 발표.

전통의 가치관에 사로잡혀 있는 어른들에게 포함되어 자신의 독자성을 경험하지 못하고 어른이 된 여성들이 다시 자신에게 포함된 아이들의 독자성을 기르지 못하는 악순환의 고리를 잇게 한다. 여성들이 다른 사람을 보살피는 특성을 남성에 비해 더 갖추고 있다는 것이 서구 심리학자들이 하는 이야기인데[9] 우리나라 여성들에게 해당되는 것인지 묻게 만드는 일들을 보면서 우리가 남성과 어른기준이라는 이중기준으로 스스로를 억제해온 덕분에 여성들이 더욱 무감각해진 때문에 보살핌의 특징을 잃은 것이 아닌가 생각해볼 수 있다. 특히 여성들이 다른 여성들에게 더욱 경직된 고정관념으로 가혹하게 비판하고 있는 것을 흔히 본다. 한 개인 여성의 독특한 처지를 한 여성으로 보아주면서 순수한 동정심이 우러나는 것이 아니라 바깥에서 주어져서 이미 정해진 경직된 남성개념의 틀로 보는 것에 철저하게 길들여진 탓에 정서가 메마른 것이다.

어려서부터 각자 생각하고 활동하는 것을 기르지 않고 늘 다른 사람들과 함께 하는 활동만을 강조하기 때문에 홀로 하는 일에는 흥미를 느끼지 못하고 혼자는 '심심하다'고 느낀다. 유아원 교육을 비교하면 서구 사회에서는 다른 어린이들과 양보하고 협력하는 전제에서 각자 자기의

---

9) arol Gilligan, *In a Different Voice: Psychological Theory and Women's Development* (Cambridge, Mass., Harvard University Press, 1982).

취향에 따라 활동하는(노는) 시간이 많은데 우리의 경우 개인활동을 하다가도 그 결과에 대해 교사에게 일단 칭찬을 들으면 활동을 마감하는 경우가 많고, 심한 경우는 처음부터 마지막까지 교사의 주도로 일률학습을 하고 있다. 장성해서는 일류대학의 인기학과를 향하는 다 같은 목표를 가지고, 돈과 힘을 안겨주는 직종으로 다 함께 몰리고, 똑같이 생긴 아파트에서 성형수술을 받아서 똑같은 모양새를 가진 미인으로 살거나 그와 함께 살고, 아이들도 같은 과외와 학원으로 몰아가면서 어조조차 일정해져서 "그렇지 않나요?"이거나 "그런 것 같아요"라는 자기 느낌 없이 자신을 제3자처럼 표현하는 입장으로 살고 있다.

자신을 제쳐놓고 스스로를 존중하지 않으니 다른 사람도 경직된 잣대로만 보고 그 사람을 있는 그대로 보아 인정하고 이해하기가 어려울 수밖에 없다. 다양한 사람들이 자신의 특징을 최대한으로 꽃피울 수 있게 하는 것이 민주사회의 좋은 점이라면 우리들은 그런 특징을 살리는 데 부족하다. 모두가 서로에게 경직된 한 길로만 갈 것을 기대하기 때문에 서로 존중하며 그러면서도 자기답게 제대로 표현할 수 없도록 만든다. 다양함을 참을 수 있는 유연성이 부족하다고 할 수 있다. 모두가 한 가지 형태로 한 방향으로 움직이는 데 참여한 사람들이 스스로 선택할 기회를 갖지도 못한 것이다. 떠밀려 외길로 가게 되니까 각 사람이 자기다운 특성으로 살며 인정받기 어렵게 된다. 다양한 길이 앞에 놓여 있지 않기 때문에 우리 사회에 맞지 않는 특성을 가진 사람은 어려움을 겪으며 적응하는 데 많은 힘을 소모해야 하고 적응하지 못하는 젊은이들이 일탈행동을 하게 되거나 창의적인 삶을 소진하게 되는 아픔과 손실을 가져오게 된다.

자신을 알고 서로 다른 사람을 이해하고 사랑하기 위해 소통과 교섭이 활발해야 하는데 우리는 자신 안에 포함하고 있는 사람의 뜻을 일일이 묻지도, 들으려고도 하지 않고 자기가 대신해서 잘 알아 처리한다고 생각한다. 좋은 벗일수록 말없이 이해한다거나 남편이 요구하기 전에 알아서 해주고 아이들에게도 희생으로 모든 문제를 대신 해결해주는 여성이 현모양처라고 여긴다. 서로 요구와 감사를 세세히 표현하지 않고도 살아갈 수 있다고 믿고 있으며 느낌이나 생각을 나누는 것을 등한시하게 되는 것이다. 순조로운 표현과 생각의 나눔이 이루어지지 않으니 폭력으로 대신하거나 마구잡이 방식을 쓰게 된다. 집단 따돌림이나 청소년들의 자기파괴행동이나 범법행위는 경직된 사회에서의 자기표현과 의사소통을 정상으로 하지 못하는 데서 생겨났다고 볼 수 있다.

민주사회에서는 구성원들이 다른 의견을 내고 서로 듣고 설득하는 의사소통이 활발하고 효과 있게 이루어져야 하는 것이 필수인데 '포함'의 단위로 인해 우리는 자신의 생각과 느낌을 자연스럽게 표현하고 실천하는 훈련이 되어 있지 않다. 그러므로 사회자본이라고 할 수 있는 풀뿌리 연결망과 조직이 널리 형성되기 어렵다.[10] 어느 집단, 조직에서도 같은 목표를 가지고 다양한 사람들이 서로 다른 점을 존중하여 살리며 협력하는 것을 찾아보기 어렵다. 강력한 지도자가 가진 역량껏 그의 뜻에 따라 모두가 일사불란하게 밀고 나가는 것이 우리에게는 유일하게 효과 있는 방식인 듯 보인다. 이는 독재이지 민주주의가 아닌 것이다

공공성의 동기의 문제와 행동단위인 '포함'

공공성의 부족도 우리의 '포함'이라는 행동의 단위와 관련이 있다. 자신이 포함하고 있지 않은 사람을 제외하여 자신과 이해관계가 없다거나 중요한 의미가 없는 사람을 위한 생각을 별도로 하여 무시하는 우리의 특성이 '포함'의 행동단위에서 비롯한다고 할 수 있다. 자기에게 가깝게 관련되지 않는 생소한 사람들의 문제를 자기의 문제로 생각하여 해결하는 데 참여하려는 것이 공공성의 동기라면 우리의 '포함' 단위는 민주시민이 되는 데 방해요인이 된다. 언제 볼지 모르는 사람에 대한 행동기준은 인연이 있는 사람에 대한 것과 다를 수밖에 없다. 보기를 들면 자손

---

10) Ruth Lester, *Citizenship: Feminist Perspectives* (London: McMillian Press, 1997), 31쪽.

들을 자기에게 포함하고 있는 우리네 사람들은 자기 재산을 자기 자손의 것과 구분하지 않으므로 당연하다는 듯이 자손에게 물려주고 자손들도 그럴 것을 기대한다. 얼마 전에 유치원에나 겨우 다닐 나이의 여자아이가 큰 집의 소유자라는 보도는 우리의 마음 틀이 '포함'이라는 단위로 되어있기에 가능하다는 것을 보여준다. 그러나 자신이나 자녀들을 각자 개인의 단위로 보는 서구사람들은 그들이 가진 가치관에 따라 재산을 반드시 자녀들에게 물려주지 않을 수도 있다.

각자가 가지고 있는 의도가 다르다는 것을 전제로 하고 자신과 다른 사람들이 다 함께 갖는 의도를 같이 협력해서 살리려고 하는 것이 공공성이라면 다른 사람을 제외하는 행위태도로는 사사로운 의도를 넘어설 수 없다. 다른 사람들을 위해 앞선 일을 많은 사람들의 협력을 얻으면서 해내서 추앙받았던 인사가 자신이 그 일을 떠날 수밖에 없게 되었을 때 가족 가운데 한 사람을 후임자로 삼아 맡기는 경우들이 있다. 아무리 다른 사람을 위한 일이라도 자신에게 포함된 사람들의 바깥에 존재하는 사람들을 제외하고 자신에게 포함된 사람에게 물려주는 사사로운 행동은 우리 문화가 공공성에 이르지 못했다는 한 증거다. 대형교회의 목회자가 은퇴하고 아들에게 교회를 물려주는 것이나 외국에서 지원받아 사회에 봉사하기 위해 만들어진 기관의 이사장 자리를 아들에게 대물림하려는 것을 본다(그 기관을 지원한 나라 사람들은 그렇게 하고 있지 않은데 말이다).

　동서의 여성정치지도자들을 비교해보면[11] 개인의 능력으로 인정받아 지도적인 자리에 오른 서구여성들에 비해 동양여성지도자들의 경우는 아버지나 남편의 후광을 입은 것이 대부분이다. 동서문화의 차이에 따라 다른 행동단위가 공공성을 주름잡는 데 미치는 영향을 볼 수 있다. 혈연, 학연, 지연이 우리의 공공문화를 어떻게 해하는지 우리 모두 너무나 잘 알고 있으면서 해결하려 애써도 잘 되지 않는 이유도 같은 맥락에서 볼 수 있다. 포함의 단위가 자기 가족만일 때 자기 가족 밖에 있는 사람은 안중에 없다. 비싼 옷 사건으로 '형님,' '아우'하던 가까운 사이도 서로 '거짓말쟁이'로 부르고 바로 곁에 앉아서도 서로 눈도 마주치려 하지 않는 원수로 바뀌는 것을 보았다. 고질이 된 학연의 끈이 만드는 문제를 대학가, 관가, 정가뿐 아니라 가장 개별로 창작활동을 하는 미술계, 음악계에서도 똑같이 볼 수 있다.

　군사정부 이래로 특정지역간의 차별을 도드라지게 만들어 상대지역을 제외하고 자기 지역 안의 사람만을 포함하여 끼리끼리 활동하는 양상을 강화한 결과를 남기게 되었다. 그리하여 마치 우리나라에는 두 지역만 있는 듯한 허상을 만들고 이에 사로잡혀 있게 된 것이다. 의식적으

---

11) 조 기숙, 「세계를 움직인 열두 명의 여성」 (여성신문사, 1998).

로 지역감정을 지워보려고 노력하는데 여전히 서로에 대한 편견을 지우고 고정관념 없이 실제의 개인들을 바로 보고 평가하는 단계에 이르지 못하고 있다. 일부러 두 지역 간 사람들의 혼인을 집안에서나마 장려한다든가, 결연학교 사이에 학생교환을 한다든가, 대학생들이 일정기간 상대학교에 등록하여 학교생활을 해본다든가 하는 기획을 실천하기도 한다. 이러한 노력이 아주 소용없는 것은 아니나 우리가 포함된 영역 바깥을 제외하는 자세 자체를 바꾸어 누구나 공평하게 대해야 하는 심리구조의 변화를 기대하는 것이 아니라는 점에서 문제를 근본으로 해결하려는 방도가 되지 못한다고 생각한다. 지역 사이에 있는 편견의 농도를 엷게 했을지 모르지만 여전히 지역구분을 인정하고 중요하게 남겨두고 있기 때문에 근본으로 누구나 제외하는 자체를 거부하지 않기 때문이다.

우리나라를 감싸고 바깥세상을 제외하는 것도 넓은 세계 안에서 민주스러운 것일 수 없다. 공영방송에서 "우리나라 사람끼리 거짓말해서 되겠습니까"라고 하면서 다른 나라에 대해서는 거짓되어도 된다는 것을 은근히 퍼뜨리는 것도 극복되어야 할 것이다. 외국인노동자를 학대하는 것을 항의하는 인권운동가에게 국적이 어디냐고 묻는 것은 우리끼리는 서로 잘못된 불의도 눈감아준다는 것이 아닌가. 우리 해안에 오염이 문제되었을 때 국제운동단체 그린피스가 와서 해결을 위해 노력했듯이 우리도 다른 나라에 어려움이 있을 때 우리 울타리 안만을 포함하여 바깥의 세계를 제외하지 말아야 할 것이다. 그 뜻에서 지진이 난 다른 나라에서 한 우리나라 구조대원들의 활동은 바람직한 것이다. 그런데 여섯 살짜리 어린이를 구해낸 사실을 보도하는 CNN에 비해 우리 방송의 보도는 '안으로 굽은 팔'을 벗어나지 못하는 것을 본다. '되로 주고 말로 받는 것'이 아니라 '왼손이 하는 것을 오른손이 모르게' 하는 계산함이 없는 섬김의 자세가 우리의 공공성으로 뿌리내리지 못하는 것이고, 바로 같은 이유에서 비롯됨을 찾아볼 수 있다.

독일의 한 작은 정당이 국고의 지원을 받은 돈으로 다른 나라의 젊은이들을 민주지도자로 교육하고 있는데, 그 프로그램을 맡은 사람이 자기들의 활동을 한국인들이 이해하지 못한다고 했다. 큰 정당보다 작은 정당에 크기비례로 더 많은 지원금을 준다는 것도 우리의 논리로는 이해가 어려운 일이다. 힘없는 집단이 더욱 도움이 필요하고, 자기 나라만 잘 되는 것에 욕심이 멈추는 것이 아니라 세계의 모든 나라가 민주스럽게 되는 것이 중요하다는 것 때문에 하는 일인데 이를 이해하기 어려워하는 것은 아마도 우리의 포함단위에서는 부자연스러운 일이기 때문일 것이다. 자리들끼리 울을 높이 치고 울 바깥의 세계를 못 본 척 제외하지 않는 행동을 포함단위에 매여있는 눈으로는 이해하기 어려울 수밖에 없다.

포함의 단위로 해서 우리가 독립해서 자기의 생각을 순수하게 펴지 못할 뿐 아니라 혹 생각을 하더라도 가족을 희생시킬 수 없다든가 자기 아랫사람을 거두어야 한다든가, 후학이나 동료, 지역의 이익을 해칠 수 없다는 생각으로 원칙을 버리고 살아남는 것을 택하게 되어 우리는 보통으로 민주원칙보다 현실원칙(?)을 택하곤 한다. 민주화운동으로 감옥에 가는 것보다 감옥에 들어가지 않는 것이 부모에게 효도하는 것이라는 논리가 설득력있는 것이다. 우리 사회의 지도층이거나 보통사람들이 학연과 지연을 구실삼아 원칙을 져버리는 것이 당연하다고 생각하는 한 민주사회를 기대하기 어려울 수밖에 없다. 원칙을 위해 쓸 목숨이 하나밖에 없다는 것이 유감일 뿐이라는 생각보다는 다른 목숨들을 함께 책임지는 것 때문에 나의 목숨을 내 마음대로 쓸 수 없다는 것이다.

앞으로…

우리의 심리구조인 '포함'의 단위의 문제를 극복하고 뛰어넘지 않는 한 우리의 민주화의 열망은 별로 밝게 희망할 수 없다고 여긴다. 사람은 누구나 달리 태어나서 누구나 달리 생각하고 달리 행동하며 다른 삶을 영위할 수 있는 독자성을 우리가 스스로 인정하지 않기 때문이다. 그뿐 아니라 특정기준에 맞지 않는 사람들을 제외하여 차별하는 것이 통상화되는 데 바탕을 제공하고 있으니 말이다. 한 사람씩 독자성과 공공의 뜻을 체험할 수 있고, 스스로의 느낌과 생각, 판단, 행동의 경험을 서로 존중하는 문화로의 바뀜을 위해 노력하는 것으로 문제의 풀이를 시도하려 할 뿐이다.

어린 시절부터 가까운 이들, 특히 양육을 맡은 부모의 영향으로 부족한 독자성과 공공성에의 동기를 일깨우는 경험을 할 관계를 조성하려 한다. 가족관계를 벗어나고 싶어할 정도로 문제가 있는 가정을 떠난 청소년 소녀들, 얼굴을 가리고 "죽고 싶어요"라고 흐느끼는 사람들에게 새로운 관계를 경험하게 도울 수 있다면 자신의 가치를 찾고 다른 사람을 아끼는 마음이 전염되듯 퍼질 것이라고 믿는다. 독자성과 함께 서로를 존중하는 마음의 건강이 '착한 사회'의 바탕이 된다는 것을 믿고 전파하는 정신건강의 사회운동을 힘쓰려 할 뿐이다. 우리가 가지고 있는 마지막 '밀가루 한 줌'과 '기름 한 병'이 무엇인지 찾아 깨달으면 큰일을 해내는 기적이 있을 수 있다는 것을 믿기 때문이다.

– 「사회이론」 (17권, 1999)

참고문헌

- 고 복남 들, "부모의 양육태도가 아동의 성 역할 사회화에 미치는 영향," (연세대학교 아동학과 학부 졸업논문, 1980).

- 김 광억, "도시중산층의 종교생활," 문 옥표 (엮음), 「도시중산층의 생활문화」 (서울: 한국정신문연구원, 1992), 221쪽.

- 김 세원, "가족중심사회 … 인정 많아요," <韓國서 살아보니>, 동아일보 1995년 9월 17일

- 김 승현, "매스미디어와 세계문화," 「현상과인식」 18권 1호 (1994년 봄).

- 김 정숙, "한국의 중산층주부에 관한 일 연구~여고졸업 후 20여 년간의 삶을 중심으로," (연세대학교 대학원, 1983).

- 김 중섭, "한국교육의 위기와 인권," 「현상과인식」 25권 4호 (2001년 겨울).

- 노 치준, 「한국의 교회조직」 (서울: 민영사, 1995).

- 문 은희, "부부심리~예술," 「부부론」 (백양학술모임, 1980).

- 문 은희, "여성발전의 심리," 「여성」 (여성단체협의회, 193호, 1982).

- 문 은희, "우리나라 여성 심리~서구심리학을 벗어나려는 한 시도," 「女性硏究」 10권 2호 (1992년).

- 문 은희, "우리나라 여성의 행동 유형과 여성운동," 「현상과인식」 16권 3/4호 (1992년 가을/겨울).

- 문 은희, "우리판 '여자의 일생'~ 가족 관계에 얽힌 여자들 이야기," 「경제와사회」 19호 (1993년 가을).

- 문 은희, "우리의 '어른~아이' 관계," 「현상과인식」 17권 4호 (1993년 겨울).

- 문 은희, "우리 문화 현상과 행동 특성," 「현상과 인식」 18권 2호 (1994년 여름).

- 문 은희, "오늘을 사는 여성의 갈등," 「사회이론」 14권 (1995년 봄).

- 문 은희, "집안과 일터에서 기대되는 여성의 자질," 「연세여성연구」 1호 (1995년).

- 문 은희, "작은 일의 무게," 「현상과인식」 19권 1호 (1995년 봄).

- 문 은희, "우리 삶에 종교가 차지하는 자리," 「사회이론」 1995년 여름호, 또는 한국사회이론학회 (엮음), 「종교와 우리 사회」 (서울: 현상과 인식, 1995).

- 문 은희, "가까이에서 일어나고 있는 우리의 폭력성," 청소년과 폭력문화 (대한YWCA연합회 주최 세미나) (1996년).

- 문 은희, "공동체 개념과 기독여성들의 삶: 보살핌의 윤리," (대한 YWCA 75주년 기념 및 전국대회) (1997)

- 문 은희, "우리나라 가정주부의 윤리," 「사회이론」 16권 (1998년 봄).

■ 문 은희, "민주주의와 우리 사회: 민주스러운 심리구조," 「사회이론」 (1999년 가을).

■ 문 은희/ 이 인미/ 장 정화/ 한 문순/ 한 제선/ 한 지연/ 홍 혜경, 「날마다 새롭게, 이만큼 더 건강하게 ~정신건강상담 시리즈 1」 (서울: 한국알트루사여성상담소, 2004).

■ 박 영신, "사회운동과 새 계급," 「현상과인식」, 7권 1호 (1983년 봄).

■ 박 영신, 「역사와 사회변동」 (서울: 한국사회학연구소/ 민영사, 1987).

■ 박 영신, 「우리 사회의 성찰적 인식~전통, 구조, 과정」 (서울: 현상과인식, 1995), 4장.

■ 박 영신, "두 갈래의 윤리 지향성, 그 울을 넘어," 「사회이론」 (1998년 봄).

■ 박 진남, "내 인생의 길목에서" (한국일보사 주최 제15회 여성생활수기 우수작), 「한국일보」, 1997년 4월 29일자.

■ 변 화순 들, "성 의식과 여성에 대한 폭력연구," 한국여성개발원, 「연구보고서 240~22」 (1999).

■ 손 정영, "아내학대의 원인에 대한 생태학적 연구" (경희대학교 박사학위논문, 1998).

■ 신 성자, "아내강간의 실태와 대책," <여성인권과 아내강간토론회> (한국여성의전화연합, 2000년 5월 30일).

■ 양 정자, 「남자가 변해야 남자가 산다」 (대한가정법률복지상담원, 2001년).

■ 오 선임, "여성근로자 실태조사보고서~구조, 구미공단을 중심으로" (한국유권자연맹, 1980), 27쪽과 50~57쪽.

■ 이 근후, "프로이트적 여성심리이해," 「여성학」 (서울: 이화여자대학교 출판부, 1979).

■ 우 남희, "한국 전통 교육 속에 나타난 정서지능," 한국아동학회 추계학술대회 발표 (1998년)에 대한 문 은희의 토론내용.

■ 윤 수현, 「당신 뜻대로 하소서」 (서울: 정음사), 122쪽.

■ 이 동원, "직업여성의 이중역할에 관한 연구," 「한국문화연구원논총」, 27집.

■ 이 영희, "여성차별에 대한 현대심리학적 조명: Freud, Skinner, Piaget 이론을 중심으로," 「아세아여성연구」, 19집.

■ 정 재영, "한국가족의 자녀교육: 문화습속의 관점에서," 「현상과인식」 28권 4호 (2004년).

■ 제임스 버너드 팰레이, 「傳統韓國의 政治와 政策」 (이훈상 옮김) (서울: 신원문화사, 1993).

■ 조 기숙, 「세계를 움직인 열두 명의 여성」 (여성신문사, 1998).

■ 조 혜림, "가슴 깊이 묻혀있던 향학의 불씨 하나" (한국일보사 주최 제15회 여성생활수기 우수작), 「한국일보」, 1997년 4월 29일자.

■ 조 혜정, 「탈식민지 시대 지식인의 글읽기와 삶읽기」 (서울: 또하나의문화, 1994).

■ 상명여대 1983년도 1학기에 맡았던 '여성학' 강의 중에 학생들이 발표한 조사결과보고

■ 서울신문 1991년 1월 5일자.

■ 여성신문 1997년 7월 18일자, 20쪽.

■ 연세대학교 외국인노동자문제연구소, "국제적 노동력 이동과 한국 내 외국인 노동문제: 필리핀 노동자에 대한 현장조사를 중심으로," (1993년 12월 7일 / 손 승영 지도).

■ 조선일보 1991년 8월 17일자.

■ 중앙경제 1991년 1월 5일자.

■ 코리아 리크루트의 "대학생 의식조사" 「리크루트」, 1983년 1월.

■ 한겨레21 "10건 중 하나가 패륜사건," 1994년 6월 9일 30~34쪽.

■ 한겨레21 "죽음에 이르는 '벽': 아버지와 그를 살해한 교수아들의 비극적 관계," 1995년 4월 6일, 16~17쪽.

■ 한겨레신문 1991년 9월 5일자.

■ 한국여성개발원, 「여성관계자료 400~13」, 8쪽.

■ 한국여성단체협의회 조찬간담회 (韓國女性團體協議會 朝餐懇談會), 선진경제로의 이행과 여성의 역할 1995년 6월 8일.

■ 한국여성의전화 (엮음), 「그는 때리지 않았다고 한다」 (서울: 그린비, 1993).

■ Adelman, J., *Suffocating Mother: Fantasies of Maternal Origin in Shakespeare's Plays, Hamlet to Tempest* (New ork: Routledge, 1992).

■ Adler, Alfred, *Co~operation Between the Sexes Writings on Women and Men Love and Marriage, and Sexuality*, H. L. Ansbacher (엮고 옮김) (New York: W. W. Norton, 1978) 3~27쪽.

■ Allen, M. J., "Experimental Neurosis," R. J. Corsini (엮음), *Encyclopedia of Psychology*, 1권 (New York: John Wiley & Sons, 1984).

■ Arie s, P., *Centuries of childhood*, R Baldick (옮김) (New York: Vintage books, 1962), 128쪽.

■ Bakan, D., *The Duality of Human Existence* (Chicago: Rand McNally, 1966).

■ Bayes, Marjorie, "Sex~Pole Stereotypes and Clinical Judgements of Mental Health," Elizabeth Howell과 M. Bayes (엮음), *Women and Mental Health* (New York: Basic Books, 1981), 94쪽.

■ Bayes, Marjorie, "The Prevalence of gender~role bias in mental health service," Howell, E. / M. Bayes (엮음), *Women and Mental Health* (New York: Basic Books, 1981).

■ Bellah, Robert N / Richard Madsen / William M. Sullivan / Ann Swidler / Steven M. Tipton, *Habits of the Heart* (New York: Harper & Row, 1985).

■ Bellah, Robert N / Richard Madsen / William M. Sullivan / Ann Swindler / Steven M. Tipton, *The Good Soci-*

ety (New York: Random House, 1991).

■ Berry, J. W / P. R. Dasen / H. A. Witkin, "Developmental Theories in Cross~cultural Perspective," L. L. Adler (엮음), *Crosss~cultural Research at Issue* (New York: Academic Press, 1982).

■ Bird, J. F., "Foucault : Power and Politics," Peter Lassman (엮음) *Politics and Social Theory* (London: Routledge, 1989).

■ B. P. W. (Business and Professional Women)에서 조사한 차별사례연구.

■ Brooks~Gordon, B., "Struggling in the City," *British Psychological Society's Women and Psychology Conference* (Leeds) (1995).

■ Cambridge Women's Studies Group, *Women in society: Interdisciplinary Essays* (London: Virago Press, 1981), 3~4쪽.

■ Chodorow, Nancy, *The Reproduction of Mothering: Psychoanalysis and the Sociology of Gender* (Berkeley University of California Press, 1978).

■ Chodorow, Nancy, *Femininities, Masculinities, Sexualities: Freud and Beyond* (London: Free Association books, 1994).

■ Cockburn, Cynthia, *In the Way of Women: Men's Resistance to Sex Equality in Organizations* (London: Macmillan Press, 1991).

■ Connell, R. W., *Masculinities* (Berkeley: University of California Press, 1995).

■ Dalley, Gillian, *Ideologies of Caring* (London: Macmillan, 1996)[1988].

■ Deme, Steve, "Cultural Conceptions of Human Motivation and their Significance for Culture Theory," D.Crane (엮음), *The Sociology of Culture* (Oxford: Blackwell, 1994).

■ Doi, T., *The Anatomy of Dependence* (Tokyo: Kodansha International, 1973).

■ Duck, S. / J. T. Wood, *Confronting Relationship Challenge* (Thousand Oaks: Sage publications, 1995).

■ Ellmann, L., "Keeping young and Beautiful if you want to be read," *Independent*, 1995년 7월 30일.

■ Elshtain, Jean Bethke, "The Communitarian Individual," Aitai Etzioni (엮음), *New Communitation Thinking: Persons, Virtues, Institutions, and Communities* (Charlottville: University Press of Virginia, 1955), 98쪽.

■ Erikson, Erik H., *Childhood and Society* (New York: W. W. Norton, 1963) 247~274쪽.

■ Erikson, Erik H., *Identity: Youth and Crisis* (New York: W. W. Norton, 1968).

■ Etzioni, Amitai, *The New Golden Rule: Community & Morality in a Democratic Society* (London: Profile Books, 1997), 3쪽.

■ Franz, M. L. von, *The Feminine in Fairytales* (Irving, Texas University of Dallas, 1972), 14쪽.

■ Frazer, E. / N. Lacey, *The Politics of Community : A Feminist Critique of the Liberal~Communitarian Debate* (New York: Harvester, 1993).

■ Freud, Sigmund, "Femininity," *The Complete Introductory Lectures on Psychoanalysis*, James Strachey (옮김) (New York: W. W. Norton, 1966).

■ Freud, Sophie, *My Three Mothers and Other Passions* (New York: New York University Press, 1991).

■ Friedan, Betty, "The Sexual Sell," Elizabeth Frazer / Jennifer Hornsby / Sabina Lovibond (엮음), *Ethics: A Feminist Reader* (Oxford: Blackwell, 1992), 59~83쪽.

■ Gilligan, Carol, *In a Different Voice: Psychological Theory and Women's Development* (Cambridge MA: Harvard University Press, 1982).

■ Gilligan, Carol, "Moral Orientation and Moral Development," Eva F. Kittay / Diana T. Meyers (엮음), *Women and Moral Theory* (Totowa: Rowan & Littlefield, 1987) 19~33쪽.

■ Gowdridge, C. / A. S. Williams / M. Wym (엮음), *Mother Courage: Letters from Mothers in Poverty at the End of the Century* (London: Penguin, 1997).

■ Grimke, S. M., "Letters on the Equality of the Sexes and the Condition of Women," W. L. O'Nell (엮음) *The Woman Movement Feminism in the United States and England* (Chicago Quadrangle Books, 1969), 103쪽.

■ Gunn, C. D., "Family Identity Creation. A Family Strength~Building Role Activity," *Family strengths: Positive Models for Family Life*, N. Stinnett (엮음) (Lincoln: University of Nebraska Press, 1980).

■ Helder, Fritz, *The Psychology of International Relations* (New York: Wiley 1958).

■ Heller, M., "Coach Bill, the Guys and God," *Independent on Sunday*, 7월 23일.

■ Heller, Trudy, *Women and Men as Leaders* (New York: Praeger, 1982), 2~3쪽.

■ Helson, R. / V. Mitchel / G. Moane, "Personality and Patterns of Adherence and Non Adherence to the Social Clock," *Journal of Personality and Social Psychology*, 46권 (1984년).

■ Hochschild, A., *The Second Shift: Working Parents and the Revolution at Home* (London: Piatkus, 1989).

■ Holmes, J., *Women, Men and Politeness* (London: Longman, 1995).

■ Hopson, B. / M. Scally, *Lifeskills Teaching*, 7호 (London: McGrawhilt, 1981), 52~54쪽.

■ Howell, E. / M. Bayes (엮음), *Women and Mental Health* (New York: Basic Books, 1981).

■ Hunt, L., "Mothers can love danger too," *Independent on Sunday*, 1995년 8월 20일.

■ Huxley, Aldous, *The Doors of Perception* (N. Y. Harper & Row, 1954), 13쪽.

■ *Independent*, 1992년 7월 5일 관련기사.

■ *Independent*, 1992년 8월 16일자.

- *Independent, Editorial*, "She was a climber, not an issue" 1995년 8월 20일.

- Johnson, Lawrence E., *A Morally Deep World* (Cambridge: Cambridge University Press, 1991).

- Jukes, Adam, *Why Men Hate Women* (London: Free Association Books, 1993).

- Juhasz, A. M., "Interaction, Identity, and Intimacy. The Glue that Cements the Family," *Family strengths: Positive Models for Family Life*, N. Stinnett (엮음) (Lincoln: University of Nebraska Press, 1980).

- Kahn, Arnold S. / J. Jean Paula, "Integration and Elimination or Separation and Redefinition: The Future of the Psychology of Women," *SIGNS : Journals of Women in Culture and Society*, 8권 4호 (1983).

- Kassinove, Howard, *Anger Disorders: Definition, Diagnosis, and Treatment* (Washington : Taylor & Francis, 1995).

- Kauffman, L., *Feminism and Institutions Dialogues on Feminist Theory* (Oxford: Blackwell 1989).

- Kerman, L., "The Good Witch: Advice to Women in Management," L. Morley / V. Walsh (엮음), *Feminist Academics: Creating Agents for Change* (London: Taylor & Francis, 1995).

- Kohlberg, Lawrence, *The Philosophy of Moral Development* (Cambridge Harper & Row, 1981).

- Kupers, T. A., *Revisioning Men's Lives* (New York: Guilford Press, 1993).

- Lambert, A., "The Trouble with Women Who Do Too Much," *Independent*, 1995년 7월 1일.

- Leghorn, L. / K. Parker, *Women's Worth Sexual Economics and the World of Women* (Boston Routledge and Kegan Paul, 1983).

- Lester, Ruth, *Citizenship: Feminist Perspectives* (London: McMillian Press, 1997), 31쪽.

- Levine, G., *Construction of the Self* (New Brunswick, New Jersey: Rutgers University, 1992).

- Lewenhak, Sheila, *Women and Work* (Glasgow: Fontana, 1980), 9쪽.

- Lewin, Kurt, *Field Theory in Social Science* (New York: Harper Row, 1951).

- Lewin, Kurt, *A Dynamic Theory of Personality* (New York: McGraw Hill, 1935).

- Lewis, H. B., "Madness in women," Howell, E. / M. Bayes (엮음), *Women and Mental Health* (New York: Basic Books, 1981).

- Manser, G.와 R. H. Cass, *Volunteerism at the Crossroads* (New York: Family Service Association of America, 1971).

- Markus, H. R.와 S. Kitayama (1991), "Culture and the Self Implication for Cognition, Emotion and Motivation" *Psychological Review* 98권 (1991), 224~253쪽.

- Marsella, A. J., "Depressive Affect and Disorder Across Cultures," H. Triandis / J. Dragnuns (엮음), *Handbook of Cross~cultural Psychology*, 6권 (Boston: Allyn & Bacon, 1980).

- Miller, Jean Baker, *Toward a New Psychology of Women* (Penguin Books, 1976)

- Montagu, Ashley, *Culture and Human Development Insights into Growing Human* (Englewood Cliffs: N J Prentice~Hall 1974).

- Moon Park, Eun~He, "A Historical examination of changes in the Korean concept of the child," *Korea Journal*, 19권 5호 (1979), 10~18쪽.

- Moon Park, Eun~He., *A Comparative Study of Depression Between Korean and Scottish Mothers at Their Two Important Life Stages* (Ph.D. Dissertation, Glasgow University, 1990).

- Moore, B., *Privacy Studies in Social and Cultural History* (New York M. E. Sharpe 1984).

- Morley, L. / V. Walsh (엮음), *Feminist Academics: Creating Agents for Change* (London: Taylor & Francis, 1995).

- Nye, F. I., 들, *Role Structure and Analysis of the Family* (Beverly Hills Calif: Sage, 1976), 33~34쪽.

- Ogden, C., "First Lady Clout," *Time*, 1992년 9월 14일자.

- O'Nell, W. L., *The Woman Movement Feminism in the United States and England* (Chicago Quadrangle Books, 1969), 18쪽.

- Palais, James. B., *Politics and Policy in Traditional Korea* (Cambridge, Massachussetts: Harvard University Press, 1975).

- Pearsall, Arilyn (엮음), *The Other Within Us: Feminist Explorations of Women and Aging* (Boulder: Westview Press, 1977).

- Pedersen, P. B., *Culture~Centered Counseling Intervention* (London: Sage, 1997).

- Peters, J. / A. Wolper (엮음), *Women's Rights, Human Rights: International Feminist Perspectives* (New York: Routledge, 1995).

- Pogrebin, Letty C., "Are Men Discovering the Joy of Fatherhood?" *Ms*, 1982년 2월.

- Reik, Theodor, "Free Floating Attention," D. Golman / K. R. Speeth (엮음), *The Essential Psychotherapies* (New York: Mentor, 1982), 21쪽.

- Roland, A., *Cultural Pluralism and Psychoanalysis* (New York: Routledge, 1996).

- Rotter, J., "Generalized Expectancies for Internal vs External Control of Reinforcement" *Psychological Monographs* 80권 (1996).

- Sampson, E. E., "The Debate on Individualism Indigenous Psychologies of the Individual and Their Role in Personal and Societal Functioning," *American Psychologist*, 43권 (1998) 15~22쪽.

- Sanneh, Lamin, "World Christianity and the Study of History: Framing the Issues, Exploring the Heritage," *Reflections* 1995년 겨울/봄호, 1~9쪽.

■ Sarason, I. G., "Interrelationships of Social Support Measures: Theoretical and Practical Implication," *Journal of Personality and Social Psychology*, 52권 (1987년), 813~832쪽.

■ Sayers, Janet, "The Social Construction of Female Biology," *Biological Politics* (London: Tavistock, 1982).

■ Sayers, J., *Mothering Psychoanalysis* (London: Penguin, 1991).

■ Secunda, V., *When You and Your Mother Can't Be Friends* (London: CEDAR 1990).

■ Singer, Jerome L., *Daydreaming and Fantasy* (Oxford: Oxford University Press, 1981).

■ Smith, Joan, *Misogynies* (London: Farber & Farber, 1989).

■ Spender, D., *Man Made Language* (London: Pandora, 1980).

■ Slote, W., "Korean abroad in therapy," A. Roland (엮음), *Cultural Pluralism and Psychoanalysis: The Asian and North American Experience* (New York: Routledge, 1996).

■ Teng, M., "Insight~oriented psychotherapy and the Chinese patient," A. Roland (엮음), *Cultural Pluralism and Psychoanalysis: The Asian and North American Experience* (New York: Routledge, 1996).

■ Tester, Keith, *Moral Culture* (London: Sage, 1997),'Introduction'.

■ Triandis, H. C., / R. O. Bontempo / M. J. Villareal / M. Asai / N. Lacca, "Individualism and Collectivism Cross~cultural Perspectives in Self~ingroup Relationships." *Journal of Personality and Social Psychology* 54권 (1988), 323~338쪽.

■ Tronto, Joan C., *Moral Boundaries: A Political Argument for an Ethics of Care* (New York: Routledge, 1993).

■ Ussher, J. M., *The Psychology of the Female Body* (London: Routledge, 1989).

■ Ussher, J. M., *Women's Madness: Misogyny or Mental Illness?* (New York: Harvester, 1991).

■ Vaillant, George E., *The Wisdom of the Ego* (Cambridge MA: Harvard University Press, 1993).

■ Weedon, Chris, *Feminism, Theory and the Politics of Difference* (Oxford: Blackwell, 1999).

■ Weiner, B., *An Attributional Theory of Motivation and Emotion* (New York Springer~Verlag, 1986).

■ Weissman, M. M. / G. L. Klerman, "Sex differences and epidemiology of depression," Howell, E. / M. Bayes (엮음), *Women and Mental Health* (New York: Basic Books, 1981).

■ Wilkinson, H., "Baby, I just can't afford you," *Independent,* 1995년 8월 11일.

■ Witkin, H. A., "Stability of cognitive style from childhood to young adulthood," *Journal of Personality and Social Psychology,* 7권 (1967).

■ Woolf, V., "Extracts from Three Guineas," E. Frazer / J. Hornsby / S. Lovibond (엮음), *Ethics A Feminist Reader* (Oxford: Blackwell 1992), 160~193쪽.

■ Wosket, V., *The Therapeutic Use of Self: Counselling Practice, Research and Supervision* (London: Routledge, 1999).

- Young, L. W. L., "Cultural hurdles and inscrutable muddles," A. Roland (엮음), *Cultural Pluralism and Psychoanalysis: The Asian and North American Experience* (New York: Routledge, 1996).
- Youssef, N. H., "Women's Access to Productive Resources," J. Peters / A. Wolper (엮음), *Women's Rights, Human Rights: International Feminist Perspectives* (New York: Routledge, 1995).